律师之道
（二）

资深律师的11堂业务课

君合律师事务所 著

北京大学出版社

图书在版编目(CIP)数据

律师之道(二):资深律师的11堂业务课/君合律师事务所著. 北京:北京大学出版社,2011.10
(君合培训书系)
ISBN 978-7-301-16781-6

Ⅰ.①律… Ⅱ.①君… Ⅲ.①律师-工作-中国 Ⅳ.①D926.5

中国版本图书馆 CIP 数据核字(2011)第 209771 号

书　　　名：律师之道(二):资深律师的11堂业务课
著作责任者：君合律师事务所　著
责 任 编 辑：白丽丽
标 准 书 号：ISBN 978-7-301-16781-6/D·2970
出 版 发 行：北京大学出版社
地　　　址：北京市海淀区成府路205号　100871
网　　　址：http://www.pup.cn　电子邮箱：law@pup.pku.edu.cn
电　　　话：邮购部 62752015　发行部 62750672　编辑部 62752027
　　　　　　出版部 62754962
印 　刷 　者：三河市北燕印装有限公司
经 　销 　者：新华书店
　　　　　　965 毫米×1300 毫米　16 开本　20.25 印张　270 千字
　　　　　　2011 年 10 月第 1 版　2023 年 6 月第 9 次印刷
定　　　价：39.00 元

未经许可,不得以任何方式复制或抄袭本书之部分或全部内容。
版权所有,侵权必究
举报电话：010-62752024　电子邮箱：fd@pup.pku.edu.cn

前　言

作为一家致力于提供全面的商业法律服务的律师事务所,在多年的执业过程中,君合律师事务所为众多的中国客户和外国客户提供了各个专业领域的法律服务。

君合的主要业务领域包括:外商投资、兼并与收购、证券与资本市场、金融与银行、基础设施开发与项目融资、房地产与建筑工程、知识产权、高科技、国际贸易、矿产和自然资源、劳动法、娱乐和传媒及争议解决。

在这些服务领域,君合代理的项目屡次获得国际大奖:

- 2003 年君合代理的华融不良资产处置和摩托罗拉/中芯国际两个项目荣获 ALB(《亚洲法律事务》杂志)年度亚洲法律事务十大交易奖。

- 2004 年君合代理的摩托罗拉剥离 MOS17 资产项目荣获 ALB"法界最佳电信项目奖"。

- 2006 年君合代理的上海广场收购融资项目荣获 ALB 年度最佳房地产/建筑业务领域项目大奖。

- 2007 年君合代理的王朝资产项目荣获亚太地区最具权威性的国际性杂志 IFLR(*International Financial Law Review*)年度最佳资产证券化领域项目大奖及 ALB 年度最佳房地产/建筑业务领域项目大奖。

- 2007 年君合代理的广东发展银行项目荣获 *China Law & Practice Awards* 年度最佳并购项目大奖、王朝资产项目荣获 *China Law & Practice Awards* 年度最佳金融资产证券化/结构融资项目大奖。

- 2008 年君合代理的橡树资本管理公司收购台湾复盛项目荣获 IFLR 年度最佳私募基金项目大奖、泰科项目荣获年度最佳重组项目大奖。

- 2009 年君合代理的招商银行收购香港上市公司永隆银行项目荣获

ALB香港法律大奖(Hong Kong Law Awards)。

• 2010年君合代理的招商银行H股配股项目荣获ALB年度香港法律最佳资本市场项目大奖。

• 2011年君合代理的甘肃瓜州风电项目荣获 China Law & Practice Awards 最佳融资项目大奖。

这些国际奖项的背后,一个重要的原因,是君合有着一支训练有素、被业界广为称赞的律师队伍,而这又有赖于君合内部有着完整的系统培训机制。

业务范围的不断扩大,交易结构的日趋复杂,对律师的专业技能和经验的要求越来越高。为保证君合法律服务的高质量和适应法律服务专业化的要求,君合建立了系统的培训体系:

• 针对初级律师的基本技能培训;
• 针对中级和资深律师的专业培训和技巧培训;
• 针对所有律师的热点法律问题讨论和业务交流。

通过以上培训体系,不断提高君合律师的执业水平。

本书汇集的十一课内容就是根据君合各业务组近年来开展的律师专业培训资料整理的,各部分均由相关业务组的资深律师和合伙人主讲。内容从传统、常规的律师业务,如外商投资业务、房地产业务,到近些年才出现的新兴业务,如私募股权投资、人民币基金募集、反垄断和反倾销业务;从境外上市、境外投资等协助国内企业"走出去",到帮助外商通过外资并购、合同控制结构在中国境内投资,基本涵盖了当前律师业务中的热门领域。

希望这些资深律师、合伙人从业经验的总结及执业技巧的结晶,能够让读者了解到不同领域律师业务的知识,并从中受益。

本书由君合律师事务所研究部合伙人胡英之统稿。感谢研究部助理张屏阳、邬晓晔帮助提供整理相关资料。

君合律师事务所

2011年10月12日

目录 contents

第一课　外商投资业务中的律师实务 ｜ 马洪力（合伙人）　**001**

　　一、外商投资在中国的法律环境　　004
　　二、投资形式和投资结构　　013
　　三、企业管理经营相关的安排　　020
　　四、总结　　021

第二课　外资并购业务简述 ｜ 沈　江（合伙人）　**023**

　　一、并购的目的和背景因素　　025
　　二、外资并购的立法发展　　028
　　三、外资并购的主要考虑因素　　030
　　四、外资并购的主要审批和监管部门　　036
　　五、几种特殊类型的外资并购　　036

第三课　私募股权投资基金的法律与实践 ｜ 赵锡勇（合伙人）
　　　　　　　　　　　　　　　　　　　　唐　熹（律师）　**041**

　　一、私募股权投资基金简介　　043
　　二、私募股权投资基金投资流程　　050
　　三、私募股权投资基金对外投资的主要法律安排　　055

目录
contents

第四课　人民币基金的设立及运作　│赵锡勇（合伙人）
　　　　　　　　　　　　　　　　　王　曼（律　师）　　073
　　一、概述　　075
　　二、人民币基金的募集流程　　084
　　三、人民币基金的法律形态　　087
　　四、人民币基金的基本制度　　092
　　五、结语　　102

第五课　合同控制结构的相关法律问题及运用　│许蓉蓉（合伙人）
　　　　　　　　　　　　　　　　　　　　　　周　舫（合伙人）　　103
　　一、合同控制结构的含义及作用　　105
　　二、合同控制的历史与发展　　107
　　三、常见的合同控制结构　　111
　　四、合同控制的典型案例　　115
　　五、合同控制结构的风险　　119
　　六、特殊法律问题以及实务中的关注点　　122
　　七、合同控制目前的特点和运用　　123
　　八、结论　　126

目录 contents

第六课　境外上市法律实务 ｜邵春阳（合伙人）　　　　127

　　一、企业境外上市的种类　　　　129
　　二、境外上市中的主要中介机构及其职责　　　　132
　　三、境外上市主要的过程、步骤、时间　　　　137
　　四、境外主要资本市场上市的基本条件　　　　141
　　五、大红筹上市　　　　144
　　六、H股上市　　　　146
　　七、小红筹上市及75号文和10号文　　　　154
　　八、境外上市法律意见书　　　　163

第七课　非居民企业所得税问题与实务 ｜刘定发（合伙人）

　　　　　　　　　　　　　　　　　　程　虹（合伙人）

　　　　　　　　　　　　　　　　　　杨后鲁（律　师）　　　　183

　　一、非居民企业的定义　　　　185
　　二、非居民企业的税务管理　　　　186
　　三、非居民企业所得税税收的若干实践热点问题　　　　190

目录
contents

第八课　反垄断法下的垄断协议和滥用市场支配地位｜王　钊（合伙人）　205
　　一、《反垄断法》概述　207
　　二、垄断协议　208
　　三、滥用市场支配地位　217

第九课　土地使用权取得及相关法律问题｜李立山（合伙人）　227
　　一、土地制度介绍　229
　　二、划拨　235
　　三、出让　237
　　四、土地一级开发　243
　　五、土地使用权转让　246
　　六、土地租赁　249
　　七、购买物业　253
　　八、集体建设用地使用权流转　255
　　九、外商投资房地产　259

目录
contents

第十课　境外投资法及境外投资业务　｜周　舫（合伙人）

　　　　　　　　　　　　　　　　　　周　辉（合伙人）

　　　　　　　　　　　　　　　　　　陈　江（合伙人）　　261

　　一、境外投资审批流程　　263

　　二、境外投资中的融资　　269

　　三、境外投资项目涉及的其他重要问题　　274

　　四、中国律师在境外投资项目中的角色　　274

第十一课　WTO框架下反倾销和反补贴调查的

　　　　　法律应对　｜周　勇（顾问）　贾　静（律师）　　281

　　一、反倾销调查的基本程序　　283

　　二、倾销及倾销幅度　　291

　　三、市场经济地位　　299

　　四、损害　　302

　　五、反补贴调查　　306

　　六、"双反"律师的"基本功"　　309

　　七、结束语　　312

第一课

外商投资业务中的律师实务

主讲人:马洪力

马洪力
(合伙人)

马洪力律师1983年毕业于北京大学法律系国际法专业,获法学学士学位,1986年赴美国杜克大学法学院(Duke University School of Law)学习,并于1989年获法学博士学位。

1983年至1986年间,马洪力律师留校作北京大学国际法研究所所长助理。1989年至1993年间,他在美国亚特兰大市一律师事务所执业,从事美国国内商业法律咨询、代理和诉讼工作。在其后的四年多时间,马洪力律师在亚特兰大市的史密斯、甘伯莱及罗素(Smith, Gambrell & Russell)律师事务所的国际部从事律师工作,代理数十家跨国公司的国际商务,主要业务范围包括合资、合作、商务合同、商务实体的组建、重组、买卖和兼并以及商务诉讼。

马洪力律师1997年加入君合律师事务所,现在君合北京总部执业。他曾代理多个跨国公司的直接投资和并购项目,并作为数个国际性公司的中国律师,代理其在中国各地投资企业的日常公司业务。他的主要业务领域为商务法律,包括国际和国内的投资、日常公司业务、公司的收购和兼并、重组,以及国际商业诉讼和仲裁。

外商投资是个含义很广的概念，它包括多种形式和方式，比如直接和间接投资，也包括使用新设公司及兼并或收购的方式进行的投资。外商投资也会由于投资所在的领域的不同，而涉及不同的问题。本讲意在就传统的外商投资业务①中的一些具有代表性的问题，从外资或中资客户的两个不同的角度，对相关律师实务，进行一些探讨和总结。

外商在中国境内的投资，从20世纪90年代至本世纪初的几年迅速增长后，现已处于平缓期。但无论是在外商投资伊始的20世纪80年代，还是今日，其存在的基础，均是中国的国情与跨国公司、国际资金的实际需要。而如何在外商投资的领域、结构、方式等方面，在法律上和实践中，保持并增加其适当的稳定性和可预见性，既是中国政府持续的课题，也是中国律师以及涉足外商对中国投资的其他国家的律师，一直需要面对的问题。本讲中的律师实务的各个题目，是以一个律师在外商投资项目初期面对客户时，需要考虑或可能被问及的基本问题为范围，介绍中国的投资法律环境（包括相关的中国法律的主要特征、法律及政府实践中的重要和典型规范和规则），以及约定俗成的几种投资结构和重要问题的处理方式，以期对外资和中资客户以及涉及外商投资中国的其他人员评估某一外商投资活动有所帮助。

笔者在有关外商投资的执业实践中特别注意到，在审视和介绍外商投资中国的司法环境以及处理具体项目的问题时，律师应当有更广的法律和商务视角；无论是代表中国企业还是外国企业，均需要历史地看该领域的法律和实践，并与其他国家（尤其是西方发达国家）的投资和法律环境相关联，否则，将难以看到问题的深层面，也因此会影响找到解决问题的方法和途径。本讲在讨论和总结中，也将试图采用这些视角和关联方式。

---

① 所谓传统的外商投资业务，是指外商在实业领域的直接投资，包括生产、服务、电脑、软件、物流等以产品或服务进行运营的领域。外商投资的其他领域，如基金、债券，或其方式和形式，如返程投资和兼并、收购等，均不在本讲讨论的范围内。此外，本讲中所说的"外商投资"，根据有关外商投资的法律和法规，包括来自我国香港特别行政区、澳门特别行政区和台湾地区的投资。

一、外商投资在中国的法律环境

在法律环境方面,中国既有自己的体系和着重点,比如重视专门的外商投资法律的体系的建立,同时也注意借鉴国际上的通行做法,如反垄断审查和国家安全审查。

(一)专门针对外商投资的法律体系

中国在改革开放之初,即相继制定了专门针对外商投资的系统的法律法规①,其中《中外合资经营企业法》(以下简称《合资企业法》)在1979年制定之时,中国还没有成型的公司法。当时影响较大的公司性立法为《私营企业暂行条例》(1950年12月29日公布)和《公私合营工业企业暂行条例》(1954年9月5日公布)。《合资企业法》规定了合资公司的形式(有限责任公司)及董事会管理的方式等,为14年之后正式颁布的《公司法》的结构进行了铺设。

其后颁布的有关外商投资的法律和法规,主要为《中外合作经营企业法》(以下简称《合作企业法》)、《外资企业法》,以及相关的实施细则,即《中外合资经营企业法实施细则》、《中外合作经营企业法实施细则》和《外资企业法实施细则》。通过多次修订和修改,这些法律和法规构建了外商在中国投资的法律形式的框架,即合资、合作、独资等。

随着《中华人民共和国公司法》(以下简称《公司法》)于1993年的公

---

① 即《中外合资经营企业法》(1979年,全国人民代表大会公布);《中外合作经营企业法》(1988年,全国人民代表大会公布);《外资企业法》(1986年,全国人民代表大会公布);《中外合资经营企业法实施细则》(1983年,国务院公布);《中外合作经营企业法实施细则》(1995年,对外贸易经济合作部(原对外经济贸易部)公布);《外资企业法实施细则》(1990年,对外经济贸易部公布。这些法律法规在其后的几十年中,均数次进行了修改和修订。而一般在发达的西方国家,外国到该国的投资行为,自然纳入该国对所有商业行为适用的公司、企业或商业法律之下。例如美国,虽然个别州可能会通过法案规定外来投资的特别政策或待遇,但无论是在联邦还是州的层面,并没有制定专门适用于外来投资的法律体系,外来投资均需要适用有关一般商业实体(如不同类的公司和合伙)的社团和商业法律。

布实施,上述外商投资的法律均纳入《公司法》之下,并按照中国法律体系"新法优于旧法,特别法优于一般法"的原则,一直作为特别法对外商在中国的投资起到规范性的作用。需要注意的是,这些专门法律,尤其是其实施细则,在其修改时间上不一定能够及时跟进《公司法》的修订,因而与《公司法》中的规定在有些阶段会形成一些矛盾。针对此情况,政府部门一般会以政策性规定予以阶段性的补救和澄清。例如国家工商行政管理总局、商务部、海关总署和国家外汇管理局联合发布的《关于外商投资的公司审批登记管理法律适用若干问题的执行意见》(工商外企字[2006]81号,2006年4月24日),就针对外商投资企业如何适用2005年初修订后的《公司法》进行了说明。

实际上,中国也在逐渐实现法律方面的外国投资者国民化待遇。过去法律体系上最能体现对外商的特殊待遇的方面,应当是对外商投资企业和其股东的税收优惠,随着新《企业所得税法》的实施,中国自2008年1月1日起取消了这方面对外商投资企业的优惠待遇,使其税负与内资公司基本相同,原享受"两免三减半"等税收优惠的外商投资企业在法定过渡期满后也不再享有此类优惠政策。[①]

(二) 行政部门的作用[②]

外商在中国的所有投资行为,可以说都有相应的政府行政部门进行管理和监督,因此外商投资会涉及多个行政管理部门,如下页表格所示。

在与一般司法辖区相类似的投资实体的登记设立的程序之外,外商投资中国设立经济实体及相关项目在政府的规划及行业管理、商务部门的核准或备案,现阶段仍然是在公司登记设立前的一个必要行政程序。这种情

---

① 但是,根据财政部、国家税务总局《关于个人所得税若干政策问题的通知》(1994年5月13日公布并生效),外籍个人从外商投资企业取得的股息、红利所得,免征个人所得税。
② 一般在西方发达国家,除非投资在特别的领域(如银行、保险公司或特别敏感的企业,如军工或能源),外国公司投资行为,如同其本国人的投资行为一样,仅是一个设立公司、企业的登记程序问题,不涉及政府部门对设立的审批或核准。

监管内容	负责机构
名称预核准	工商行政管理局
环境影响评价	地方环保部门
投资项目备案/核准	国家或地方发展和改革委员会
合同章程批复和批准证书颁发	商务部或地方商务部门
公司/企业登记	工商行政管理局
组织机构代码证	地方质量技术监督部门
国税、地税登记	国税和地税部门
外汇登记及资本金账户开户	外汇管理局地方分支机构
财政登记	地方财政部门
对外贸易经营者备案登记	商务部或地方商务部门
海关登记	地方海关
鼓励类项目确认	商务部或地方商务部门
鼓励类项目海关备案	地方海关

形,既有历史的原因,也有现实的考虑。

中国在经济体系的政府管理方面,直到《宪法》1993年修正承认以市场经济为经济模式之前,在理论和实践中一直是新中国成立之初参照原苏联建立的中央调控的计划经济体系。具体执行该中央调控的行政部门是成立于1952年的国家计划委员会。此外,在对外贸易和外商投资方面,行政部门的管理和监控,一直没有中断,主要是由1952年成立的对外贸易部[后来更名为对外经济贸易部(1982年)和对外贸易经济合作部(1993年)]负责的。

从1993年宪法修正案肯定了市场经济的主导体系开始,行政部门在外商投资项目中的计划、管理和监控的具体职能一直在改革,大的趋势是减少行政的实质性介入。特别是在2001年中国加入世界贸易组织之后,在总结多年的外商投资实践的基础上,国务院进行了外商投资政府管理机构设置的改革,并对国家发展和改革委员会(以下简称"国家发改委")和商务部在投资项目的审批职能上做了分工,国家发改委及地方发改委负责项目核准,商务部及地方商务部门负责外商投资企业设立及重大变更的核准。①

由于历史的原因,虽然发改委的职能更注重宏观调控、产业政策、固定资产的投资建设的总规模、重大项目的规划和生产力布局等方面,但其管理职能仍有较重的计划经济的色彩。具体到外商投资方面,基础建设项目和投资项目,仍需要国家及地方各级发改委的立项核准。在该核准后,方可开始成立外商投资企业的主要步骤,包括商务部门对公司的成立和相关合同与章程的批准,以及工商部门对公司成立予以登记并颁发营业执照。②

目前,就审批权限而言,省级发改委(或类似职能的委员会)对限额以下的项目,即总投资(包括增资)3亿美元以下的鼓励类、允许类项目;5000万美元以下的限制类项目(关于该项目分类,下文有具体介绍)行使核准权③,超过上述限额的项目,由国家发改委负责核准。实践中,省级发改委还会给予县市级发改委额度不等的核准权限。而相应的省级商务部门有权批准鼓励类、允许类总投资3亿美元以下和限制类总投资5000万美元以下的外商投资企业的设立及变更④,超过上述限额的外商投资企业由商务部审批。与发改委系统类似,省级商务部门亦会授予县市级商务部门相应额度的审批权限。⑤

(三) 产业限制

从1995年开始,国务院开始批准或颁布《指导外商投资方向规定》,以及与其相配套的《外商投资产业指导目录》,将投资举办中外合资经营企业、中外合作经营企业和外资企业的项目以及其他形式的外商投资项目,分为鼓励、允许、限制和禁止四类。按照该分类,《外商投资产业指导目

---

① 国务院《关于投资体制改革的决定》(国发[2004]20号,2004年7月16日发布并生效)。
② 若投资涉及特殊行业准入,在商务部门批准之前,还需要取得相应行业主管部门的批准,例如增值电信行业需先行取得工业和信息化部的许可。
③ 国家发展改革委《关于做好外商投资项目下放核准权限工作的通知》(发改外资[2010]914号,2010年5月4日发布并生效)。
④ 外国投资者并购境内企业的限额按并购交易额计。
⑤ 商务部《关于下放外商投资审批权限有关问题的通知》(商资发[2010]209号,2010年6月10日发布)。

录》除了对于外资项目准入与否进行规定(如禁止准入)外,同时对于一些鼓励、允许、限制类的项目,就投资的形式(如仅可以合资、合作的限制)以及外国投资者可以占有的股权比例作出规定。有关的税收政策也依据该项目分类给予不同的待遇,如鼓励类的企业进口设备可以免征关税。① 另外,如前所述,该产业分类,还决定了相关项目的中央和地方政府核准和备案的权限分配。

《外商投资产业指导目录》随着中国经济形势的变化于1997年、2002年、2004年和2007年分别进行了修订。尤其是2002年和2004年的修订,着重落实中国在加入世界贸易组织时对国内市场开放的承诺,如对于零售、租赁、广告、金融业及电信业,为外商投资进行了细化分类,并相应修改或取消了市场进入的限制。

值得注意的是,随着中国的投资环境的变化,2007年修订的《外商投资产业指导目录》,已经开始注重对外商在中国的投资进行新的市场和产业政策方面的思考。在总体上增加鼓励类项目、减少限制和禁止类项目的同时,2007年修订体现出来的产业政策还包括以下内容:(1) 显然更注重产业结构的升级,如鼓励制造业外商投资高新技术产业、装备制造业、新材料制造等产业,开放更多的服务业领域,如外商在会计和审计行业的合资与合作,但对一些国内已经掌握成熟技术、具备较强生产能力的传统制造业不再鼓励外商投资;(2) 在鼓励外商投资发展循环经济、清洁生产、可再生能源和生态环境保护的同时,限制或禁止中国稀缺或不可再生的重要矿产资源以及高物耗、高能耗、高污染外资项目的准入;(3) 鉴于中国贸易顺差和外汇储备快速增加的情况,不再继续实施单纯鼓励出口的导向政策;(4) 取消对国内已经过热的领域(如住宅房地产)外商投资的鼓励。②

---

① 《海关总署公告2008年第103号——关于对部分进口税收优惠政策进行相应调整的公告》(2009年1月1日起生效),自2009年1月1日起,对国家鼓励发展的外商投资项目和企业进口的自用设备以及按照合同随上述设备进口的技术及配套件、备件,恢复征收进口环节增值税,但继续免征关税。

② 据报道,2011年版的《外商投资产业指导目录》目前正在由国家发改委和商务部制定。

（四）反垄断审查

关于反垄断的内容，本书有专文阐释，此处仅就外商投资中涉及的反垄断审查进行介绍。对于外商在中国的投资项目进行反垄断审查，显然是借鉴了发达国家的相关司法实践。该审查在中国始于2003年由对外贸易经济合作部（商务部的前身）牵头发布的《外国投资者并购境内企业暂行规定》。但该审查真正开始是在2007年8月全国人大常委会颁布《中华人民共和国反垄断法》（以下简称《反垄断法》）之后。根据《反垄断法》以及2008年8月3日国务院颁布的《国务院关于经营者集中申报标准的规定》，以及商务部于2010年1月1日起开始实施《经营者集中审查办法》，经营者集中达到国务院规定的申报标准的，经营者应当事先向商务部申报。

根据我国《反垄断法》第20条，经营者集中是指下列情形：（1）经营者合并；（2）经营者通过取得股权或者资产的方式取得对其他经营者的控制权；（3）经营者通过合同等方式取得对其他经营者的控制权或者能够对其他经营者施加决定性影响。

除非外商独资并且没有涉及一方以上投资者或资产的项目，其他形式的外商投资均有可能涉及前述经营者集中的经营者合并，或通过取得股权或资产的方式，或以合同的方式取得对其他经营者的控制权的情形。[①] 因此，商务部根据《经营者集中审查办法》，在实践中要求相应的外商投资项

---

① 关于取得对其他经营者的"控制权"的定义，我国《反垄断法》并没有进一步的解释。国务院在2008年3月起草的《关于经营者集中申报的规定（征求意见稿）》中对此曾有过详细的解释，即包括取得其他经营者50%以上有表决权的股份或者资产、成为其他经营者第一大有表决权的股份或者资产的持有者、可以实际支配其他经营者的多数表决权、能够决定其他经营者董事会半数以上成员的选任，以及国务院反垄断执法机构认定的其他情形；能够对其他经营者施加决定性影响，是指能够对其他经营者的生产、经营决策施加决定性影响。但在2008年8月3日国务院正式颁布的申报标准规定中，上述解释被删除了。因此法律上，我国《反垄断法》下的控制权没有明确的定义或解释。实践中，上述国务院的征求意见稿可能会被用来作参考解释。

目进行反垄断审查的申报。①

根据现行的反垄断审查的申报标准②,经营者集中达到下列标准之一的,经营者应当事先向国务院商务主管部门申报,未申报的不得实施集中:

(1) 参与集中的所有经营者上一会计年度在全球范围内的营业额合计超过 100 亿元人民币,并且其中至少两个经营者上一会计年度在中国境内的营业额均超过 4 亿元人民币;

(2) 参与集中的所有经营者上一会计年度在中国境内的营业额合计超过 20 亿元人民币,并且其中至少两个经营者上一会计年度在中国境内的营业额均超过 4 亿元人民币。

根据我国《反垄断法》,申报应该是经营者实施集中之前,但没有更具体的申报期限的规定。

商务部于 2007 年 3 月 8 日颁发的《关于外国投资者并购中国境内企业反垄断审查报告的指南》中规定,企业并购反垄断申报应当在对外公布并购方案之前提出,境外并购申报应当在对外公布并购方案之前或报所在国主管机构的同时提出反垄断申报。实践中,商务部对于申报时间的要求比较宽松,只要在交割之前,或在向其他管辖地区申报前后较合理的时间内向商务部申报,目前均予以接受。

根据我国《反垄断法》第 25 条,商务部应在收到完备的申报文件后 30 个工作日内(特殊情形可延至 60 日),对交易进行初步审查,并作出是否实施进一步审查的决定,书面通知申报人。要实施进一步审查的,商务部应当自决定之日起在 90 日内完成审查,作出是否禁止经营者集中的决定,并书面通知经营者。审查期间,经营者不得实施集中,否则,

---

① 实际上,在 2010 年前,商务部在其 2007 年 3 月 8 日发布的《外国投资者并购境内企业反垄断申报指南》里要求提供并购交易概况时,列举需要进行反垄断审查的申报的并购交易方式包括了"组建合营企业"的交易情形。
② 国务院《关于经营者集中申报标准的规定》第 3 条。

将面临相应的惩罚。① 但是,若商务部未在前述的期限内作出决定,交易可以如期进行。

(五)投资安全审查

国务院2011年2月发布了《关于建立外国投资者并购境内企业安全审查制度的通知》,正式建立外国投资者并购境内企业安全审查制度。该制度于2011年3月6日起实施。这一新的投资安全审查程序会对外商投资的项目产生较大的影响。

根据该投资安全审查的通知,同时满足下列两项条件的外资并购交易将需要进行外资并购安全审查:

第一,属于外国投资者并购境内企业的交易,即外国投资者:

(1)购买内资企业的股权或认购内资企业的增资;

(2)购买外商投资企业的中方股东的股权或认购外商投资企业的增资;

(3)设立外商投资企业,并通过该企业协议购买境内企业资产且运营该资产;

(4)协议购买境内企业资产,并以该资产投资设立外商投资企业运营该资产;

(5)设立外商投资企业,并通过该企业购买境内企业股权。

第二,被外资并购的境内企业属于下述企业之一:

(1)境内军工及军工配套企业,重点、敏感军事设施周边企业,以及关系国防安全的其他单位;

(2)境内关系国家安全的重要农产品、重要能源和资源、重要基础设施、重要运输服务、关键技术、重大装备制造等企业,且并购后外国投资者

---

① 根据我国《反垄断法》第48条,如果某项并购交易达到了申报标准,当事人未按规定向商务部进行申报,而进行了并购交易的,商务部则可责令停止实施集中交易、限期处分股份或者资产、限期转让营业以及采取其他必要措施恢复到集中前的状态,可以处50万元(人民币)以下的罚款。

取得其实际控制权。

国务院建立外国投资者并购境内企业安全审查部际联席会议制度,具体承担并购安全审查工作。联席会议由国家发改委、商务部牵头,根据外资并购所涉及的行业和领域,会同相关部门开展并购安全审查。对于需要进行外资并购安全审查的外资并购交易,外国投资者应向商务部提出并购申请。投资安全审查也可以根据商务部的筛选或有关部门、行业协会或相关企业的建议启动进行。

投资安全审查分为:

(1)商务部初审:外国投资者向商务部提出申请后,对属于安全审查范围的并购交易,商务部应在5个工作日内提请联席会议进行审查。

(2)联席会议审查:联席会议对商务部提请安全审查的并购交易,首先进行一般性审查,即由联席会议在受理并购安全审查的建议后30个工作日内提出审查意见,并书面通知商务部;再进行特别审查,即在任何部门认为并购交易可能对国家安全造成影响,联席会议应在收到书面意见后5个工作日内启动特别审查程序;联席会议自启动特别审查程序之日起60个工作日内完成特别审查,或报请国务院决定。审查意见由联席会议书面通知商务部。①

商务部为落实安全审查已发布并于2011年9月1日开始实施了《商务部实施外国投资者并购境内企业安全审查制度的规定》。值得特别注意的是,该规定第9条明确了"从交易的实质内容和实际影响来判断并购交易是否属于并购安全审查的范围"的做法,并要求外国投资者不得以任何方式实质规避并购安全审查,包括但不限于代持、信托、多层次再投资、协议、境外交易等方式。

尽管外商投资的形式不限于前面所列的并购交易的几种情形,但与前

---

① 上述程序适用于除外国投资者并购金融类企业以外的外资并购交易。国务院办公厅将另行规定外国投资者并购金融类企业的安全审查制度。参见《关于建立外国投资者并购境内企业安全审查制度的通知》第5条第4款。

面关于反垄断审查中的分析相类似,除了外商投资的项目不涉及中国境内的任何企业或资产之外,其余的投资情形,只要与前述敏感或重要领域的企业相关,并且外国投资者将以任何方式取得该企业的实际控制权,似均应在商务部和联席会议的交易安全审查的范围以内,交易的完成将受制于长达 95 个工作日的安全审查流程(若为报请国务院决定的审查,该流程可能更长)。

二、投资形式和投资结构

(一) 投资的一般形式

就投资形式而言,一般有《合资企业法》下的合资经营企业,《合作企业法》下的合作经营企业,以及《外资企业法》下的外商独资企业,这几种投资形式的基本要素有所不同。当然还有其他投资形式,如合伙等。①

一般而言,合资经营的模式,是绝大多数外国投资者所愿意选择的投资方式。这是因为其出资方式通常以货币、实物、工业产权、场地使用权等进行(按照《公司法》,现在也可用可以货币估价并可依法转让的非货币财产作价出资),在股权分配、董事会席位等方面容易确定。同时,在股权结构的设置和股权调整机制方面,也有比较清楚的模式可供选择(详见下文论述)。行政管理部门对合资经营模式的审查、批准的政策与实践中的尺度把握基本上是清晰的。较多相关司法案例,也使得合资经营的形式有较大的确定性。通常,在合资方对各自参股合资的主要目的和期望值比较清楚的情况下(例如,是更需要对方的资金、技术,还是营销渠道和既有生产

---

① 随着我国《合伙企业法》和 2009 年 11 月《外国企业或者个人在中国境内设立合伙企业管理办法》的颁布,外资合伙企业具有了可操作性。但外资合伙与外资合作企业的区别现在还不甚清楚。到目前为止,该投资形式更多为基金的投资所采用,如国内首家合伙制外商投资股权投资企业——凯雷复星(上海)股权投资企业(普通合伙)。合伙等其他外商投资形式不是本讲讨论的重点。

能力),各方就合资经营的具体安排更容易达成一致,建立公司和开始运营的进度会更快一些。尤其对规模大的项目,采用这种投资形式更稳定、更可行。这一点上海汽车与美国通用以及二汽东风与日本尼桑的合资经营,即是很好的实例。

第二种投资模式,即合作经营的模式,在公司的形式(有限责任合伙制或契约型合作)、出资的方式和条件,以及公司的管理、利润的分配、责任的承担和解散时的财产分配等方面非常灵活,大多可以双方的约定为准。但是,在中国的现实行政、商业和法律环境下,这些灵活性似乎增加了难以承受的不确定性。例如,按照《合作经营法》第44条,外商可以按照与股权不同的比例先期回收其投资,前提条件是在合作经营期限届满的时候,把全部固定资产留给中方。但是实践中,这一条的实施要受到很多不确定因素的影响(如该回收未完成时固定资产的归属,先期回收投资后是否还参加利润分配,等等),这一规定的可操作性和审批部门的认可程度存在很大疑问。因此,一般认为,合作经营不适合常规项目,只有比较特殊的一次性项目,比如勘探或采矿,可能会采用这种投资方式。

在中国加入世界贸易组织后的几年中,更多的产业领域进一步向外国投资无限制开放,第三种投资模式,即外商独资的投资方式,似乎已得到外商越来越多的青睐,这是可以理解的。因为外商独资企业具有更大的灵活性(如可由股东直接控制),使得其境外母公司更容易将独资企业与其在其他国家的关联公司进行一体化管理并形成合力。同时,独资企业也解决了外商最担心的核心技术保密问题。但是,如果中国的国内市场,不管是消费者市场还是国有企业占有绝对控制地位的能源、电信、基础建设等领域,是外商的主要业务目标,则外商通常会选择与中国企业的合资或合作,以达到快速取得优势或符合相关产业政策要求的目的。

（二）主要投资模式的不同点分析

	合资企业	合作企业	外资企业
设立的法律依据	《中外合资经营企业法》、《中外合资经营企业法实施细则》、《公司法》	《中外合作经营企业法》、《中外合作经营企业法实施细则》	《外资企业法》、《外资企业法实施细则》、《公司法》
法定组织形式	只能是有限责任公司的法人组织形式，属于中国法人。	既可以是有限责任公司的中国法人组织形式，又可以是不具有法人资格的经济组织。	只能是有限责任公司的法人组织形式，属于中国法人。
申请设立的审批期限	3个月	45天	90天
经营管理方式	只能采取董事会制，以董事会为最高权力机关，下设总经理对企业进行经营管理。	管理方式一般可分为三种： （1）组成法人，采取董事会制，下设总经理； （2）不组成法人而采取联合管理制，一般设联合管理委员会，设主任、副主任； （3）委托管理制，中外合作经营企业成立后，一方即委托另一方管理或双方共同委托第三方进行管理。	股东或股东会为最高权力机关，董事会或执行董事由股东选举产生
申请设立时报送文件的主体	合资企业申请设立时向审批机关报送文件的主体是中外双方。	设立合作企业时向审批机关报送文件的是中国合作者单方。	外资企业申请设立时向审批机关报送文件的主体是外国投资者。

(续表)

	合资企业	合作企业	外资企业
审批机关审批时不予批准的情形	合资企业审批时不予批准的情形为： （1）有损中国主权的； （2）违反中国法律的； （3）不符合中国国民经济发展要求的； （4）造成环境污染的； （5）签订的协议、合同、章程显属不公平，损害合营一方权益的。	合作企业审批时不予批准的情形为： （1）损害国家主权或者社会公共利益的； （2）危害国家安全的； （3）对环境造成污染损害的； （4）有违反法律、行政法规或者国家产业政策的其他情形的。	外资企业审批时不予批准的情形为： （1）有损中国主权或者社会公共利益的； （2）危及中国国家安全的； （3）违反中国法律、法规的； （4）不符合中国国民经济发展要求的； （5）可能造成环境污染的。
利润分享和分担风险的比例依据	在合资企业中中外双方按照注册资本出资比例来分享利润和分担风险及亏损。	在合作企业中利润分享和分担风险的比例是通过合同约定的。	多个外国投资者的情形下，外国投资者按实缴出资比例分取红利。
需要董事会一致通过才能作出决议的事项	合资企业中需要董事会一致通过的事项有： （1）合资企业章程的修改； （2）合资企业的中止、解散； （3）合资企业注册资本的增加、减少； （4）合资企业的合并、分立。	合作企业中需要董事会/联合管理委员会一致通过的事项有： （1）合作企业章程的修改； （2）合作企业注册资本的增加、减少； （3）合作企业的解散； （4）合作企业合并、分立和变更组织形式； （5）合作企业的资产抵押； （6）合作企业需要委托第三人经营的。	多个外国投资者的情形下，需要代表2/3以上表决权的股东通过的事项： （1）修改公司章程； （2）增加或者减少注册资本的决议； （3）公司合并、分立、解散或者变更公司形式的决议。
资金回收方式	对合资企业而言，其投资本金的回收，必须是在合资期限届满，或者合资解散时，它的期限一般在10年到30年不等。	合作企业允许外商在合作的期限内，可先行收回投资的本金以减少投资风险。	外资企业投资本金的回收，必须是在合资期限届满，或者合资解散时。
经营期满后企业财产归属	合资企业清偿债务后的剩余财产按照合资各方的出资比例进行分配。	按合作合同约定确定合作企业清偿债务后的剩余财产的归属。	外资企业清算后的剩余财产可由外国投资者处置。

（三）投资结构

影响投资结构的因素有很多，其中一些是相对间接或宏观的因素，例如投资方在国内国外的公司架构，公司治理希望依据中国还是境外的法律，以及公司融资和未来股权变更的操作的考虑，等等。这里主要讨论的是在评估投资结构时更直接且通常需要考虑的几个因素：

第一，税务。投资者在追求合理地减免投资有关的税务负担时，往往依靠投资结构来实现这一目标。一般是通过在一个没有或仅有较低公司税和相关税负（如红利税）的司法辖区建立投资公司，再投资到中国境内。通常使用的这类司法辖区包括英属开曼群岛、毛里求斯、塞浦路斯和香港等地。但是，如果投资者希望在中国境内留用人民币收入，或不计划在任何境外的特殊税务政策辖区保有收入，则使用税务特殊辖区的投资公司，应当不会产生太多的好处。

第二，一些政策和商业上的考虑，也会影响投资结构。如前所述，中国的投资产业政策，使得外国投资者在特定的领域必须寻求与中国公司进行合资或合作经营的模式。例如，在增值电信和汽车整车制造领域，外商在所投资企业中的股权不能超过50%，因此必须与中国公司共同投资经营。① 但即使在向外商开放的产业领域，因为商业上的考虑，例如中方已有销售渠道或生产基础，或内资公司特殊的优势地位（比如国有公司），能够使外国投资者较快地实现其进入中国市场的目标，则外商在投资结构上选择一个中国公司作为合作伙伴，成立合资企业，也是经常会发生的。另外，为了解决产业和其他政策对外商投资的限制所产生的问题，市场上先后发明并采用了多种投资结构。② 这些结构的法律和政策风险是很显然

---

① 参见《外商投资产业指导目录》（2007年修订），2007年12月1日起生效。
② 例如，近几年比较常用的VIE（协议控制模式），即采用了建立中国境内公司并用合同将其利益与境外投资者其他公司的利益紧密联系起来，利用该中国境内公司从事限制性产业的结构形式，亦即新浪和其他多个中国互联网公司在海外上市所采用的模式和结构。但VIE有其无法回避的风险，包括政策、外汇管制、税务和经营控制的风险。关于VIE，本书有专文进行介绍。

的,因此在考虑采用时,需要在商业和法律上进行较深入的评估。

第三,转股的考虑。外商投资企业的股权变更手续一般较为复杂且费时较长,除需发改委、商务部门等的批准,还需到工商部门、外汇管理部门变更登记信息等。因此,许多外国投资者在投资境内时,选择先在香港或其他境外司法辖区设立投资公司,当需要变更境内的外商投资企业实际控制权时,交易双方只需变更该境外公司之股权,而在境内的外商投资企业仅需要进行一些程序上的变更。

(四) 股权的安排

股权是投资权益在法律上的形式和证明,同时又涉及控制权和投资进退的代价。因此,在投资结构上,充分利用股权的合同上的安排,至关重要。在外商投资中国的股权安排上,国际上较通用的模式基本已被商业和政府审批实践所接受,其中比较典型的股权安排有如下几种:

1. 分期购买股权

当外资进入一个产业领域有法律或政策上的限制,或投资项目上不确定因素太大,例如新进入一个领域或对所投入的公司的一些责任有较多顾虑时,投资者或会选择先认购所投资的公司的小部分股权,让其他合作方占有大部分股权,同时该投资方保留将来购买其他合作方部分或全部股权的权利。

设计分期购买股权结构时,还有很多变更结构可以考虑。例如,该分期购买股权的权利是确定的还是一种选择权;是单向的(即一方拥有该权利)还是双向的(即双方均有该权利)。如果是确定的权利,同时又是双向的,哪一方有权最终购买对方的股权或买断对方的股权,等等。这些结构的选择,往往与各方在相关交易中的掌控地位有极大的关系。

当然,前述结构中另一个重要的问题是购买的价格如何确定。实践中,这个问题最好不要留有不确定性,双方在签订的协议中能够同意一个可以计算的公式或方法至关重要。否则,将来购买时再去协议价格的计算方式,会使分期购买的结构面临极大的变数。

分期购买股权结构的不确定性源于政府的审批。按照现行的中国法律和政府实践,分期购买的落实,需要卖方和买方在未来行使购买权的时候签署转让文件,同时这些转让文件依据现在的法律,需要相关行政部门的审批。为了减少行使购买权时由于对方行为或行政部门审批所带来的不必要的干扰,分期购买股权的协议,需要载明完整并实际可行的约定,并要经由相关行政部门的审批。

2. 优先购买权

所谓优先购买权,指的是如果一个股东希望将其在投资企业中的股份转让给现有股东以外的第三方并与该第三方就此交易的要件已达成一致时,其他现有股东以该交易相同的要件优先购买出让股东的股权的权利,以期保证其他现有股东对公司未来拥有实际的掌控权。为防止现有股东滥用优先购买权,即又不明确行使优先购买权,也不放弃行使,从而导致股权无法转让,通常对于优先购买权的行使会设定一定的期限,即在一定期限内未行使即视为放弃行使优先购买权。

3. 随卖权和强卖权

在一个投资项目中,大股东的股权出让,无论是因为大股东的整体变化(如整体出售或重组)还是局部的调整(如仅退出部分业务领域),都会给小股东在该项目中的利益带来极其负面的影响。小股东为保护自己的利益,可以要求在项目文件中,加入与大股东的股权"捆绑出让"的条款——随卖权,即在大股东出让其股权时,如果小股东也希望出让其股权,大股东必须以同样的价格和条件将小股东的股权与大股东的股权捆绑出让给其买方。类似的,大股东亦可能会在项目文件中引入"强卖权",当大股东出让其股权时,如果小股东阻挠,则大股东可行使强卖权,要求小股东必须以同样的价格和条件将小股东的股权与大股东的股权捆绑出让给其买方。

三、企业管理经营相关的安排

如同前述的股权安排的模式,在企业管理经营方面,国际上通行的做法也多为中国政府审批部门和商业实践所接受。但是,因为商业文化和法律环境的不同,这些做法的取舍和变化,还需要视具体项目投资方的地位强弱和真实意图。较常出现的管理经营有关的安排有下面几种:

(一)管理权

在管理权和管理控制方式方面,涉及公司的主要管理职位是由投资方指派还是在市场上招聘独立的管理人员的问题。如果是投资方指派,则每一方所指派的人员的管理职位如何分配就变得重要起来。

在合资公司的结构中,因为法律规定了合资公司的董事会为其最高权力机构,而董事又多为各投资方所派并代表各投资方的意愿,所以董事会的权限和议事程序十分重要。一般来说,法律规定的合资公司董事会一致通过的事项仅限于对合营企业章程的修改,合营企业的中止、解散,合营企业注册资本的增加、减少,以及合营企业的合并、分立。① 其他事项,例如财务管理、商业计划、人事安排、预算和决算,等等,均可根据章程约定的议事规则通过。在实践中,持少数股权的股东往往会要求任何董事会决议需要其所指派的至少一名董事的同意;而持多数股权的股东,会更在意董事会不会因为少数股东所指派的董事的无理干扰(如不出席董事会)而不能形成决定,在这种情况下一般会采用如董事会不能形成决议,第二次董事会议仅需要出席会议董事的简单多数通过形成有效决议的安排,避免对经

---

① 参见《中外合资经营企业法实施细则》第33条。

营造成延误等实质性影响。

（二）可持续经营的安排

除非投资项目本身有时限性质，因而各投资方愿意在项目完成后，即解散所投资的实体，其他投资项目应当注意可持续经营的条款和安排。所谓可持续经营，是指在投资方就所投资的项目出现战略或经营上的严重分歧时，项目和投资实体的运营不因此而终止，仍然以某种方式继续进行。为此，投资各方需要在投资之初即在投资文件中作出相应的安排。在中国目前的社会、经济环境下，投资者比较常见的心理是合作不下去就拆散合作实体，但应该意识到这实际上是很不明智的做法。尽量使一个企业持续下去，对投资各方、业务和员工，往往是最好的选择。

可持续经营的安排，有许多方式。前面谈到的召开简单多数通过决议的董事会二次会议，就是一种方式。此外还有将对方买断的安排，类似的安排可以是在出现董事会或经营的僵局时的买断和反买断安排，也可以是在一方严重违约时将该方买断的安排。从时间点上看，在合作即将解散、清算的情况下，可以给一方或各方在解约之前或者清算时将其他方的股份或公司的经营买断的机会，从而将投资的实体和经营持续下去。在做这些安排时，重要的是要将程序规定明了，有清楚的确定价格的机制，这样才能保证买断安排的实际可行性。

四、总结

无论是中国企业还是外国企业，均要审视和确定自己的商业目的，才能决定使用什么样的投资结构，争取在投资实体中有什么样的权利。同时，还应当重视中国的现有法律、政府实践和商业发展阶段的特殊环境，在投资结构和具体约定上要注意切实可行。对投资风险的评估和控制，既要看到现实情况，同时又要判断未来可能的发展方向。作为律师，充分了解国际上的商业惯例,认识中国阶段性特点,注意立法的背景和历史,才能灵活地运用现行法律规定,为客户的利益,从而为中国商业的规范化、国际化,发挥应有的作用。

第二课

外资并购业务简述

主讲人：沈 江

沈江
(合伙人)

沈江律师1997年毕业于北京外国语大学英语系,获英语语言文学学士学位。1999年入美国威廉玛利大学法律院(College of Willian & Mary),系统学习法律,侧重于公司法、证券法、税法及国际贸易,获法学博士学位。

沈江律师在美学习期间曾在布朗及伍德律师事务所(Brown & Wood LLP)实习工作,参与高科技公司私募融资及境外上市的谈判、材料准备及部分路演工作。

自加入君合律师事务所以来,沈江律师主要从事外商投资、兼并收购、重组上市、银行金融、证券等方面的法律业务。曾参与涉及国有大型企业和上市公司的哈药集团重组、中国银行引进战略投资者、华药集团引进战略投资者及重组、中国民办教育机构并购及上市前重组、腾中收购悍马境外投资项目,以及多家制造业企业、商业企业、高科技企业和农业企事业单位、公司的资产重组、并购、境内及跨境投资、境内外上市及融资等项目并为之提供法律服务。沈江律师还曾为多家境内外基金的并购业务提供法律服务,如摩根士丹利投资公司(投资百丽鞋业、境内手机制造销售商等)、美国华平基金(投资哈药集团等)、中信资本(投资哈药集团、中信银行战略合作业务等)、德意志银行(投资境内制造企业)、美国霸菱基金(投资境内教育产业以及多家制造业公司等)、联想弘毅基金(投资药品零售连锁企业、国内知名电视选秀节目品牌公司、高新科技产业等)、红杉资本(投资境内制造业和商业企业等)等多家大型跨国公司、境内外基金及其他机构投资者。

天下势,分久必合,合久必分。岂独天下势如此,商界种种亦如是。二三十年前,当外资纷纷进入中国市场时,中国政府、企业甚至包括律师在内的专业人员对于兼并收购还不甚了了,各地政府着力于提供各种优惠政策吸引外资,外商投资法律法规同时构成了当时进行兼并收购的主要法律依据。短短二十年过去,国际经济格局和金融势力已风云变幻,伴随着经济和市场潜力、政策和国情的发展,中国已转换为经济持续稳定发展的热点地区,并购也经历了从境内到境外、外资并内资的相对单一模式,转向境内外双向、境内企业之间、国有私有混战的多元化模式。中国的涉外并购法规经历了从无到有,从原则到细节的历程,并且仍在完善的过程中,各级监管部门不断探求和摸索着适合的监管体系,国内企业以及包括律师在内的专业人士亦在不断学习国际经验和各种交易及技术手段。因此,中国的涉外并购具有易受政策影响、法律架构复杂、监管牵涉面广等多重特点。

外资并购需要依法完成,而律师不可避免地需要在并购项目中发挥作用。做一名好的并购律师,就专业和技术层面而言不必细数,最基础的如尽职调查、对法律进行专业研究、掌握和起草交易文件等。在面对项目时,好的并购律师如高手弈棋,既要能够统筹大局审时度势,亦要能够洞悉细微变化和技术关键,从架构设计和全局把握上,帮助客户制订恰当的方针策略。

一、并购的目的和背景因素

(一)并购目的

律师作为专业人员并非商人,但好的并购律师却不可以缺少商人的思维。所谓并购,不能割裂为单一的项目细节,不了解一个并购项目的背景和目的,相当于不了解项目的灵魂。并购作为一种商业手段,必然有其特定的目的,也必然在一定的政策和立法背景下进行。清楚地了解各方的交易目的,方能确定正确的并购模式。

以投资和收购方为例,目前市场上最常见的投资和收购方主要分为财务投资人和战略投资人二类:

1. 财务投资人

财务投资人大多通过投资的形式将资金注入公司,协助或辅导公司通过各种并购和交易方式进行重组,促使公司在境内外上市,之后从证券市场上退出,达到获利的目的。财务投资人主要包括境内外私募基金(private equity funds)、风险投资基金(venture capital)、投资银行(investment banks)等。一般而言,财务投资人对公司的日常管理的参与程度有限,并不一定要求持有控股份额,也不准备发展成为公司的长久股东。因此,财务投资人往往非常看重公司现有股东和管理团队的能力和效率,以及公司的盈利能力和发展趋势,对于公司的业绩和几年内不能成功上市的退出方式有明确的要求。

即使同为财务投资人,因为其性质不同,对于交易的目的仍会有细微的差别。比如,风险基金属于高风险类,投资项目多是新设企业。而私募股权基金又主要分两种形式:一类是基金管理公司,一般规模较大,总部可能设在某个金融中心(如华尔街),但是管理网络可能覆盖全球并在全球范围内融资,一般来说,他们希望进行大型并购,交易金额往往从1亿至若干亿美金不等。另一类是专业管理人才和投资家的组合,即基金管理人找到投资人作为有限合伙人筹集一笔固定的资金(如若干亿美金)设立基金,此类基金有一定的寿命,其所投资的项目一般针对经营了一段时期具有一定业绩的公司,融资金额为中小规模,从一二千万美元至七八千万美元不等,要求的等待上市期不会太久,大多为2—3年。

2. 战略投资人

战略投资人一般是与目标公司具有某种业务联系且希望长期合作和

参与目标公司经营的投资者。在并购时代初期,战略投资人大多为跨国公司,例如几大境外汽车制造商分别与境内公司合资或收购一定股权,产生了东风日产、一汽大众等一系列大型中外合资公司。而随着金融危机的影响、人民币升值、对外资优惠政策减少等因素,跨国公司直接并购的趋势减弱,一些通过境外资本市场获得了足够资金的国有企业和民营企业也越来越频繁地出现在战略投资的舞台上。

不同战略投资人的目的也不尽相同,最常见的如扩大市场提高竞争力、获得先进技术等。由于战略投资人投资和并购以长期经营为目的,并购涉及的细节问题较多,如人员、土地、市场、产业政策、各级审批等问题。

相应的,对于被投资或并购的目标公司及其股东而言,引进不同类型的投资人也会有多方面目的,例如希望迅速获得一定资金、不希望失去对公司的控制,同时有上市意愿的,往往偏向于引进财务投资人;侧重于出售股份套现、剥离一部分业务或希望与更有规模和技术的公司联手经营的,可能更青睐战略投资人等。在具体项目中,往往需要考虑客户最看重的目的,有针对性地设计交易结构和谈判策略。

(二)背景因素的影响

勤奋的并购律师一般可以在从业若干年后对于交易的技术细节驾轻就熟,但是,基于对政策、立法、市场和监管实践的深刻理解而应对敏感和模糊的法律问题,则需要大量经验的积累,需要锻炼缜密和透彻的思维理念。

十数年前,我国还处于急于引进各种境外投资促进发展的阶段,涉外并购适用的主要是监管外商投资的法律法规。如今,随着金融市场的变迁,中国政府对于国际热钱的监管力度不断增加,对于行业进入、市场垄断、境外收入、国家安全等方面的观念日渐成熟。除了2003年颁布,后又分别于2006年、2009年修订的《关于外国投资者并购境内企业的规定》(以下简称《并购规定》)和定期修订的外商投资产业指导目录外,监管机构往往在实践中基于国计民生、市场因素等多重原因,通过政策和审批的调控手段不时地指引投资和并购的发展趋势。例如,2006年末和2007年初,随着国内的房地产业升温,商务部和建设部出台了一系列关于外商投资房地产业的监管通知,虽然并没有禁止外资进入房地产行业,但提高了准入条件和审批层级,这些变化往往对相关行业的并购成本和交易方式产生重大影响,也有可能在时间上增加不确定性,从而促使相关并购步伐放缓。再以境内民营中小企业境外融资上市即所谓小红筹结构为例,很多基金投资人鼓励中国股东在境外成立一个特殊目的公司,通过境外私募或过桥贷款等形式获得资金后,回国内收购境内经营的实体公司,之后在境外重组上市,该种收购被称为小红筹,也有人俗称其为"左手倒右手"模式。而2006年修订的《并购规定》增加了对特殊目的公司进行关联并购监管的内容,与之相配合的一系列外汇管理规定和近年来不断完善的税法规定,也显示了政府部门对于该种模式加强监管的趋势。

洞悉政策和立法背景的律师,不但可以根据客户的要求处理技术细节并提出建议,也可以在项目的走向上很好地帮助客户进行判断,从而避免项目方式与政策法规相悖而导致无用功的结果。诚然,正因如此,律师很可能在并购实践中遇到法律规定不明确的问题,即所谓灰色地带,有时甚至会被质疑是否在钻法律的空子。但恰恰是对于这些不够明确的法律问题的分析和处理对律师的良好判断力提出了要求,体现了律师的价值。法律上的创新并不是随意突破或违反现有的法律条款,而是在进行了扎实的法律研究和论证工作后,对立法本质及不同时期政策法律背景作出理解和判断,在不违背立法本意和监管部门意图的情况下作出的。

二、外资并购的立法发展

(1) 2003年之前,关于外资并购方面的立法较为零散,并没有针对外资并购境内企业的专门法规。外国投资者多是通过外商投资企业股权变更、合并分立、境内投资、将内资企业改制为股份公司等方式实现并购境内企业的目的,主要涉及的法规为原外经贸部、国家工商局于1997年5月28日颁布的《外商投资企业投资者股权变更的若干规定》和2000年7月25日颁布的《关于外商投资企业境内投资的暂行规定》。国有资产方面涉及的法规为原国家经贸委于1998年9月14日颁布的《关于国有企业利用外商投资进行资产重组的暂行规定》。

（2）2003年3月7日,原外经贸部等部委颁布了《外国投资者并购境内企业暂行规定》。同一时期出台的有关外资并购的规定还包括:证监会等部委2002年11月1日颁布的《关于向外商转让上市公司国有股和法人股的通知》,原国家经贸委等部委于2002年11月8日颁布的《利用外资改组国有企业暂行办法》,商务部、国资委于2004年1月21日颁布的《关于上市公司国有股向外国投资者及外商投资企业转让申报程序有关问题的通知》等。

（3）2006年8月8日,商务部、税务总局、工商总局、外管局、国资委和证监会联合颁布了《关于外国投资者并购境内企业的规定》,该规定于2006年9月8日开始施行,引起各界普遍关注。

（4）2008年末,商务部进一步颁布了《外商投资准入管理指引手册》(2008版)。

（5）与外资并购问题关联的主要法规还包括:原外经贸部、国家工商局于1999年9月23日颁布并于2001年11月修订的《关于外商投资企业合并与分立的规定》,商务部、证监会等部委于2005年12月31日颁布的《外国投资者对上市公司战略投资管理办法》,证监会于2002年9月28日颁布并于2006年5月和2008年8月修订的《上市公司收购管理办法》。

（6）与之相配合,国家外汇管理局于2005年10月颁布了《关于境内居民通过境外特殊目的公司融资及返程投资外汇管理有关问题的通知》("**75号令**"),2007年5月颁布了关于该75号令操作规程的通知("**106号文**"),2011年5月再次颁布了《关于印发〈境内居民通过境外特殊目的公司融资及返程投资外汇管理操作规程〉的通知》等文件。

时至今日,外资并购法规仍在不断地发展和完善过程中。跟踪并购法规的发展,是并购律师的业务基础。

三、外资并购的主要考虑因素

在了解客户的交易目的和项目背景后,需要考虑哪些主要因素而着手对一个外资并购项目提出建议呢?我们试将一些外资并购中考虑的要点说明如下。

(一)股权并购 VS. 资产并购

股权并购和资产并购是并购交易中最主要的两种模式,各有优劣。其主要优劣包括:

股权并购		资产并购	
主要优势	主要劣势	主要优势	主要劣势
• 有利于维持目标公司的特殊资质和许可 • 不涉及资产转移相关的税务负担 • 有利于维系目标公司原有优惠政策 • 无需因资产、业务和人员转移而导致大量合同变更,从而增加成本	• 目标公司可能存在历史遗留问题(如历史沿革问题、经营中的法律合规问题、债权债务、人员等问题) • 与资产并购相比,有可能涉及更多的政府审批 • 外国投资者直接并购中国企业涉及强制评估要求	• 能够切断目标公司的历史遗留问题 • 如果设立公司后进行资产购买,有可能避免掉一些政府审批	• 如果涉及大量资产、业务甚至人员的转移,转移成本及税负较高 • 目标公司的特殊资质和许可一般不可转移

对于外资股权并购,最常见的是外国投资者直接并购境内企业,一般可以直接适用《并购规定》;如果外国投资者使用其在中国已设立的外商投资企业进一步投资并购其他境内企业的,则需要适用《关于外商投资企

业境内投资的暂行规定》；如果已有外商投资企业的股权被收购和转让的，需要适用《外商投资企业投资者股权变更的若干规定》。不同的规定对于并购双方情况、审批程序等均作出了不同的规定。

资产并购通常采用两种处理方法：一是收购资产后以实物出资设立新公司；二是货币出资设立新公司后以新公司的名义收购资产。在实践操作中，符合会计准则的"净资产"可能并不属于法律上允许的出资资产[①]，例如人力资源等，在遇到这种情况时需要采取第二种资产并购方式。因为资产收购不同于资产出资，它属于并购当事人的意思自治，因此对于人力资源等无形资产的收购并无法律障碍。

（二）外商投资产业政策和外资比例

商务部颁布并定期修订《外商投资产业指导目录》对外商投资范围进行指引，规定了明确的鼓励类、限制类和禁止类外商投资行业。根据《并购规定》第4条，除需要遵从《外商投资产业指导目录》外，外资并购还应符合中国法律、行政法规和部门规章对投资者资格的要求，以及符合土地、环保等政策。因此，在进行外资并购时，首先需要确认被投资和并购的目标公司是否存在外商投资产业政策限制。

如果目标公司从事的业务包括禁止性或限制性行业，则有可能需要进行相应的调整，或者选择更适宜的公司作为并购目标。同时，如被并购境内企业原有所投资企业（如子公司）的经营范围不符合有关外商投资产业政策要求的，也应进行调整。

如果外商投资领域对于外资持有的股权比例存在限制性规定的，例如要求中方控股（持股51%以上）或限于合资合作等，则需要结合交易目的考虑是否该限制下的持股比例可以满足各方要求。举例说明，以境外上市

---

① 我国《公司法》第27条第1款规定：股东可以用货币出资，也可以用实物、知识产权、土地使用权等可以用货币估价并可以依法转让的非货币财产作价出资；但是，法律、行政法规规定不得作为出资的财产除外。

为最终目的的并购,如果相关产业要求外方持股比例不能大于49%,往往需要考虑在持股比例达不到控股权时目标公司的财务报表是否能够完全合并入境外上市公司,从而满足上市目的。

(三) 价格和估值要求

(1) 定价基础:定价是交易各方关注的焦点。《并购规定》要求并购当事人应以在中国境内依法设立的资产评估机构对拟转让的股权价值或拟出售资产的评估结果作为确定交易价格的依据,同时明确禁止以明显低于评估结果的价格转让股权或出售资产,变相向境外转移资本。由此可见,法规对于外资直接并购应以评估值作为定价依据作出了明确规定。在实践中外国投资者溢价增资或购买股份,各方通过协商后在评估值基础上稍有下浮,一般不会增加审批难度,如果并购价格低于评估值较大范围,则监管机构很可能对于交易的公允性产生质疑,也不符合《并购规定》的原则性要求。

(2) 认购或收购价格支付方式:股权并购往往通过溢价增资或购买老股东股权的方式进行交易。如果溢价增资,根据《并购规定》第16条,外国投资者认购境内公司增资,有限责任公司和以发起方式设立的境内股份有限公司的股东应当在公司申请外商投资企业营业执照时缴付不低于20%的新增注册资本。外国投资人的直接投资大多以外币现金形式进行,但也可以使用其在境内其他投资所获得的人民币利润或资产进行投资,发生后者的情况时,需要获得相应的外汇管理部门的批准。

(3) 支付期限:一般而言,外国投资者收购境内企业股权应自外商投资企业营业执照颁发之日起3个月内支付全部购买金。对特殊情况需延长支付者,经审批机关批准后,应自营业执照颁发之日起6个月内支付购买总金额的60%以上,在1年内付清全部购买金,并按实际已缴付出资额所占比例分配收益。现有法律法规规定,控股投资者在付清全部购买金之前,不得取得企业决策权,不得将其在企业中的权益、资产以合并报表的方式纳入该投资者的财务报表。需要注意的是,在涉及外方出资和支付股权转让对价时,应结合外汇管理部门的审批和登记要求,确认具体支付方式的安排和可行性。例如,根据外汇管理部门的相关规定,实践中如果涉及中方向外国投资者转让股权的,需要境内的股权出让方办理转股收汇外资外汇登记,在获得外汇管理部门批准后开立股权转让资产变现专用账户,收取相应的股权转让价款后到股权出让方所在地的外汇管理部门出具转股收汇外汇登记证明,转股收汇外资外汇登记是证明外国投资者购买金到位的有效文件。因此,在设计支付时间时,需要结合有管辖权的外汇管理部门的要求和实际审批情况,作出合理安排才可以保障交易顺利进行。

(四)税务筹划

在 2007 年新的《企业所得税法》施行前,享受外商投资企业优惠税率和待遇对于交易双方都至关重要。随着新《企业所得税法》的实行且过渡期即将结束,除税法特殊规定的情况外,外商投资企业和内资企业的税率趋于统一。但是在设计交易结构时,不同的税务负担仍可能导致各方对于交易方式的不同考量。特别是涉及股权转让的情况下,一旦产生资本利得,转让方往往需要缴纳资本利得税,如果股权转让方涉及境外投资者(例如新的外国投资者收购现有外商投资企业中方和外方股东的全部股权),还需要考虑相应的代扣代缴税款的义务。而在资产交易的情况下,除转让是否导致收益的产生外,某些特殊类型的资产转让还可能导致其他税负的产生,例如转让房屋土地需要缴纳契税。

(五)小股东保护和退出机制

在投资人持有股权份额较小,特别是财务投资人参与以未来上市为目的的并购交易时,通常会要求设置小股东保护和退出机制。常见的包括任命至少一名董事并享有对重大事项的决策否决权,跟随出售权(tag-along,当大股东转让其股权达到一定比例时,小股东有权跟随出售),出售选择权

(put option,当发生双方约定的特定情况时,如公司未能在一定期限内成功上市,小股东可以按照一定的定价机制要求大股东或其关联方收购股权),领售权(drag-along,当第三方按照各方事先同意的较高公司估值要求收购公司股权时,小股东有权将其股权出售,且大股东应共同出售或给予同意和配合)等等,不一而足。需要注意的是,这些机制在境外并购交易中经常采用,近年来随着财务投资人在中国市场上日益活跃,相关机制被越来越多地引入境内并购交易中。但是,由于在中国设立的外商投资企业的变更往往需要审批方可生效,因此即使各方在合同中作出该等约定,实际发生并执行时也需要各方配合,办理相应的审批登记手续,往往不能自动直接行使相关安排。

(六)外资并购的反垄断审查

近年来,随着对外资监管的完善,中国政府的反垄断力度不断加大。一般来讲,我们平常所说的企业合并审查是反垄断法中"经营者集中反垄断审查"的通俗说法。在中国反垄断法中,经营者的合并行为只是经营者集中的方式之一。除了企业合并方式外,根据中国经济发展的实际情况,反垄断法所规定的"经营者集中"还包括了股权收购、资产购买、委托经营、联营以及通过合同、技术等形成事实上控制关系的行为。在进行外资并购交易时,需要提前考虑是否该交易可能触发反垄断审查要求。

国务院《关于经营者集中申报标准的规定》明确了境内外资并购反垄断申报的标准,如果相关并购交易将形成事实上控制关系,且达到了该规定中列示的两项具体营业额规定中的任何一条,均需要向商务部反垄断局进行反垄断审查申报(详细申报要求参见本书第一篇《外商投资的律师实务》)。需要指出的是,交易是否达到申报标准或是否需要申报,与判断交易是否会产生排除或限制竞争的效果是没有必然联系的。如果交易达到申报标准,则必须向商务部反垄断局申报。只有在申报文件提交后,商务部反垄断部门才进行实质性审查,并作出无条件批准、附加限制性条件批准或禁止交易的决定。由于审查时间较长,而且并购交易往往以获得所有必要的批准为交割的前提,律师需要提醒交易各方,尽早评估是否触发反垄断审查要求,并估算所需的时间。

(七)国家经济安全审查

虽然《并购规定》对于国家经济安全做了原则性的规定,但安全审查机制于2011年初方正式提出。根据《并购规定》,外国投资者并购境内企业并取得实际控制权,涉及重点行业、存在影响或可能影响国家经济安全因素或者导致拥有驰名商标或中华老字号的境内企业实际控制权转移的,当事人应就此向商务部进行申报。2011年2月,国务院办公室首次发布了《关于建立外国投资者并购境内企业安全审查制度的通知》(2011年3月5日施行)(以下简称《安全审查通知》),之后商务部在2011年3月和4月分别发布了《实施外国投资者并购境内企业安全审查制度有关事项的暂行规定》和《关于实施外国投资者并购境内企业安全审查制度的办事指南》。根据《安全审查通知》,"外国投资者并购境内军工及军工配套企业,重点、敏感军事设施周边企业,以及关系国防安全的其他单位;外国投资者并购境内关系国家安全的重要农产品、重要能源和资源、重要基础设施、重要运输服务、关键技术、重大装备制造等企业,且实际控制权可能被外国投资者取得"的,属于并购安全审查的范围。

有关安全审查的具体程序和要求等,本书《外商投资业务中的律师实务》一讲有详细论述,此处不再赘述,但需要指出的是,虽然安全审查已在法规中明确规定,但对于《并购规定》中的"重点行业"尚无具体定义,而《安全审查通知》中所述的范围也较为宽泛,均需要根据实际情况由审批机关裁量。因此,虽然商务部对于材料申报作出了指南性的规定,但是在实践中如何评估和进行安全审查仍处于摸索阶段。需要注意的是,如果存在实质影响而未予申报,法规规定的后果较为严重,相关主管部门可以要求当事人终止交易或采取转让相关股权、资产或其他有效措施,以消除并购行为对国家安全的影响。因而在实践中,需要提醒交易双方注意评估,如果交易所涉及的行业较为敏感,可以考虑与监管机关提前沟通。

四、外资并购的主要审批和监管部门

外资并购通常根据具体情况主要涉及以下的审批部门:

主要审批机关	主要职责
商务部及其下属机关	主要审批外资并购交易、外商投资企业的设立和变更
国家发展和改革委员会及地方发改部门	主要审批外商投资项目
中国证券监督管理委员会	主要审批上市公司的非流通股并购交易行为及上市公司的重大资产重组行为
国务院国有资产监督管理委员会及地方国资部门	主要审批并购交易中涉及国有资产的转让和估值
外汇管理局及其各地分支机构	主要审批并购交易中外币形式交易价格的支付、结汇、外汇登记等
工商管理部门	主要负责并购交易完成后境内公司的商业登记变更和营业执照变更
税务机关	主要负责对并购交易中产生的资本利得税等进行征收征缴

除上述主要审批机关外,对于特殊行业往往还需要专门的行业审批,例如中国银行业监督管理委员会负责审批银行金融业的并购交易,中国保险监督管理委员会负责审批保险行业的并购交易,中国证券监督管理委员会负责审查证券和基金公司的变更,工业和信息化部负责审查电信行业的并购交易等等。

五、几种特殊类型的外资并购

(一)涉及国有资产的外资并购

涉及国有资产的并购交易除按照一般外资并购交易所需进行的程序

和获得的审批外,还需要适用国有资产管理的相关法规要求,获得有权的国有资产产权监管部门批准。对于国有资产的评估报告也需要经有权部门核准或备案后作为定价的基础。国有资产的转让往往需要在依法指定的产权交易所公开进行转让或收购,特殊情况可以在获得审批的情况下进行协议收购。国有资产大多具有较长的历史沿革,在对国有企业或国有控股企业进行股权收购时,往往需要考虑多方面的历史遗留问题和人员安置问题。

(二)涉及上市公司的外资并购

中国证监会对于涉及上市公司的并购设置了专门的程序和法规要求。收购上市公司往往采取以下两种方式:(1)直接收购,即收购上市公司的股权;或(2)间接收购,即通过其他投资、协议等安排间接导致持有或增加上市公司股权。任何一种方式如果导致收购方直接和间接持有的上市公司股权达到30%均会触发全面要约收购要求,即需要向全体股东发出在一定时期内收购其股份的要约。各方也可以根据规定向证监会申请豁免全面要约收购义务。由于上市公司存在公众披露的义务,往往在交易正式签署或获得批准前就需要进行一定的披露。

(三)涉及返程投资的并购

近年来民营企业通过小红筹模式境外融资的情况很常见,其特殊性在于并购境内企业的主体(特殊目的公司)虽然是境外登记注册的机构,但实际上往往是由境内公司、企业或自然人控制的,而小红筹模式的目的大多为境外融资上市。因此,《并购规定》中专门对境内公司、企业或自然人通过在境外设立的特殊目的公司回国并购与其有关联关系境内公司的"返程投资"行为加以监管,要求并购当事人应对其关联关系进行披露,同时境内公司、企业或自然人以其境外公司名义并购有关联关系的境内公司的应报商务部审批。同时《并购规定》第11条规定,当事人不得以外商投资企业境内投资或其他方式规避前述要求。而由于《并购规定》颁布施行较晚,且已设立的外商投资企业股权变更同时适用监管外商投资企业的法律法规,在后续实践中,商务部进一步明确了已设立的外商投资企业变更适用监管外商投资企业的法律法规而不适用《并购规定》。

涉及返程投资的外资并购,其特殊性还体现在与国家外汇管理局 75 号令的联系。75 号令要求境内居民通过境外特殊目的公司开展股权融资和返程投资涉及外汇管理的,需进行相应的外汇登记手续。但略有不同的是,75 号令使用的是"境内居民"的定义,《并购规定》使用的是"境内公司和自然人";75 号令定义的设立特殊目的公司的目的为"境外进行股权融资(包括可转换债融资)",《并购规定》定义的设立特殊目的公司的目的为"境外上市",可见 75 号令涵盖的范围比《并购规定》更为广泛。

(四)并购交易中的协议控制结构(VIE 结构)

与上述三点不同的是,协议控制结构(也叫合同控制结构)实质上并非严格意义上的并购,而是通过一系列合同安排,使外商独资企业得以控制境内企业的全部或主要经营活动,获得境内企业的主要收入和利润。协议控制的设计主要针对中国法律设置的外资准入行业限制。在互联网和高科技产业刚刚兴起的时期,借助这一模式,可以绕开外资准入限制,实现外资对限制类甚至禁止类行业企业实行控制的目的。该方式又被称为新浪模式,是因为新浪的境外上市最早使用了这一重组结构,后多家增值电信领域的互联网公司借助这一结构实现了境外红筹上市。本书有专文对此进行了具体阐释。

由于协议控制基于合同基础而并非股权控制,其控制力相对薄弱,一般多用于高科技等轻资产类型的产业。而在并购实践中,近年来不乏投资人和境内公司将其用于重资产行业或规避《并购规定》的审批要求。必须注意的是,基于合同基础上的协议控制存在不稳定的特性,近年来发生的争议纠纷趋势不断增加,对其风险的质疑也越来越高。因此在设计结构需要考虑协议控制时,往往需要慎之又慎。

　　中国的经济持续发展,使得并购的监管趋势必然日益细化和完善,但不会关紧外资流入的阀门。不独外资并购,国内并购市场也日益多样化、多元化,各种声音和方式甚嚣尘上,千变万化,很难一一陈述。伴随着经济地位的发展,中国的并购仍在不断变更和完善中,走出国门的跨境并购,大量境内资金的投资需求,都在促进着并购业务的发展。这是一个有趣的时代,也是一个充满挑战的领域。

第三课

私募股权投资基金的法律与实践

主 讲 人：赵锡勇
文字整理：唐 熹

赵锡勇
（合伙人）

赵锡勇律师毕业于北京大学法学院,获得法学学士学位。

赵锡勇律师于2001年加入君合律师事务所,业务领域涵盖境内外上市、外资并购以及私募投融资和人民币产业投资基金设立和运营业务。在君合任职期间,参与承办了多个有重大影响的境内外上市项目,参与的私募基金投融资项目已超过30家。在资本市场业务中,赵锡勇律师尤其擅长投资结构设计以及法律文件起草。

赵锡勇律师也是首批涉足人民币基金业务的中国律师,主持承办了国内首家产业投资基金、首家非法人型创投基金以及首批有限合伙型基金的筹建以及基金设立后的投资法律工作。

此外,赵锡勇律师还长期代表如新浪等海内外上市公司的运营、信息披露等法律业务。

由于在资本运作相关业务领域的丰富经验,赵锡勇律师曾多次参加商务部、中国证监会、国家外汇管理局、国资委等部委组织的公司并购、中小企业投融资、公司法和证券法领域的立法草案修订、咨询工作及各类型的政府和民间法律研讨,并受邀为多家国际知名投资机构担任CPT培训讲师,是君合在资本运作领域具有理论和实践双重丰厚经验和资历的合伙人。

唐熹
（律师）

唐熹律师毕业于外交学院,法学硕士。执业于君合北京总部,主要从事资本市场业务,在股权投资基金设立和运营、外商直接投资、并购以及私募融资等方面具有较丰富的经验。

自加入君合以来,唐熹律师参与了各类私募投融资和重组上市等项目,包括山西普德药业引进财务投资人的项目、中银集团投资有限公司财务投资某石化公司项目、红杉资本投资华医网项目、德福资本投资境内多家医药制造企业的项目、汇睿资本在境内的多个私募投资项目、新浪投资多家IT企业等在内的多个私募投资项目。

随着资本市场的发展,私募股权投资基金已经成为市场上一种重要的投资主体,在宏观的经济发展和微观的企业发展两方面都起到了日益重要的作用。宏观而言,私募股权投资基金作为一种融资途径,在传统的债务融资方式之外,为资本市场提供了重要的资金,其参与到对具体行业的投资又起到了促进行业及企业发展的作用,目前市场上众多的上市公司或拟上市公司之股东中均能看到私募股权投资基金之身影,可见其对于资本市场和行业发展之重要作用。微观而言,对于投资人,其资金可以投入私募股权投资基金中由专业的投资团队和管理团队用于对外投资和进行资金管理,实现资本的增值,而对于寻求资金的企业而言,私募股权投资基金又成为其获取发展所需资金的一个重要来源。

针对私募股权投资基金之特点,本讲将主要从以下三个方面对其加以概述:私募股权投资基金简介(包括其概念、类型、主要投资特点,以及其类型和投资特点对于其投资法律安排之影响等)、私募股权投资基金投资流程,以及私募股权投资基金对外投资的主要法律安排。

一、私募股权投资基金简介

(一) 私募股权投资基金的定义

目前,中国境内的法律法规并未明确对私募股权投资基金进行定义,但根据与之相关的法律法规如:《外商投资创业投资企业管理规定》、《创业投资企业管理暂行办法》、《关于外商投资举办投资性公司的规定》、《外国企业或者个人在中国境内设立合伙企业管理办法》、国家发改委办公厅于2011年1月出台的《关于进一步规范试点地区股权投资企业发展和备案管理工作的通知》等规定,和部分地方性规定如《天津股权投资基金和股权投资基金管理公司(企业)登记备案管理试行办法》、北京市《关于促进股权投资基金发展意见》、《关于本市开展股权投资基金及其管理企业做好利用外资工作试点的暂行办法》和上海市《关于本市股权投资企业工商登记等事项的通知》、《关于本市开展外商投资股权投资企业试点工作的实施办法》等规定，我们可以将私募股权投资基金的概念从三个方面进行分解从而加以理解：

1. 私募

所谓私募，主要是相对于公开募集而言，私募的特点就在于其只向特定的对象进行资金的募集，而不得向不特定的对象公开募集。以中国境内的私募股权投资基金而言，例如国家发改委办公厅《关于进一步规范试点地区股权投资企业发展和备案管理工作的通知》就规定，其募集资金仅面向特定对象，不得通过媒体（包括本机构网站）发布公告、在社区张贴布告、向社会散发传单、发送手机短信或通过举办研讨会、讲座及其他变相公开方式（包括在商业银行、证券公司、信托投资公司等机构的柜台投放招募说明书），直接或间接向不特定对象进行推介。通常而言，私募和公募活动所适用的法律规范和监管部门也是不同的（尤其是在中国境内，公募活动主要适用《证券法》等法规，受到证券监管部门的监管，而私募活动，因其不涉及公开募集，目前尚不适用《证券法》等法规）。

2. 股权投资

所谓股权投资，是指基金的主要投资方式，即基金以投资购买目标企业的股权（或可转换为股权的债权）为主要投资方式，它主要相对于证券投资（包括但不限于公开交易的股票、期货、债券、公募基金份额等）而言。

3. 基金

所谓基金，即指一种资金的集合体，主要特点就在于其资合性。经过基金发起人的募集，投资人将其资金投入到基金中，由发起人或其委托的管理人对投资人的资金进行集合管理，并用于对外投资。

综合上述几个方面的分析,我们可以将私募股权投资基金理解为,向特定投资人非公开募集而设立的主要从事对非公开上市公司的股权投资以及提供股权投资管理的企业。

(二) 私募股权投资基金的类型

如前所述,私募股权投资基金主要从事股权投资,而根据其不同的特点,可以将私募股权投资基金分为不同的类型。而不同的私募股权投资基金类型,又会影响到基金进行投资时其内部及其与外部的法律安排(包括基金内部投资程序安排,以及其与被投资企业及其原股东之间关于投资结构、权利义务的分配等)。

私募股权投资基金有多种不同的分类方法,本讲主要从两个方面对私募股权投资基金之类型区分做一概要分析。

1. 从基金规模和主要投资阶段上区分

从该角度区分,私募股权投资可以主要分为"天使投资"(Angel Investor)、"风险投资基金"(Venture Capital Fund)、"PE 基金"(Private Equity Fund)以及"Buy-out 基金"(Buy-out Fund)等。需要注意的是,这些基金称谓并非法律上的定义,而是根据基金投资特点在该行业中的通常分类。

所谓"天使投资"(简称"AI"),其投资的主要是初创企业,通常是在企业设立阶段就参与,所以关于企业的发展和经营,并没有历史数据可供研究和调查,因此投资人承担的风险较大。正因为如此,AI 常以投资人个人而非募集基金的形式进行投资。所以,相对于其他几种基金而言,AI 的投资额度通常很小,并且因其主要是个人投资的形式,通常也不涉及由专业的基金管理人管理的成本。

所谓"风险投资基金"(简称"VC"),其基金募集时规模通常在 3000 万美元到 3 亿美元之间,其投资的企业通常也处于发展的早期阶段。其单笔投资额比天使投资的额度要高,但通常低于 PE 基金的投资额。

所谓"PE 基金"(简称"PE"),其基金募集规模通常在 1 亿美元到 20 亿美元之间,单笔投资通常在 1000 万美元到 1 亿美元之间。PE 投资的企业通常为相对成熟的企业,这种企业已经过相当时间的运营和发展,因此 PE 可以有较充分的资料对企业的未来发展进行判断,其投资的风险相对于前两种较小。

与前几种基金不同,所谓"Buy-out 基金",其特点在于将被投资企业整体收购从而原股东退出,基金变成被投资企业的唯一股东。因此,通常 Buy-out 基金收购的都是成熟企业,否则其将承担巨大的风险。并且,因其收购规模较大,此种类型的基金通常都是大型基金,单笔投资通常都在 1 亿美元以上。

上述几种基金类型,除规模和投资额不同外,因其参与企业成熟度不同而导致其对风险的承担不同,所以进一步影响到投资决策的则是其对被投资企业的"估值"不同。所谓估值,主要是指投资人对被投资企业价值的评估和判断,即一定的投资额可以占到被投资企业多少比例的股权,估值低则同样的投资额可以占到较高的股权比例,估值高则同样的投资额所占的股权比例较小。对被投资企业的估值有不同的方法,本讲不对此赘述,通常而言,AI 和 VC 因其进入企业的阶段较早,企业利润较低而风险较高,所以对被投资企业的估值相对较低,而 PE 和 Buy-out 基金投资的通常是成熟企业,企业的价值已经比较明显,所以估值通常较高。这也是导致几种基金规模不同的原因之一,因为被投资企业的估值越高,获取其一定股权比例所需的投资金额就需要越多。因此,PE 和 Buy-out 基金为获取企业股权所投入的单个项目的金额通常都较大(其中,Buy-out 基金因其收购整个被投资企业,所以单个项目的投入金额更大),所以其规模通常都远大于 VC 和 AI。

从另一方面而言,风险和收益也是相关的,AI 和 VC 虽然承担的风险相对较大,但因其进入时对企业的估值相对较低,所以若企业能成功发展,日后其估值的上升比例也最大,因此 AI 和 VC 在该项目上获取收益的比例也相对较高。而 PE 和 Buy-out 基金进入时，企业已较成熟，其估值也较高，日后企业估值再上升的空间相对较小，所以其在该项目上收益率也相对较低一些。但就基金整体而言，其收益是来自于各个投资项目之间的平衡，AI 和 VC 虽然可能单个项目的收益率较高，但同时因其投资的项目风险较大，失败的项目比例可能相对 PE 和 Buy-out 基金也较高，因此，不能简单地以单个项目收益率来判断。上述几种类型的基金都有各自不同的特点，对投资人而言参与哪种类型的基金，还要结合对基金管理团队项目经验的判断和投资人自身的特点以及其他相关因素综合考虑。

2. 从基金设立所适用之法律上区分

从该角度区分并以中国法律为视角，私募股权投资基金可以主要分为境外基金和境内基金(本讲所指境内外，乃相应指中国境内或境外)。

所谓境外基金，是指基金注册设立于中国境外，其设立和运营不适用中国法律。若中国投资者拟参与和投资到该境外基金，则中国投资者应适用中国关于境外投资的相关法律，履行相应之审批手续。并且，若该境外基金投资到中国境内的项目，则需要遵守中国关于外商投资的相关规定。此类基金的投资者参与基金设立之过程，因非本讲之重点，不对此加以赘述。

所谓境内基金，是指基金按照中国法律在中国境内注册设立和运营。而根据该基金的投资人是否包含外国投资者以及基金的投资货币是外汇或人民币，还可以进一步区分为外商投资基金和人民币基金。所谓外商投资基金，是指基金虽然设立于中国境内，但其直接投资人中包括外国投资者，根据现行的法律法规，其主要形式分为外商投资举办的投资性公司、外商投资创业投资企业、外商投资的投资性合伙企业等形式，但目前这几种形式的外商投资基金，都暂时难以将其外汇资本金结汇为人民币在境内进行投资，并且基金按照境外投资者对待。而所谓人民币基金，是指基金募集的资金都是人民币资金，并且基金以其募集的人民币进行投资，基金的直接投资人中不包含外国投资者,此种基金不涉及外汇结汇的问题,目前正处于市场高速发展的阶段。本书有专文对此进行了详细介绍。

3. 不同的类型对于基金投资的内外部法律安排之影响

如前所述,不同的基金类型,可能会影响到基金内部以及与被投资企业及其原股东之间的法律安排(包括投资结构、权利义务的安排等)的不同。

以不同类型的基金为例:从内部投资决策机制来看,通常而言,天使投资以单个投资人为主,因此其可能并没有严格和完善的内部投资决策机制的设计,而包括VC、PE、Buy-out等在内的基金,通常会由专业的管理团队对投资人资金进行管理,并制定完善的投资决策机制,包括投资决策机构、决策程序、投资流程、投后管理等各方面;从基金对外的法律安排来看,不同类型的基金,在与被投资企业以及原股东之间的投资法律文件及权利义务的安排上也存在差异,例如天使投资、VC、PE等,由于通常不会寻求控股被投资企业,其在被投资企业中扮演消极的小股东角色,因此需要设计完善的小股东保护机制,而Buy-out基金与此有所区别,其将被投资企业完全收购,通常成为单一控股股东,将起到对被投资企业负责运营的作用,其权利义务的安排也与单纯的小股东不同。

以不同注册地以及投资货币不同的基金为例:境外基金,若拟投资境内企业,则会涉及境内对外商投资产业投资的限制,从而可能要进行特别的结构设计(如合同控制等);而外商投资基金,因其按外资对待,从而可能涉及投资的审批以及外汇登记和资本金账户的开立等,以及会影响到交割前提条件的相应安排等;相对于前面两种基金,纯粹的人民币基金在境内投资,通常不需要商务审批机构的审批,也无须经过结汇的安排,但是目前部分人民币基金也寻求到海外投资的机会,人民币基金在进行境外投资时需要履行完备的境外投资审批手续,这些都会对投资项目的法律结构和投资法律文件安排产生影响。

除私募股权投资基金的不同类型对其投资的法律安排会产生影响外,基金的投资战略也是确定投资法律结构安排的重要因素。本讲中将主要以作为财务投资人的私募股权投资基金为例,分析其在投资时的内外部的法律安排。

(三) 私募股权投资基金的特点

通常而言,从投资战略的不同来看,投资人类型可以主要分为"财务投资人"、"产业投资人"以及"战略投资人"等不同类型。私募股权投资基金,因其自身退出周期的安排,主要作为一种财务投资人从事对外投资(本讲中仅以通常情况为例,并不排除某些以产业投资或战略投资为目的之基金)。

所谓"财务投资人",主要是指基金并非以参与企业经营为目的,而是投入资本,待企业经过一段时间的运营后,再通过各种方式(包括但不限于被投资企业上市、引入其他投资人购买股权、出售给原股东、将被投资企业整体出售等)实现资本的增值和退出。因财务投资人从投资开始就以退出为目的,所以其通常不会在被投资企业中占有较高的股权比例(较高的股权比例可能对其顺利退出有一定影响),并且其进行投资时主要看中的也是被投资企业原有管理团队的成功管理,所以财务投资人也通常不会较多地参与企业管理,而是会通过其他方式来实现对资本的保护(参见本讲第三部分)。例如,某私募基金,本身除投资外并无其他实体业务,在某高科技企业寻找投资时,参与对该企业的投资,投资后在企业的运营中,除重大事项外不参与企业的日常经营,待该企业经过运营,企业估值提高并引入新的投资人时原私募基金向新的投资人高价出售股权,或待该企业实现上市后出售其股票退出该企业,这通常即为一种财务投资。

所谓"产业投资人",其与财务投资人不同,其并不以短期实现退出为目的,而是其看好某个产业的发展前景,从而投资进入该产业并参与企业运营,通过企业的长期经营而实现在该产业中的获利。例如某境外风电企业,经过评估认为中国的风电开发具有较长期的发展前景,从而参与投资到中国境内的风电开发项目,并参与长期运营和获取企业利润,通常可以视为一种产业投资。

所谓"战略投资人",主要是指其进行对外投资是结合投资人自身的发展战略所需,进行企业的战略资源整合,而并非以实现短期增值退出为目的。例如某生产型企业,从成本以及原料依赖性等多方面考虑,收购其产业链上游的某供应商,通常可以视为一种战略投资。又如,某 IT 行业,因其发展自身的某种网络业务需要,从而投资于一家为该网络业务提供细分技术服务和支持的企业,并将该企业提供的内容整合到自身的网络业务中,通常也可以视为一种战略投资。

私募股权投资基金,因其自身特定的原因,通常以财务投资为主。因为私募股权投资基金,其募集的资金大多数来自于其他投资人而非发起人或基金管理人的自有资金,所以投资人对于其投入该基金中的资金的退出周期和获取回报的比例都有一定的要求,即投资人在投资于基金时即要求在一定期限后退出,而不愿意长期持有基金份额,所以,这也导致基金在对外进行投资时,必然需要考虑到基金在被投资企业中实现一定期限后的退出。

正因如此,私募股权投资基金在对外投资时才需要通过一些特别的法律安排,来尽量保障基金投资人的资金安全,以及保障基金在被投资企业中的利益和实现成功退出。

二、私募股权投资基金投资流程

如前所述,私募股权投资基金所募集的资金大多数来自于投资人,投资人基于对基金发起人及其管理团队的过往业绩和项目经验的判断,将其资金投入到基金中,由专业的管理团队和投资团队进行管理和投资。投资人自身通常并不参与到基金的对外投资中,正因如此,对于基金资金的管理和对外投资的安排,必须设计一套完整和确定的流程,并且需要经过严格的风险控制,才能对投资人的资金进行有效的保障,防止被管理团队随意处置。

概括而言,私募股权投资基金通常会设计如下的投资制度和流程以保障其投资是审慎和严格的(本讲仅对基金投资的整体流程和制度加以阐述,而不具体分析基金投资人和管理人之间关于权利义务和责任及利益的具体分配):

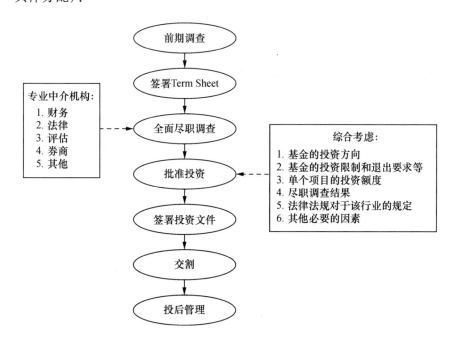

(一) 投资团队的前期调查

私募股权投资基金的投资团队在获得项目资源后(通常项目资源的获得方式主要分为团队自身开发的项目资源、专业财务顾问机构提供的项目资源以及非专业的其他中间方的项目介绍等方式),通常先行对拟投资企业进行前期的初步了解和调查,主要包括访谈、企业现场初步考察和企业基本讲件的介绍等,对于拟投资企业的模式、盈利能力和财务预测等进行初步分析,凭借投资团队对相关项目的经验,判断是否符合该基金对潜在投资目标的要求,并初步分析对拟投资企业的估值等。

(二)签署《主要投资条款清单》(即"Term Sheet")

经投资团队及带领该投资团队的主要负责人初步判断该项目可作为拟投资企业后,通常会与拟投资企业及其控股股东或实际控制人签署一份《主要投资条款清单》(即"Term Sheet")或投资框架协议等类似安排。

所谓 Term Sheet,是指本次投资双方可能达成的一些主要投资条件及权利义务的安排的概要。实践中,各方在 Term Sheet 中通常会约定初步的投资额度、初步的估值、股权比例、尽职调查的安排、交割的大体条件、关于投资后投资人的一些特别权利、原股东和被投资企业所需履行的一些义务、投资人的排他期(即在该期间内被投资企业不应寻找其他投资人)、保密义务等内容。但是,Term Sheet 通常会明确约定,除排他期和保密义务等内容外,其关于投资的安排和对于股东权利义务的约定等,对各方不具有法律约束力,而应以各方最终达成的投资法律文件的约定为准。

虽然上述主要条款实际上不具有法律约束力,但对于基金来说,一方面其锁定了被投资企业的排他期,另一方面由于各方在签署 Term Sheet 时通常已对其条款内容进行过多次讨论和谈判,对于主要的条款基本已达成大体意见,为日后正式投资法律文件的签署奠定了基础。

(三)聘请专业机构进行全面的尽职调查和出具报告

签署 Term Sheet 后,基金通常会聘请专业的中介机构(包括会计师、律师、评估师以及其他必要的中介机构)对被投资企业进行全面的尽职调查。尽职调查的内容涵盖财务、法律等各方面,专业的中介机构一般会要求被投资企业根据其提出的清单提供详细的资料,并进行现场调查和书面文件审阅等,在此基础上出具尽职调查报告分析问题,提出解决方案,以便投资决策机构据此作出最终的投资判断。

（四）相应的投资决策机构对尽职调查结果进行审核并决定是否批准本次投资

在完成尽职调查后，基金的投资决策机构将综合考虑该项目的情况和基金的投资制度，作出是否投资的决策。为控制风险，私募股权投资基金的决策机构通常是一个委员会，由多名具有丰富投资经验的委员组成，对于某个项目的投资需要获得一定比例的委员通过。

通常而言，投资决策机构在作出决策的过程中，会考虑的一些主要方面包括：

（1）该项目投资额度是否在决策机构的批准权限内：为进行风险控制，一些私募股权投资基金会对单个投资项目的投资额度作出限制，超过额度的项目可能需要更严格的批准（如投资决策委员会一致同意）或上升到更高的决策机构（如合伙人会议等）。

（2）该项目是否符合基金的投资方向：某些私募股权投资基金的管理团队可能是某一领域的专业人士，或者基金的投资人主要偏好对某个领域的投资。在此情况下，基金的投资方向超出这个领域，可能会受到投资人的质疑。

（3）该项目是否违背基金的投资限制：为进行风险控制，私募股权投资基金通常会对某些投资行为和领域进行限制，以防止资金被投入到投资人未认可的领域中（如某些境内基金对向境外投资的限制、对房地产投资的限制等）。

（4）该项目的财务预测和退出安排：基金本轮以一定估值进入被投资企业是否合理，未来企业的盈利能力是否能达到预期从而获得更高的估值，该企业是否适合上市，或是否有其他合适的退出渠道。

（5）该项目的尽职调查结果：经过充分的尽职调查后，各专业的中介机构会向基金的投资决策机构提交报告，对被投资企业进行分析和提出相应的建议，可能部分问题会造成基金退出的实质性障碍，投资决策机构需要考虑到这些问题对本次投资的影响从而加以判断。

（6）该项目投资时的法律环境和政策环境甚至经济环境如何：项目投资时的环境对于该项目是否能顺利实现退出具有较大的影响（如在一定时期内，房地产项目可能难以实现在境内发行 A 股股票上市），投资决策机构也需要综合考虑这些因素。

（7）投资决策机构认为需要考虑的其他因素。

（五）谈判和签署正式的投资法律文件

在基金的投资决策机构批准后，通常会进入各方对于最终投资法律文件的谈判和签署阶段，这涉及各方的权利义务安排，需要律师和基金的紧密配合。对于私募股权投资基金而言，投资法律文件中的法律结构安排需要对其资金安全起到有效的保护作用，也需要对其退出作出合理的安排。一些常见的法律安排请见本讲第三部分。

（六）根据投资法律文件约定的交割条件进行交割

投资法律文件的签署，并不意味着基金将要立即支付投资款（即交割）。通常而言，基金将根据其在尽职调查中发现的问题并结合项目情况，要求被投资企业及其原股东履行完成一定的交割前提条件，并将交割前提条件约定在投资法律文件中。只有在这些条件成就，或者被基金书面豁免的情况下，基金才有义务履行交割的义务。关于交割的安排，详见本讲第三部分的分析。

（七）根据投资法律文件的约定进行投后管理

私募股权投资基金通常是作为财务投资人对被投资企业进行投资，其不会主动干涉被投资企业的日常运营。但是，基金本身需要对其投资人的资金安全负责，所以建立完善的投后管理制度，对于基金而言亦是相当重要之事项。由于基金通常不参与被投资企业的日常运营，因此，其对被投资企业的投后管理，主要通过其委派到被投资企业中的董事来实现。

一般基金在与被投资企业和原股东签订的投资法律文件中会为其实现投后管理作出合理的安排，例如明确与被投资企业及其原股东的沟通机制、信息获取和交流机制以及相关的负责机构和人员，约定董事成员或其他关键人员的委派、基金在重大事项上的决定权利、基金在被投资企业中的知情权以及合理的退出机制等。基金将按照相关约定进行投后管理，直至最终退出。

三、私募股权投资基金对外投资的主要法律安排

本讲中主要以进行财务投资的私募股权投资基金为例，对私募股权投资基金进行对外投资时的外部法律安排（即与被投资企业及其原股东之间的法律安排）进行简要分析。总体而言，私募股权投资基金投资于目标企业时，其法律安排需要考虑的有两个主要方面的因素：一是保障资金的安全；二是实现成功的投资增值和退出。这两个主要方面相互关联，具体法律结构和权利义务的安排均应围绕这两个方面展开。

下文将对私募股权投资基金与被投资企业及其原股东之间的一些重要法律安排加以分析。

（一）交割安排

如前所述，投资法律文件的签署，并不意味着基金就会立即将投资款支付给被投资公司（增资的情况下）或支付给原股东（购买原股东所持老股的情况下）。投资款的支付，在投资领域通常称为交割。

根据对被投资公司的尽职调查，基金通常会在投资法律文件中约定一些交割的前提条件（即"conditions president"），在各方签署投资法律文件后，被投资公司和原股东需要完成这些前提条件，基金才会有付款的义务。交割的安排，对于基金资金起到了有效的保护，因为交割前提条件通常是解决对于本次投资来讲比较重要的一些问题（比如实现重组、解决公司历

史上存在的一些法律问题、投资获得政府部门的批准等等),若被投资公司和原股东无法完成约定的交割前提条件,基金的投资款就无须支付。并且,为证明该等交割前提条件已履行完成,还需要在协议中明确在交割日需要提交的文件,以便各方核对是否符合。

此外,根据部分事项对基金的重要程度和考虑到某些事项在一定期限内实现的可能性,各方还可能安排几次交割,即分几次支付投资款(例如对于中国境内企业的增资,根据《公司法》以及《公司登记管理条例》的规定,只要求股东首期支付不低于20%的增资额,这就为几次交割的实现提供了法律支持,但需要注意的是,其余投资款需要在2年内缴足)。从以下案例,可以看出各方如何实现交割(本讲中之案例为相关问题之简述和概要,仅供参考)。

[案例1]

某境外C基金投资一家企业A并拟以企业A作为上市主体,因企业A的控股股东B还持有其他公司D,而D的业务与A的部分业务存在竞争,所以需要将D从B持有转移到由A持有,从而解决对上市不利的同业竞争的问题。

为解决此问题,除将尽职调查中发现的部分待规范的事项列为交割条件外,C基金还在与A和B的投资协议中约定了以上述重组完成,即将D转让给A全资持有,为交割条件之一。此外,因C是境外基金,其投资A还需要获得中国商务部门的审批和进行外汇登记并开立资本金账户方才可以汇入外汇等,前述审批也列为交割条件。也即是说,若未完成前述交割条件,虽然C签署了投资协议,但也不承担支付投资款的义务(但在增资的情况下要符合首期支付不低于20%的增资额的要求)。

为证明其已完成上述交割条件,A和B需要在交割日向C提交一系列证明文件,除尽职调查发现的问题得到规范的证明文件外,

> 还主要包括 D 已完成重组的工商登记部门的变更登记文件，A 已获得的商务部门批准 C 对其投资的批复和批准证书，外汇管理部门颁发的外汇登记以及资本金账户开立的证明等。

（二）业绩对赌和调整机制

如前所述，私募股权投资基金对企业的投资，主要是根据对该企业的估值进行，其进行投资之目标是在投资该企业后，被投资企业能实现利润的增长，从而使得企业的估值更高以便以较高的价值退出。因此，被投资企业的经营业绩，无论是对于私募股权投资基金，还是对于被投资企业本身的发展、未来融资或上市等，都是至关重要的考量因素。

基金对拟投资企业进行尽职调查时，当然会全面判断该企业的财务表现和未来增长能力，其看重的就是被投资企业业绩的增长能力。同时，对于需要引进资金的被投资企业及其原股东和管理团队而言，出于对企业的经营经验、信心或引入投资人的愿望，通常也会对被投资企业的未来业绩作出自己的判断。但由于未来业绩是一个未实现的事项，各方只能根据自己的评估和预测来作出判断，基金往往顾虑被投资企业对预期的业绩高估，希望对被投资企业的估值有机会在其业绩达不到的情况下得到有利调整，而被投资方面却往往会坚持该业绩是可以实现的并且对被投资企业的估值也是合理的，因此，各方可能就被投资企业的经营和业绩进行对赌：即被投资企业及其原股东会向基金承诺一个或多个阶段的预期业绩目标，届时若实际业绩未达到预期业绩，或超过预期业绩，则由赌输的一方承担补偿责任（对于未达预期业绩的情况，由被投资企业或原股东承担补偿责任；超过预期业绩的情况，则由基金相应承担补偿责任，承担补偿责任的方式主要可以分为支付现金或支付股权两种）。

在以下两个案例中，可以看出各方如何进行对赌和实现补偿。

[案例2]

A先生为B公司的控股股东,C基金对B公司进行增资,增资后其持有B公司10%的股权。

B公司及A先生(作为B公司之控股股东)向C基金承诺,B公司2011年预期净利润不会低于人民币3000万元(下称"预期利润"),若B公司2011年经审计的实际净利润未达预期利润,则C基金持有的股权应按下述公式进行调整:调整后股权=调整前股权×(2011年预期利润÷2011年实际净利润)。

按此调整机制,若2011年B公司经审计的实际净利润为2000万元时,则C基金持有的股权调整后=10%×(3000万÷2000万)=15%。前述股权调整可以通过原股东向基金转让股权实现。

[案例3]

A先生持有B公司70%的股份,C基金以每股30元的价格购买A先生持有的10%的B公司股份。

B公司及A先生(作为B公司之控股股东)向C基金承诺,B公司2011年预期净利润不会低于人民币200000000元。若B公司2011年经审计的实际净利润未达预期利润,就不足部分,A先生同意按C基金对于B公司之持股比例,向C基金支付相当于该不足部分之30倍之补偿金(现金或B公司之股票)。

按照此机制补偿现金:若B公司于2011年之实际利润为190000000元时,A先生应给付之价款为(200000000 − 190000000)×10%×30=30000000;若补偿股权,则A先生无偿向基金转让股份,转让的股份数应为30000000÷30=1000000股。

除上述未达预期利润时所进行的调整外,在另外一些项目中,还会出现相反的对赌和调整,即投资人同意,若实际业绩超过预期业绩,则投资人进行相应的补偿,通常是对被投资公司按一定的比例或更高的估值追加投资,或授予原股东一定的认股权按一定优惠价格行权。基本原理相似,在此不再赘述。

(三)反摊薄机制(anti-dilution)

私募股权投资基金投资于某被投资公司,通常都是以一定的估值进入,即其为持有的股权支付了一定的成本。因此,若被投资公司向其他投资人进一步增发股份,则会将基金持有的股权摊薄(即基金持有的股权比例减少),这对于基金而言通常是不利的。为防止基金持有的股权在被投资公司日后发展的过程中被不合理地摊薄,通常都会在投资法律文件中设计反摊薄的机制,对基金持有的股权进行保护(反摊薄主要是防止两个方面的摊薄:一是股份数量和比例的摊薄;二是股份价值的摊薄)。

关于反摊薄机制在投资法律文件中之安排主要可以体现为以下几个方面:

一是在被投资公司的重大事项决策中设计基金的否决权,即若涉及被投资公司股本变动的事项,需要基金的同意;

二是优先认购权(pre-emptive right),即被投资公司增发新股时,基金可以按比例优先认购,以防止其股份被摊薄,并且对于其他股东放弃认购的部分基金也可以按比例优先认购(但为防止该权利被滥用,通常也会给优先认购权的行使加以一定期限,若期限届满仍未行使,可视为放弃);

三是若被投资公司向其他投资人以低于本次基金投资的估值发行股份时,基金持有的股份应按新的估值进行相应调整,这种安排在投资领域,通常称为完全棘轮条款(full ratchet provision),完全棘轮条款是一个金融术语,其指的是投资人过去投入的资金所换取的股份全部按新的最低价格重新计算,在完全棘轮条款下,哪怕公司以低于原来的价格只发行了一股股份,之前投资人投入资金所换取的股份的价格也都要调整跟新的发行价一致。

但反摊薄机制也并非任何情况下均适用,出于对被投资企业发展的考虑和各方利益的平衡,在一定情况下也会豁免反摊薄机制的触发情形,例如通常以较低的价格向核心员工发股进行股权激励,基金即不能据此行使反摊薄的权利。

(四)优先购买权(first refusal right)

优先购买权和前述优先认购权不同,优先认购权主要针对被投资公司增发而言,在被投资公司增发新股时基金有权按比例优先认购,而优先购买权主要针对原股东持有的被投资公司老股而言,在原股东拟转让其持有的被投资公司股权时,基金有权优先购买其拟转让的股权,否则原股东的股权不得转让给其他方(包括公司其他股东)。

优先购买权也是对基金持有的被投资公司的股权价值的一种有效保护,因基金持有的股权通常是按较高的估值支付了较高价格和成本而持有的,若基金持股后,原股东再将其股权以更便宜的价格转让给其他方,对于基金显然是不利的,同时对于被投资企业日后的估值也不利。

但另一方面,为防止基金滥用优先购买权,即又不明确行使优先购买权,也不放弃行使,从而导致原股东股权无法转让,通常对于优先购买权的行使会设定一定的期限,即在一定期限内未行使即视为放弃行使优先购买权。

(五)领售权(drag-along)

领售权,也称拖带权,顾名思义,其指的是在一定条件下,基金可以带领(或强制要求)其他股东跟随其一起出售被投资公司的股权。

领售权对于私募股权投资基金而言是一个保障其投资增值的重要权利。因基金通常作为财务投资人投资于被投资企业,不会谋求对于被投资企业的控股或者日常运营的控制,其通常持有被投资公司的股权比例较低。而随着被投资企业的发展,被更多投资人看好,某些投资人可能希望收购被投资公司更多的股份(或者某些投资人希望对被投资公司进行战略收购,整合资源或排除竞争等)。私募股权投资基金可能愿意出售其股权(考虑到对方的报价以及本身的退出周期等),但其实际持股比例又难以满足新投资人希望收购的股权比例,而控股股东通常不愿意出售或被摊薄股份使其丧失控股地位,在此情况下,若没有领售权的安排,可能交易就无法达成,私募股权投资基金也无法实现其股权的出售退出。领售权的安排将使得私募股权投资基金有权利要求其他股东(通常是控股股东)跟随其相应出售一定比例的股权,以满足新进投资人的收购要求,从而成功实现退出。

领售权若被滥用,则将导致被投资企业经营的不稳定,因此,通常也会对领售权的行使加以限定,例如规定第三方投资人对企业的估值不能低于一定的额度,从而保证基金和原股东在出售时都能获利,以及规定第三方投资人要求收购的被投资企业的股权应为一个较高的比例,以防止基金不合理地要求原股东出售股权。

[案例4]

某私募基金C作为财务投资人持有境内一家著名饮料企业A的股权,该著名饮料企业的实际控制人为中国境内人士B。C在投资A时与B约定了领售权,即其在认为第三方以合理条件收购其股份时,有要求其他股东随同自己将公司股权一起出售的权利,若B违反则应承担巨额的赔偿责任。此后,另外一家国际知名饮料企业D出于在中国市场上的战略考虑拟将A收购并控股。D提出了C认为合理的报价,在此情况下,B虽然不愿意出售其股权,但为避免巨额的赔偿责任,也只能跟随C一起向D出售了其持有的股权。

(六) 共售权 (co-sale)

共售权，也称跟随权，它与领售权相对，其所指的是在原股东（通常是控股股东）出售其持有的被投资公司股权时，基金有权跟随其一起按比例出售被投资企业的股权。

共售权也是对基金作为财务投资人的有效保护手段，因基金对被投资企业投资时，看重的主要因素之一即为原股东（主要是控股股东和对企业运营较重要的股东）对被投资企业的管理和经营，而基金本身通常不参与企业的日常运营。若前述重要股东在企业经营的过程中拟从企业退出，必然影响到被投资企业经营的稳定性和日后的发展（控股股东若丧失控股地位，还可能影响到被投资企业的上市进程）。因此，在重要股东出售股权的情况下，一方面作为对其出售的限制以保障基金的利益不受损害，一方面作为基金的退出方式之一，基金有权跟随该股东基于同样的条款按比例出售其持有的被投资企业股权。

[案例 5]

某私募基金 C 持有被投资公司 A 的 10% 的股权，控股股东 B 持有 A 的 40% 的股权。C 在投资 A 时，已与 B 约定了共售权的安排，有权跟随 B 按比例出售股份。此后，B 拟向第三方投资人 D 转让其持有的全部 40% 的股权而退出公司。在此情况下，C 有权行使其共售权。若 D 愿意在受让 B 的 40% 的股权之外再受让 C 持有的 10% 的股权，则 C 可以将其 10% 的股权也出售，若 D 只接受 40% 的股权，则 C 可以转让其持有的 8% 的股权，B 只能转让 32% 的股权，否则 B 无权转让，或须承担高额的赔偿金。

在实践中，基金的共售权主要是跟随控股股东行使，在某些项目中，对于共售权的行使也会加以一定程度的限定，例如考虑到控股股东对其关联方或某些关键人士可能转让少量股权，也会约定只在控股股东的转让导致其丧失控股地位的情况下，基金才跟随行使共售权，或若控股股东出售的股权未到达一定比例之前基金不得行使共售权。

（七）董事委派权（或委派观察员等）

私募股权投资基金通常不参与被投资企业的日常运营，因此，其主要通过委派到被投资企业中的董事来实现对被投资企业的投后管理，并且董事委派通常需要与下文所述的重大事项的否决权相结合，才能较好地起到对基金的保护作用。

但基金是否有权委派董事，在具体的案例中主要还要结合该项目的实际情况决定，被投资企业通常会考虑到现任董事会席位、现有投资人委派董事的情况以及本次基金投资额的大小和估值等多方面因素综合决定是否允许基金向其委派董事。不过，在具体项目中，即使经过谈判无法实现董事委派，基金也通常会要求向董事会派驻观察员，观察员没有投票权，但可以充分地了解董事会的表决情况和企业在一些重大事项上的决策和经营情况，从而为基金提供分析信息。

此外，在可能的情况下，基金还会要求对被投资企业的重要子企业派驻董事，或要求复制被投资企业的董事会构成到重要子企业中。

（八）重大事项的否决权（veto right）

如前所述，私募股权投资基金通常不参与企业的日常运营，因此，其实际难以掌握被投资企业的经营和发展方向。但同时，基金又必须对其投资人的资金安全负责，因此，除日常经营外，在一些重大事项上必须有基金参与决策的权利，以保障基金的资金不被滥用。

基金通常会要求被投资企业的以下一些重大事项需要获得其事先书

面同意（或其委派董事的同意）：

（1）基金投资的资金改变用途；

（2）被投资企业章程的修订；

（3）被投资企业与其他实体合并，或分立，或其他变更企业形式或性质的行为；

（4）被投资企业增加或减少注册资本或股本变动，发行股票、认股权证、债券、可转换债、期权或任何类似的权利凭证，或其他融资行为；

（5）在被投资企业的股权上设置任何第三方权利；

（6）出售、出租或处置任何被投资企业的全部资产或任何重要资产，包括知识产权的许可、转让或授权；

（7）被投资企业的主营业务变更；

（8）核心员工的劳动合同（包括高管薪酬等）的变更或终止；

（9）被投资企业的分红或宣派股息；

（10）被投资企业的清算、解散、终止或延长；

（11）对被投资企业的会计和财务制度进行任何重大修订；

（12）通过或修订年度业务计划（包括经营预算）；

（13）在年度业务计划外的任何投资、收购或重组；

（14）在年度业务计划外的贷款、担保（可设置一定的单笔额度以及连续累计的额度，超过额度的才需基金同意）；

（15）单笔超过一定额度的合同或交易，或在一定期间内连续累计超过一定额度的合同或交易；

（16）员工激励计划和核心高管团队的变更等。

上述条款仅为通常一些保护性条款的总结和摘要，在具体项目中通常还要根据各方的具体情况以及谈判的进程等进行修订或增减。总体而言，主要从几个方面设置否决权：一是资金的用途改变，因基金投资的目的在于为被投资企业的主营业务发展提供资金并进而推动其发展，因此，基金投资的资金若用于被投资企业的主营业务之外的其他领域，需要基金的同意(此种情况出现在基金对被投资企业进行增资的情况下,此时资金支付给被投资企业;而在基金购买原股东股权的情况下,股权转让款支付给原股东,而非支付给被投资企业用于经营);二是被投资企业的纲领性文件、企业形式和性质以及企业经营期限等基本事项的变动;三是被投资企业的资本变动,由于基金持有的被投资企业的股权通常都是付出较高的成本的,所以对于被投资企业日后的资本变动需要有决策的权利,以防止其股份数量或价值被摊薄;四是涉及对股权或重要资产的处置以及重要人员的变动,因这些是被投资企业的核心人员和重要财产,对于被投资企业的有效存续和经营具有核心价值;五是与经营相关的重大事项,包括对于主营业务的变动,以及年度计划外的额外投资、融资或大额交易等。

此外,在某些项目中,被投资企业其实是作为控股企业(holding company),其没有实际经营业务,其重要的经营都放置在其子企业中。因此,对于被投资企业的重要子企业,基金也会通常要求复制上述类似的保护性条款,以实现对基金资金的有效保护。

(九)购买选择权(call option)

所谓购买选择权,主要相对于出售选择权(put option)而言。出售选择权在私募投资领域通常适用于要求原股东赎回的情况(见下文所述),即出售者在一定触发机制下有权将其股权卖出。而购买选择权,在私募投资领域通常指的是在一定条件下,一方有权要求购买其他股东持有的企业股权。

例如,在协议控制的项目中(即在某些特定领域,通过一系列协议而非股权投资,对特定企业实现控制,以实现财务报表的合并。如在增值电信领域,因外资企业难以获得经营许可,通常由内资企业取得增值电信许可,而境外基金通过投资于内资企业的股东在境外设立的特殊目的公司(special purpose vehicle,SPV)中,并进一步由 SPV 在境内设立一家外商独资企业(wholly foreign owned enterprise,WOFE),再由 WOFE 与有经营许可的内资企业签署一系列控制性协议,实现合并内资企业的财务报表和利润转移),为保障前述 WOFE 不丧失对重要内资企业的控制权,从而保障基金的利益不遭受损失,通常会由 WOFE 与内资企业的原股东签署一份购买选择权协议,约定 WOFE 有权要求原股东将其持有的内资企业的股权按照一定的价格转让给 WOFE,并且还结合其他一系列协议来防止原股东在获得投资后将内资企业的股权或资产进行转移。

此外,在某些案例中,购买选择权还可能与业绩对赌相联系,被投资企业原股东可能希望在达到一定业绩后,让基金以更高的估值再收购少量的股份,但如此一来则对基金可能不利,因为这样安排会变成原股东的出售选择权,购买其股份变成了基金的一种义务。所以,有经验的律师会将这种安排变成基金的购买选择权,即届时基金有权以更高的估值购买一定的股份,这是基金的一种权利,而非义务了。

[案例 6]

某私募投资基金 C 投资境内一家 IT 企业 A,A 的控股股东为 B,各方在投资法律文件中就 A 的业绩表现和基金 C 的购买选择权进行了如下约定:在 2012 年 7 月 10 日之前,基金 C 可以按下述情形行使其购买选择权:(i) 如果在 2012 年 6 月,被投资公司 A 有登陆行为的当月平均日活跃用户达到 20 万名,则基金 C 有权购买原股东 B 持有的被投资公司的 5% 的股权,购买价格按照本轮对被投资公司估值 1.5 倍的价格按比例进行计算;(ii) 如果在 2012 年 6 月,被投资公司 A 有登陆行为的当月平均日活跃用户达到 50 万名,则基金 C 有权购买原股东 B 持有的被投资公司的 8% 的股权,购买价格按照本轮对被投资公司估值 2.5 倍的价格按比例进行计算;(iii) 如果在 2012 年 6 月,被投资公司 A 有登陆行为的当月平均日活跃用户达到 100 万名,则双方将就基金 C 行使购买选择权而购买

> B持有的被投资公司的股权比例和价格另行讨论。
>
> 按照上述安排,即使A届时超额完成了业绩表现,对于基金C来说,也并没有义务以更高的估值购买原股东股权,而是基金C有权选择是否购买。当然,若A的业绩表现真的很优秀,基金C届时可能也愿意持有相对更多的股份,这样对各方都是有利的。

(十)赎回安排(redemption)

赎回安排,对于私募股权投资基金而言,可谓最重要的保护条款之一,即约定在一定情况下,由被投资企业或原股东按一定价格赎回基金所持有的股权。在境外,通常被投资企业可以回购公司股份,但在中国现行法律体制下,公司回购自身股份受到严格的限制,实践中难以实现,因此赎回义务通常由原股东尤其是控股股东或实际控制人承担。由于触发赎回的条件通常都是出现了对基金重大不利的情况,因此,在这种情况下,基金若没有赎回保护,则其投资很可能遭受较大的损失。

下文中将对一些主要的赎回触发情形加以概要分析:

(1)一定期限届满即可要求赎回:由于私募股权投资基金有退出期限的压力,所以,在被投资企业中何时可以要求退出,对于基金而言属于相当重大的事项。在部分项目中,尤其是在私募股权投资基金比较强势,而被投资企业在获取投资时比较弱势或对资金比较渴求的情况下,基金甚至会要求在其投资满一定年限后,无须其他触发情形即可要求被投资企业或控股股东对基金股权进行赎回。

(2)未实现合格首次公开发行股票上市(qualified IPO)的情况下要求赎回:对于私募股权投资基金而言,被投资企业在证券市场发行股票上市,对其而言是一个重要的退出方式。因此,基金通常会与被投资企业及其原股东约定在其投资后的一定期限内实现股票发行上市,如未能实现 qualified IPO,被投资企业或其控股股东有义务赎回基金持有的被投资企业的股权。但是,并非盲目的发行股票上市均对基金有利,对于什么时候上市,如何上市等需要全面的考虑,对于 qualified IPO 进行定义对各方而言都是必要的。

一般而言,qualified IPO 主要可以从以下一些角度考虑:① 被投资企业上市的时间,由于基金对其投资人有退出的压力,因此基金在被投资企业中的投资期限也通常是有限的,到期若不能成功实现退出,则可能无法实现其投资人对其的收益回报要求,因此,基金对被投资企业的上市时间通常也有要求,若到期无法上市,则需要赎回基金的股份;② 上市时对被投资企业的估值,由于基金在投资于被投资企业时,对于被投资企业已经进行了一轮估值,若上市时的估值不理想甚至低于基金投资时的估值,则可能很难实现基金的理想回报甚至会出现亏损,因此一些项目中对于上市时的估值也会进行约定,若达不到约定的估值,即不能构成 Qualified IPO,也需要赎回;③ 上市地的选择,上市本身并不是基金的目的,其目的是需要实现在资本市场上的高回报率和有效的退出,因此对于上市地的选择也比较重要,因为若在某些市盈率较低以及流动性不好的证券市场上市,基金持有的被投资企业的股票也没有太大价值并且较难卖出,对于基金的退出也不利,所以一些项目中对于上市地也会有约定,若不能在约定的证券市场上市,即不能构成 qualified IPO,也需要赎回;以及④ 各方达成的其他一些关于 qualified IPO 的约定,如上市募集的资金量等。

(3)在被投资企业亏损的情况下要求赎回:由于私募股权投资基金进行投资的首要目的即是获取资本增值,从而实现对其投资人的回报,因此在被投资企业经营不善出现亏损特别是持续亏损的情况下,基金很可能出于止损的考虑(在此情况下,可能难以再有后续投资人以更高的估值购买或实现上市),而要求被投资企业或其控股股东赎回基金持有的股份。但对于被投资企业及其原股东而言,基金在投资时既然已进行了充分的尽职调查仍决定投资,表明其认可了被投资企业的价值,而未来的经营是不确定事项,若基金只能享受利润而不承担任何风险,显然对于被投资企业和原股东也是不公平的,所以各方对于亏损也通常会有一个额度的约定而非任何亏损都触发赎回,关于亏损额度,也可以从单年度或连续累计等多个角度进行设计。

(4) 违反重要的陈述保证并导致基金损失情况下的赎回:私募股权投资基金在进行投资时,会对被投资企业进行全面的尽职调查,但尽职调查主要都是基于被投资企业及其原股东提供的资料,因此,从实践来说,某些事项难以验证其完备性和真实性。考虑到这种情况,通常会在投资法律文件中要求被投资公司及其原股东对重要事项作出陈述和保证(包括但不限于被投资公司的合法性、资质、资产、财务等重大方面),而基金也会基于这些陈述和保证的真实性进行交割,支付投资款。若在被投资企业日后的运营过程中,基金发现被投资企业或原股东在陈述和保证中有重大的隐瞒或虚假陈述,并且通常在影响到了被投资企业的运营或对基金利益造成了损害的情况下,基金会要求被投资企业或原股东赎回。

(5) 违反交割后重要义务的情况下的赎回:基金在进行投资时,会根据项目的具体情况设置部分需要被投资企业和原股东履行的事项(如解决尽职调查中发现的一些问题,避免同业竞争的义务等),但某些项目中各方对于投资款的支付有一定的时间要求,交割不能一味地拖延下去,所以某些可能无法在交割前完成的事项或并非急迫的事项,就相应安排在交割后的一定期限内完成。若这些事项无法完成会对基金造成不利影响,或影响到本次投资的价值或退出,则基金需要考虑启动赎回机制,要求被投资企业或原股东赎回基金持有的股权。

(6) 其他重大违约的情况下的赎回:除上述的触发情形外,对于投资法律文件中一些重要的约定,特别是涉及基金权利的约定(如重大事项的否决权、领售权、共售权、反摊薄、优先购买权等重要约定),若出现了被投资企业或原股东违反的情况,对于基金将会是比较严重的损害,因此,也可考虑在出现该等重大违约的情况下,启动触发赎回机制。

(7)出现双方约定的其他情形,比如核心员工的离职等。

以上是较常见的触发赎回机制的一些情形,赎回对于各方而言都是核心条款之一,在具体项目中只能根据项目情况进行设计。但总体而言,触发赎回的通常都是对基金而言至关重要的情形,或出现了对方重大违约的情形,若轻微的违约也导致赎回,则对于被投资企业的稳定经营是不利的。

除赎回的触发情形外,赎回的价格对于基金而言也是重要的保护条款。因为私募股权投资基金的投资人通常都对基金有一定比率的优先回报率的要求,在投资人获得该等比率的回报后,基金的管理人才能获得绩效分配(类似于超额奖励),所以若赎回价格太低,对于基金而言无法实现其回报率要求。因此,对于赎回价格,基金通常都会要求按其投资本金加上按一定比例计算的利息的价格进行赎回,从而保障其投资回报率。

此外,赎回的实现方式也需要考虑到现实可执行性从而进行设计,例如基金持有被投资企业股份是否存在锁定期从而无法被赎回,按照适用的法律被投资公司和原股东是否能实际执行赎回,包括无法实现赎回情况下的救济措施等都需全面地加以考虑,而不只是简单地约定一个被投资企业或原股东的赎回义务。

(十一)优先清算权(liquidation preference)

所谓优先清算权,对于私募股权投资基金而言,指的是其在被投资企业清算的情况下,有权利优先于其他股东获得清算财产的分配,直至收回其投资成本(或加上一定比例的利息)。

除被投资企业解散清算的情形外,在某些情形下,被投资企业出现兼并重组等,即使被投资企业继续存续,但被投资企业届时的股东已丧失对存续企业的控制,此种情形下,基金通常会要求将被投资企业"视为清算",即在投资法律文件中约定视为清算的情形。在视为清算的情况下,基金也有权优先于其他股东获得财产分配。

（十二）知情权

知情权也是私募股权投资基金作为投后管理的重要权利之一，其具体体现形式可以有很多种，比如要求被投资企业定期报告经营和财务状况的权利、在提前合理时间的通知后获取被投资企业资料的权利、现场检查的权利、要求合格的审计师进行审计和复核的权利（私募股权投资基金对其投资人会按照一定的期限提交经审计的财务报告，所以其对被投资企业的审计也较为重要）等。

因为私募股权投资基金通常不参与被投资企业的日常管理，所以知情权对于基金了解企业的运营情况和判断自身的持股价值具有相当重要的作用，有利于其及时作出正确的判断。

（十三）对核心员工的激励和限制

对于某些被投资企业而言，其核心员工具有至关重要的作用，例如这些核心员工掌握了被投资企业的核心技术或关键客户等。核心员工团队的稳定与否，对于被投资企业的发展起到重要影响，从而也影响到基金所持股权的增值和退出。因此，基金通常会在投资时对被投资企业的核心员工作出两方面的法律安排：一是对核心员工进行激励，即要求被投资公司或其原股东，对核心员工安排一定的激励机制，包括股权激励等（某些项目中用于激励的股权也可能由基金提供）；二是对核心员工的限制，包括对其任职期限的限制（例如被投资企业上市前不得离职等），对其竞业禁止的要求等，若这些核心员工还持有公司股权，可能对其股权出售也会进行限制。

以上仅是本讲对私募股权投资基金对外投资的一些重要法律安排的简要分析。私募股权投资基金的对外投资是一个复杂的过程，涉及基金制度的方方面面，包括基金的类型、基金的投资策略、投资限制、投资方向和其他投资制度、被投资企业的情况、原股东的情况、各方谈判力量和技巧的对比、届时的法律环境等,都会对某项投资的最终法律安排造成影响。本讲旨在概括性地对私募股权投资基金对外投资的内部和外部的重要事项的法律安排作出介绍和分析,但对于每个不同的投资项目,其法律结构和权利义务的分配设计还需要结合前述的多方面因素综合地考虑。

第四课

人民币基金的设立及运作

主 讲 人：赵锡勇
文字整理：王　曼

赵锡勇
（合伙人）

赵锡勇律师简介见第三课"私募股权投资基金的法律与实践"。

王曼
（律师）

王曼律师毕业于北京大学,获法学学士学位和经济学双学士学位。

王曼律师作为主办律师参与了近二十家各类型内外资人民币基金(包括有限合伙型、公司型、外商投资的非法人型基金)的设立募集项目,以及数家境内外私募股权基金在境内投资的项目,在私募股权基金的设立募集和投融资方面具有丰富的经验。

王曼律师参与的人民币基金设立募集项目(部分):

- 中国—比利时直接股权投资基金设立及运营项目(中国首家政府间产业投资基金);
- 天津 SAIF(赛富)创业投资成长基金项目(中国首家中外合资创投基金);
- 渤海产业投资基金(中国首家契约型基金,也是国务院、国家发改委首家试点产业基金);
- 中国广东核电产业投资基金一期和二期(国家发改委批准的试点产业基金中规模最大的基金);
- 中国文化产业投资基金(由财政部牵头,中银国际、央视等大型机构参与的基金);
- (清华)华控汇金(天津)投资合伙企业(有限合伙)(首批2007年后以有限合伙方式设立的人民币基金)。

近年来随着中国经济的持续高速发展,大量优质民营企业亟需填补自身的资金缺口,以突破发展瓶颈。巨大的融资需求仅仅依靠传统的商业银行贷款已无法得到有效满足。在这种情况下,私募股权投资迅速发展,成为企业融资的重要渠道之一。与此同时,中国的资本市场也经历着从混乱到逐渐规范的过程,资金的供给者已经被允许在市场上通过合法途径投身私募股权投资。2006年以来的一系列标志性事件更是把私募股权投资这种新型投资方式推上时代的风口浪尖:2006年,商务部《关于外国投资者并购境内企业的规定》出台,使得传统上的海外红筹上市道路受阻;2007年,《中华人民共和国合伙企业法》(以下简称《合伙企业法》)的颁布施行为国际上通行的股权投资基金组织形式——"有限合伙制"在中国法下的实施提供了法律依据;2008年和2010年,社保基金和保险公司相继正式获准投资于股权投资基金,成为股权投资市场的合格机构投资者;此外,创业板开闸和A股市场显著的估值优势使得A股退出越来越成为基金投资人最现实、最具优势的选择。

宏观经济环境的发展、巨大的融资需求碰撞上充沛的资金供给,加上法律环境的不断改善,使中国逐渐成为亚洲最活跃的私募股权投资市场之一。

对律师来说,市场的发展使人民币基金设立募集阶段的法律服务需求剧增,法律服务空间得到迅速拓展。

一、概述

(一)人民币基金的概念

由于我国尚未在法律层面对私募股权投资基金进行概念界定,导致中国市场上此类基金称谓繁多,如股权投资基金、创业投资基金、产业投资基金、私募投资基金等。目前国内市场上使用的"人民币基金"这一称谓,主要是为与在境外募集设立的美元基金(或其他外币基金)进行区别。本讲使用这一称谓,特指依据中国法律在中国境内注册成立的、设立和运作均受中国法律约束和规范的、主要对未上市企业进行股权投资(不包括股票、期货等二级市场投资及外汇对冲等非股权类投资)的私募股权投资基金。需要注意的是,在中国现行外汇管理制度下,部分在中国境内注册成立的有境外投资者参与的私募股权投资基金(例如外商投资创业投资企业、外商投资的有限合伙型基金),虽然目前其外币资本金不能直接结汇并以人民币对外投资,而只能以外币直接向被投资企业投资,但由于其投资于境内企业,因此我们仍沿用市场上"人民币基金"这一惯用称谓。因此本讲中的"人民币基金"这一称谓并非对基金的投资币种进行定义。

(二)人民币基金的特征

1. 专业化管理

人民币基金的产生本身就是专业化分工的结果,专业化管理是人民币基金的根本性特征。传统的投资性公司是资本拥有者管理自己的资本,而与之相比,拥有闲置资金的企业或个人通过将资金交给具备专业投资管理经验的管理团队可以达到比自行运用资金更好的收益效果,人民币基金即是资本拥有者和基金管理人之间的合作平台。

基于人民币基金专业化管理的特征,在制度设计层面保障基金管理人的自主决策权不受到基金投资人的不正当干预尤为重要(我们在下文将着重分析)。作为提供专业管理服务的对价,基金管理人会从基金收取管理费并从基金的超额收益中提取绩效分成。

2. 私募

私募(private placement)是与公募(public offering)相对应的概念。顾名思义,私募是指向特定的合格投资者(而非不特定的社会公众)发售证券或类似证券的金融产品的一种发行方式。由于私募对象具有特定性,因此私募不涉及公众利益,募集人与投资人之间可以本着意思自治的原则通过协议约定明确彼此的权利义务关系,而无需适用法律强制的公开募集资金的规则。

在我国,私募发行制度在立法层面一直是个空白,《中华人民共和国证券法》(以下简称《证券法》)、《中华人民共和国公司法》(以下简称《公司法》)、《合伙企业法》及相关法律法规大都着重于确立和完善公开发行证券(包括股票、债券、证券投资基金份额)的法律规范。例如,《证券法》第10条第2款规定:"有下列情形之一的,为公开发行:(一)向不特定对象发行证券的;(二)向特定对象发行证券累计超过二百人的;(三)法律、行政法规规定的其他发行行为。"《公司法》第79条规定,股份公司的发起人不得超过两百人;《合伙企业法》第61条规定,除非法律另有规定,有限合伙企业的合伙人不得超过50名。目前,市场上的人民币基金大都向特定对象募集,并以公司制或有限合伙制(或非法人制的中外合作经营企业)形式设立,因此均属于私募范畴,不构成公开发行。国家发改委在2011年1月下发了《关于进一步规范试点地区股权投资企业发展和备案管理工作的通知》(以下简称《备案通知》),根据《备案通知》的规定,"股权投资企业的资本只能以私募方式向具有风险识别和承受能力的特定对象募集,不得通过在媒体(包括企业网站)发布公告、在社区张贴布告、向社会散发传单、向不特定公众发送手机短信或通过举办研讨会、讲座及其他公开或变相公开方式(包括在商业银行、证券公司、信托投资公司等机构的柜台投放招募说明书等)直接或间接向不特定对象进行推介。股权投资企业的资本募集人须向投资者充分揭示投资风险及可能的投资损失,不得向投资者承诺确保收回投资本金或获得固定回报"。

私募也是区分股权投资基金和证券投资基金最重要的差别性特征。中国法下的证券投资基金是指通过公开发售基金份额募集,由基金管理人管理,基金托管人托管,为基金份额持有人的利益以资产组合方式对公开发行的证券进行投资活动的基金。证券投资基金由于其公募的特性,募集资金时需要遵守诸多强制性法律规则。例如，基金管理人的设立需符合《中华人民共和国证券投资基金法》（以下简称《证券投资基金法》）规定的一系列条件并经中国证监会批准；基金的募集需制作具备法定内容的招募说明书并经中国证监会批准；基金份额持有人、基金管理人、基金托管人的权责，基金份额的申购与赎回，基金的运作与信息披露，基金合同应包含的事项等均需遵循《证券投资基金法》等有关法律法规的强制性要求。与之相比，中国法律对私募基金的募集并无类似强制性要求。

3. 财务投资人

人民币基金通常作为财务投资人投资于未上市的公众公司（中国法律不允许人民币基金投资于二级市场）。

财务投资人是与产业投资人相对应的概念。产业投资人是指以控股被投资企业、取得对被投资企业的长期控制权和管理权为目标，以被投资企业的分红为主要获利方式的投资人。财务投资人也被称为金融投资人，其投资目标是在短期内获得被投资企业的价值增值，而非控股被投资企业或获取管理权。财务投资人主要依靠被投资企业短期内的巨大价值增值获利而并非仅仅获取企业分红，因而对退出机制的要求较高（流动性高、退出方式灵活）。

（三）人民币基金的发展历史

1. 人民币基金发展的政策法规环境

国家发展和改革委员会（以下简称"国家发改委"）自1999年起就着手制定产业投资基金试点管理办法并大力推动人民币基金的发展，但由于种种原因该试点办法至今未能出台。在国家法律层面，人民币基金的设立及运作尚无专门的规范性文件可作为指引。目前，在中国法律框架下，人民币基金适用的法律法规主要包括：

(1)《公司法》

《合伙企业法》颁布实施前,早期的人民币基金大都依据《公司法》设立。公司制是较为传统的企业组织形式,并为广大投资人所熟悉和接受。《合伙企业法》颁布后,出于种种考虑,仍有部分投资者倾向于设立公司制的人民币基金。

(2)《外商投资创业投资企业管理规定》

原对外贸易经济合作部、科学技术部、国家工商行政管理总局、国家税务总局和外汇管理局早在2003年就联合发布了《外商投资创业投资企业管理规定》(以下简称《外资创投规定》)。《外资创投规定》是设立具有外资成分的人民币基金适用的最重要的法规且一直沿用至今。但由于《外资创投规定》中的部分内容已不适应当今人民币基金发展的趋势和需要,商务部也正在着手对其进行修订。

《外资创投规定》颁布以来,IDG、红杉资本、软银等国际知名的投资机构均依据该规定设立了人民币基金。君合律师事务所也代表十余家外资机构依据《外资创投规定》设立了人民币基金。

(3)《创业投资企业管理暂行办法》

国家发改委、科学技术部、财政部、商务部、中国人民银行、国家税务总局、国家工商行政管理总局于2005年联合颁布,于2006年3月1日起实施的《创业投资企业管理暂行办法》(以下简称《创投管理办法》)是设立内资人民币基金适用的最重要的行业性法规之一。《创投管理办法》确立了人民币基金的备案制管理模式,并规定各级发改委为人民币基金的备案主管部门。

(4)《合伙企业法》及相关规定

2006年8月修订、2007年6月起实施的《合伙企业法》首次承认了有限合伙制度,为国际上通行的有限合伙制的基金组织形式在中国法下提供了法律依据。《合伙企业法》实施后设立的人民币基金也大多选择了采用有限合伙的组织形式。

国务院2010年3月《外国企业或者个人在中国境内设立合伙企业管

理办法》(以下简称《外资合伙企业管理办法》)开始施行后,有外资成分的人民币基金也可采用有限合伙的组织形式。但由于外商投资有限合伙企业的税收待遇、对外投资的结汇和被投资企业身份等问题在《外资合伙企业管理办法》颁布时并未明确,在相当一段时间内市场上以外商投资有限合伙企业形式设立的人民币基金寥寥无几。

2010年12月,上海市金融服务办公室、上海市商务委员会和上海市工商行政管理局共同制定并颁布了《关于本市开展外商投资股权投资企业试点工作的实施办法》(以下简称《实施办法》)。根据《实施办法》,获准试点的外商投资股权投资管理企业可使用外汇资金对其发起设立的股权投资企业出资,金额不超过所募集资金总额度的5%,该部分出资不影响所投资股权投资企业的原有属性。2011年2月,北京市人民政府办公厅下发了《关于印发本市开展股权投资基金及其管理企业做好利用外资工作试点暂行办法的通知》。根据该通知,试点基金管理企业可以按相关外汇管理规定向托管银行办理结汇,并将结汇后资金全部投入到所发起的股权投资基金中,试点基金管理企业的结汇金额上限为股权投资基金实际到账金额的5%。这些地方性的试点规定在一定程度上解决了具备特定资质的外商投资有限合伙企业形式的人民币基金的结汇问题。另据报道,北京和上海分别获得了30亿美元的换汇额度用于为根据前述规定取得试点资格的机构结汇。但政府部门至今未出台相关政策法规,且该消息尚未得到官方的证实。

2011年2月,商务部下发了《关于外商投资管理工作有关问题的通知》,明确规定以投资为主要业务的外商投资合伙企业视同境外投资者,其境内投资应当遵守外商投资的法律、行政法规、规章。至此,关于以外商投资有限合伙企业形式设立的人民币基金的被投资企业的外资性质问题尘埃落定,即便此类人民币基金在某些地区取得所谓的 QFLP[①] 资格或试点

[①] Qualified Foreign Limited Partnership(合格境外有限合伙人),是指外商投资有限合伙企业形式的人民币基金的境外有限合伙人可将其对人民币基金投入的外汇资本金结汇为人民币用于人民币基金的对外投资。

资格,获得在基金账户层面结汇并以人民币进行项目投资的待遇,但由于其仍应被视为境外投资者,所以其对外投资仍需依照外商投资的法律法规进行报批,其所投资企业仍将被确定为外商投资企业。

(5)《关于进一步规范试点地区股权投资企业发展和备案管理工作的通知》(即《备案通知》)

2006年至2010年期间,国家发改委批准了四批,共十二家规模在50亿以上的试点产业投资基金①及其管理公司的筹建。由于在国家法律层面,人民币基金的设立及运作一直没有专门的规范性文件作为指引,试点产业投资基金系根据发改委制定的有关内部指导材料报批筹建。据报道,国家发改委表示不再批准新的试点产业投资基金的筹建。

2008年4月,全国社会保障基金理事会(以下简称"社保基金")官方网站发布消息称:经国务院批准,财政部、人力资源和社会保障部同意社保基金投资经国家发改委批准的产业基金和在国家发改委备案的市场化股权投资基金,总体投资比例不超过全国社保基金总资产(按成本计)的10%。据此,在国家发改委备案的股权投资基金拥有向社保基金募集资金的资格。

国家发改委网站公布的信息显示,2008年6月、2009年4月、2009年11月三批共计22家股权投资基金管理企业获得了国家发改委的备案,其中包括鼎晖和弘毅在内的若干家股权投资基金管理企业从社保基金成功募资。为避免国家发改委的备案被动成为备案企业的信用担保或增级,国家发改委自2010年6月起暂停为股权投资基金管理企业备案。

直至2011年1月,国家发改委向北京、天津、上海、江苏、浙江、湖北六省市下发了《关于进一步规范试点地区股权投资企业发展和备案管理工作

---

① "产业投资基金"是市场上对私募股权投资基金的众多称谓之一。国家发改委核准的试点产业投资基金通常是针对规模较大、投资领域专注于某一特定行业的私募股权投资基金。此外,产业投资基金的投资人大都具有国资背景。国家发改委批准设立的试点产业投资基金包括渤海基金、山西能源基金、广东核电基金、上海金融基金、中新高科基金、绵阳科技城基金、华禹水务基金、东北装备工业基金、天津船舶基金、城市基础设施基金、中国文化基金、海峡基金等。

的通知》(即《备案通知》)。根据《备案通知》,凡是资本规模(承诺认缴出资额)达到5亿元人民币或者等值外币的人民币基金均应申请到国家发改委备案,并且国家发改委又重新开始接受备案管理。①

由此可见,国家发改委对人民币基金的监管体制从最初的核准制,过渡到核准与备案并行,直至目前完全实行备案制管理。

(6)地方性法规

近几年,北京、天津、上海、深圳等地方政府相继颁布了有关股权投资基金设立登记、备案以及相关优惠政策的地方性法规。以天津为例,天津市发改委联合有关部门于2009年颁布了《天津市促进股权投资基金业发展办法》和《天津市股权投资基金和股权投资基金管理公司(企业)登记备案管理试行办法》。根据前述规定,在天津市登记注册的符合条件的股权投资基金和股权投资基金管理公司,可在天津股权投资基金发展与备案管理办公室申请备案并享受税收减免、办公场所财政补贴、高管人员购置资产奖励等一系列优惠政策。天津的优惠政策吸引了众多股权投资基金落户天津,其中第一批经国家发改委备案的鼎辉股权投资管理(天津)有限公司、弘毅投资管理(天津)(有限合伙),以及第二批经国家发改委备案的建银国际医疗保健投资管理(天津)有限公司、华人文化(天津)投资管理有限公司、海富金汇(天津)资本管理企业(有限合伙)、新天域成长(天津)股权投资管理企业(有限合伙)、诚柏(天津)投资管理有限公司、赛富盛元投资管理中心(有限合伙)均在天津注册成立。

2. 人民币基金市场发展的五大类推动者

(1)外资基金

外资基金管理公司(如凯雷、黑石等)拥有运作私募股权投资基金的

---

① 下列人民币基金除外:已经按照《创投管理办法》备案为创业投资企业;由单个机构或者单个自然人全额出资设立,或者虽然由两个及两个以上投资者出资设立,但这些投资者均系某一个机构的全资子机构。

丰富经验。由于在参与设立人民币基金之前,外资基金管理公司通常通过设立境外基金投资中国企业,因此对中国市场比较熟悉。人民币基金市场的兴起为境外基金管理公司直接进入中国市场进行基金募集提供了难得的机遇和良好的平台,众多境外基金管理公司纷纷转战国内人民币基金市场。

(2) 投行等专业人士

投行专业人士(如原高盛中国区总裁徐某)通常拥有大量的项目储备、深厚的专业知识背景及丰富的资本市场实战(私募投资、上市)经验。一些业内知名的投行专业人士非常善于借助这些经验和资源从事人民币基金的募集。

此外,法律和财务方面的尽职调查工作是基金投资项目里面不可或缺的关键环节,律师、会计师等专业人士由于具备法律、财务方面的专业知识和私募投资、上市融资的丰富经验,也具备了与投行专业人士共同组成团队募集人民币基金的条件。

(3) 地方引导基金

地方引导基金(如北京中关村创业投资发展中心、成都银科创业投资有限公司、苏州工业园区国创创业投资有限公司)一般是由其所在地政府牵头组织、主要依靠各种类型的国有资金(如地方国资委、国有企业等)作为投资人成立的,专门投资于人民币基金(一般不直接投资于具体项目)的基金。

近年来,国家政策鼓励私募股权投资基金发展,各地相继设立地方引导基金,大力引入投资,助力地方经济发展。大型投资机构乐于与地方引导基金合作成立人民币基金,因为大型投资机构(很多情况下是境外投资机构)希望借助地方引导基金在当地的政治影响力享受地方优惠政策,优先获得项目资源。就这种模式的人民币基金而言,地方引导基金通常是基金的单一投资人或第一大投资人,因此一般会要求合作基金中特定比例的资金要投资于当地,有的地方引导基金还要求获得对合作基金投资项目的一票否决权及选任托管银行的权利等。

（4）商业银行

商业银行拥有数量庞大的储蓄客户（如私人银行部客户）作为募集资金的来源。同时还拥有资质优良的信贷客户、需要融资的优质企业等潜在客户作为人民币基金的投资项目来源。

由于受制于我国法律禁止商业银行进行混业经营的相关规定，商业银行不能直接从事股权投资业务，而只能通过其关联企业（例如国家开发银行下属的国开金融有限责任公司，四大国有银行的海外投行（中银国际、建银投资）等）进行股权投资业务。

（5）大型国有企业

大型国有企业拥有雄厚的资金实力，特别是部分国有企业置身国家战略产业或在行业中占据垄断地位，掌握独特的项目资源和明显的行业优势，具备参与设立或投资人民币基金的优越条件（如中国广东核电集团募集了中广核产业投资基金专门投资于核电领域，天津城市基础设施建设投资集团有限公司募集了天津船舶产业投资基金等）。

二、人民币基金的募集流程

下图为人民币基金募集的主要流程：

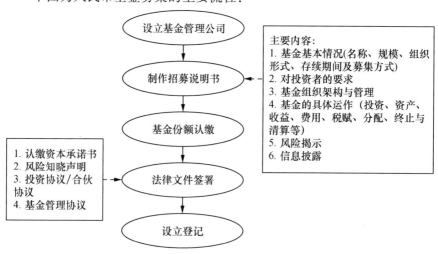

（一）一般募集流程

1. 设立基金管理公司作为募集主体

人民币基金的发起人设立一家基金管理公司，基金管理公司作为募集主体发起设立人民币基金。

2. 制作招募说明书

境外私募基金在募集之初，基金管理公司通常会制作一份私募发行备忘录（Private Placement Memorandum，简称PPM）。PPM类似于公募发行中的招股说明书，会详细介绍基金管理团队的组成、业绩，基金的组织形式、管理架构、投资目标和策略，投资基金的风险因素等。比较完善的PPM还会包含一份投资基金的主要条款清单（即Term Sheet）。在中国法下，制作PPM并非强制性法律要求。实践中，大多数基金管理人并不会制作复杂的PPM，而是代之以资本招募说明书或其他较为简化的募集说明材料。

需要注意的是，《备案通知》实施后拟在试点地区设立的基金如果达到强制备案门槛，则需要根据国家发改委发布的《股权投资企业备案文件指引》制作资本招募说明书。根据前述指引，资本招募说明书至少应包含如下内容：拟募集设立的人民币基金的基本情况（包括但不限于：名称、组织形式、存续期限、资本规模及募集方式），对投资者的出资认缴要求，人民币基金的组织构架与管理，人民币基金的投资、资产、收益、费用、业绩报酬、支出与分配、税负、终止与清算，风险揭示，信息披露等。

3. 基金份额的认缴与法律文件的签署

募集程序较完善的人民币基金通常会效仿境外私募基金，要求意向投资人签署认缴资本承诺书、风险知晓声明书等文件。为避免意向投资人违约,有些基金管理公司还要求意向投资人在签署入伙协议的同时交纳一笔保证金(通常为意向投资人认缴出资额的10%),在意向投资人缴付首期出资时转为首期出资款。如意向投资人违约,未按时缴纳首期出资,保证金不予返还。募集程序较简化的人民币基金可由有意向认购基金份额的投资人直接签署合伙协议(或入伙协议)。

4. 设立登记

投资人签署核心法律文件后,由基金发起人负责办理人民币基金的设立登记。视法律形态的不同,人民币基金登记为有限公司或有限合伙(或非法人制的中外合作经营企业)。依据《外资创投规定》设立的外商投资创业投资企业在办理工商登记之前,还需通过商务部门的审批。

(二)简易流程

前述一般募集流程适用于在筹备阶段投资对象不确定、需要发起人专门募集的情形。例如通过商业银行的私人银行部向具有资金实力的特定自然人推介,基金管理公司向机构投资者推介等。

还有一些人民币基金,本身就是两家或若干家机构合作设立的产物,在筹备阶段各合作方就已确定成为基金投资人,不会再通过推介的方式向合作方以外的主体募集资金。此类人民币基金的合作方通常先就合作条件和基金主要商务条款达成共识,并签署主要条款清单,而后再直接签署合伙协议和基金管理协议等核心法律文件,办理设立登记。就该类人民币基金而言,其发起人不需要制作招募说明文件,投资人也不会签署认缴资本承诺书等必备法律文件之外的文件。这类基金由于投资人较为集中,单个投资人的出资金额较大,因此投资人通常要求对基金拥有较强的控制力和更广泛的知情权。

三、人民币基金的法律形态

（一）概述

在中国现行法律框架下，人民币基金法律形态（即组织形式）主要包括公司制、有限合伙制、契约制，不同类型的组织形式在基金投资人的权利义务、基金的内部治理结构、基金投资收益的分配和税负承担等会有不同的法律安排，会产生不同的法律后果。

契约制人民币基金在中国法律下尚无明确的法律依据，对于契约制人民币基金的审批更无明确的法律规定。根据国际惯例和渤海产业投资基金的设立经验，目前如在中国法律体系下设立契约型基金会参照适用《中华人民共和国信托法》的相关规定。鉴于契约制的基金组织形式在中国法律框架下尚不成熟且未被投资者广泛接受，本讲不就此进行深入分析。

（二）公司制和有限合伙制

公司制基金是指由两个以上投资人（自然人或法人）依法出资组建，有独立财产、自主经营、自负盈亏的企业。公司制的制度相对完善，设有董事会、监事会，这种形式简单清晰，对出资人有一定保障，也易于被各类市场主体接受。

合伙制基金是指两个或两个以上的合伙人订立协议，共同出资、合伙经营、共享收益、共担风险，并对合伙企业债务承担无限连带责任的企业。中国的《合伙企业法》规定，"有限合伙企业"由普通合伙人（GP）和有限合伙人（LP）组成，普通合伙人对合伙企业债务承担无限连带责任，有限合伙人以其认缴的出资额为限对合伙企业债务承担责任；国有独资公司、国有企业、上市公司以及公益性的事业单位、社会团体不得成为普通合伙人。

1. 公司制和有限合伙制的区别

公司制和有限合伙制人民币基金（下表中简称"基金"）在各主要方面的差别比较如下：

	公司制	有限合伙制
内部治理结构	公司制基金需根据《公司法》的要求设立股东会、董事会（或执行董事）、监事会（或监事）、总经理等内部机构。	法律对于有限合伙企业内部机构的设置没有强制性规定。通常情况下，有限合伙制基金由普通合伙人执行合伙事务，对基金的投资事项及其他重大事项享有决策权。
投资人对基金的控制力	投资人通常根据其持有公司股权的比例享有表决权。基金的股东会、董事会（或执行董事）、监事会（或监事）、总经理等均享有公司法赋予的权力。投资人可通过上述基金内部机构行使对基金重大事项的决策权和监控权，对基金的控制力较强。	根据《合伙企业法》，普通合伙人为基金的执行事务合伙人，对基金的重大事项和投资经营享有合伙企业法赋予的决策权。作为有限合伙人的投资人无论其出资多少，除个别重大事项（例如普通合伙人的退伙、新合伙人的入伙、合伙企业提前清算等）外，不参与基金的管理和决策，对于有限合伙制基金的控制力相对较弱。
基金和管理人的关系	公司制基金与管理人之间为委托管理关系，基金作为委托人可根据《合同法》的规定自行解除与管理人之间的委托合同（尽管需承担委托责任）。因此投资人对基金管理人的制约力较强，基金管理人在公司制下的权利保障性较弱。	管理人通常为基金的普通合伙人，执行合伙事务。如普通合伙人发生合伙协议中约定的更换或除名普通合伙人的情形时，有限合伙人可对普通合伙人进行更换或除名。但如无法找到合伙人均满意的替代的普通合伙人，基金需进入清算程序。实践中，有的基金发起人设立两个不同的实体分别担任基金的普通合伙人和基金管理人，在这种情况下，基金管理人的聘任和解聘也均由普通合伙人决定。因此，基金管理人在有限合伙制下的权利保障性较强。
投资收益的分配	公司制基金每年仅能在该会计年度结束后，经审计确认盈利、完税、提取法定公积金后进行一次利润分配。	有限合伙制基金可根据项目回收情况随时向投资人分配收益。

(续表)

	公司制	有限合伙制
投资本金的返还	公司制基金在存续期内向投资人返还投资本金需通过减少公司注册资本的方式进行。基金需根据《公司法》履行公告债权人的义务。	有限合伙制基金在存续期间可随时向投资人返还投资本金,需履行变更合伙人出资额的工商变更登记手续。
责任限制	投资人以其对基金的出资额为限承担责任。基金管理人仅为受托管理方,除因故意或重大过失给基金造成损失外,不对基金的债务承担责任。	作为有限合伙人的投资人以其对基金的出资额为限承担责任,普通合伙人(基金管理人)对基金的债务承担无限连带责任。
税收	公司制基金转让被投资企业股权所取得的收益应计入应纳税所得额计算缴纳企业所得税。 基金从被投资企业获得的股息、红利在被投资企业层面缴纳企业所得税后,再向上分配(包括被投资企业分配给基金,基金再分配给投资人)原则上均无需重复纳税。	对于基金转让被投资企业股权所取得的收益,有限合伙制基金本身无需单独缴纳企业所得税,而是由其合伙人分别缴纳所得税。 基金从被投资企业获得的股息、红利在被投资企业层面缴纳企业所得税后,再向上分配(包括被投资企业分配给基金,基金再分配给投资人)原则上均无需重复纳税。

2. 公司制和有限合伙制的选择

市场上一种较普遍的观点是采用有限合伙制优于采用公司制,其原因在于有限合伙企业能够享受"先分后税"(或称"税收穿透")待遇,对于人民币基金处置被投资企业所取得的资本利得无需重复缴纳企业所得税。但笔者认为,采用有限合伙制的优势并不在于或并不主要在于其在税收方面的优势。分析究竟是公司制还是有限合伙制更适宜作为人民币基金的组织形式需要从根本上考虑哪种形式更契合基金的特点和运营模式。

(1)专业化管理的契合

如前所述,人民币基金的第一大特征是专业化管理。因此在人民币基金的组织形式的选择和制度设计方面,确保专业化管理的稳定性和管理团队的投资决策权不受到投资人的不正当干预显得至关重要。

资合性是有限公司的特征之一,股东会是公司的最高权力机关[①],公司的股东原则上依据出资和股权比例行使表决权并享有分配权。[②] 基金管理人对于人民币基金的价值主要在于其人力资源(包括投资管理方面的知识和经验、项目资源、政府资源等),基金管理人本身通常不会对人民币基金投入大量资金。[③] 但出于专业化管理的需要,基金的投资决策权通常由基金管理人全权行使;作为提供人力资源的对价,基金管理人对于基金的超额收益通常可提取一定比例[④]的绩效分成,而不仅限于其出资比例所对应的分配权。因此,公司制同股同权的特征并不适合人民币基金专业化管理的运营机制。此外,由于公司制基金和基金管理人需要通过签署委托管理协议确立基金管理人对基金的管理职权,而公司制基金作为委托人可根据《合同法》的规定自行解除委托合同(尽管需承担委托责任),因而基金管理人的职权和利益在公司制模式下的保障性较弱,不利于维持专业化管理的稳定性。

反面案例:多数由大型国有企业合作设立的人民币基金,表面上按照市场化运营模式签署基金法律文件,但通常情况下由于所有投资人均要求进入基金管理公司董事会,不肯放权于专业管理团队,因此经常导致管理团队的投资决策权受到投资人的干预,无法实现专业化管理。而且由于国企内部的决策程序相当繁琐,导致基金的决策和运营效率均比较低下。

(2)运营模式的契合

评价人民币基金运营效果(或基金管理人业绩)的标准为内部收益率(IRR),或年复合回报率,或按单利计算的年回报率(不同基金采用不同的计算方式,以下统称"投资收益率")。具体而言,基金法律文件约定的计

---

① 中外合资经营企业和中外合作经营企业除外。
② 根据我国《公司法》第43条规定,股东会会议由股东按照出资比例行使表决权;但是,公司章程另有规定的除外。根据我国《公司法》第35条规定,股东按照实缴的出资比例分取红利;但是,全体股东约定不按出资比例分取红利的除外。据此,尽管公司股东可以通过章程另行约定表决和分配方式,但同股同权仍是原则。
③ 根据国际惯例,基金管理人对私募股权投资基金的出资比例通常为1%。
④ 15%至35%不等,通常为20%。

算投资收益率的起始时间点通常为投资人实缴出资至基金账户之日,终止时间点为基金将项目投资收益分配至投资人账户之日,因此资金的使用效率和时间价值至关重要。如前所述,在公司制模式下,基金只有在会计年度终了经审计确认盈利、完税、提取法定公积金后方可进行利润分配,且基金向投资人返还投资本金须通过减少公司注册资本的方式进行,需要履行公告等繁琐程序。相对而言,这种在利润分配和投资本金返还方式上受到的法律约束会对基金的业绩表现和投资人的投资收益率产生不利影响。另外,由于人民币基金通常会为投资人设定优先回报率[①],且投资人取得优先回报是基金管理人取得超额收益分成的前提,因此对于基金管理人来说,公司制基金在利润分配和投资本金返还方面受到的法律约束还会影响基金管理人的预期收益,从而削弱对基金管理人的激励效果,并进而影响到基金的整体业绩表现。

(三)关于非法人制的一点说明

需要注意的是,根据2003年颁布的《外资创投规定》这一部门规章的规定,外商投资的创业投资企业可以采用公司制的组织形式或非法人制的中外合作经营企业("非法人制")的组织形式,采取非法人制组织形式的创投企业的投资者对创投企业的债务承担连带责任。非法人制是与公司制和有限合伙制不同的一种组织形式,尽管有限合伙制是国际上通行的私募股权投资基金的组织形式,但由于在《外资创投规定》颁布时中国法律框架下尚无有限合伙制度,因此《外资创投规定》仅能依据当时存在的法律形式设置外商投资创业投资企业的组织形式——即公司制和非法人制。其中,非法人制的组织形式的制度设计也参考了有限合伙制度的内容,在诸多方面与有限合伙制度类似。2007年《合伙企业法》颁布实施,其后设立的人民币基金大多选择了有限合伙模式。但由于外商投资的有限合伙

---

① 6%至10%不等,通常为8%。

在外币出资、结汇、被投资企业身份等方面仍存在诸多法律障碍和不确定性,且非法人制的模式已经被潜在投资人和主管部门普遍接受,并在市场上得到广泛实践和应用,因此相当一部分有外资成分的人民基金仍选择以外商投资的非法人制的组织形式设立。

四、人民币基金的基本制度

(一)承诺认缴和分期出资

1. 国际惯例

考虑到资金使用效率,私募股权投资基金通常采取承诺认缴(commitment)分期缴付的出资制度。有限合伙人在合伙协议或认缴出资承诺书等法律文件中承诺认缴出资的金额,在基金首次交割时,通常仅缴付相当于认缴出资金额5%至20%作为首期出资(首期出资通常用于支付基金筹建费用、首期管理费和基金日常运营费用;如在首次交割时基金管理人已有潜在项目资源,可能要求有限合伙人一并缴付项目投资款),其余出资根据普通合伙人根据基金运营需要不时发出的缴款通知(capital call)分期缴付。

采用承诺认缴资本制可以避免大量资金闲置在基金账户上无法得到有效利用进而影响到基金的投资收益率。另一方面,分期缴付出资可以在一定程度上对基金管理人形成压力和制约。在基金管理人前期表现不佳的情况下,有限合伙人有可能拒绝缴付后续出资(尽管需根据合伙协议承担违约责任或损失部分前期已缴付的出资所对应的权益)。

2. 中国市场环境下的操作

在中国现行市场环境下,由于有限合伙人对普通合伙人的信任度低,后续出资的违约率高,很多人民币基金的管理人宁愿牺牲资金使用效率,而要求有限合伙人在首次交割时一次性缴足认缴出资额,或者在合伙协议中明确约定每期后续出资的时间(市场上较常见的是分两期或三期缴付①)。部分谈判能力强的基金管理人能够在合伙协议中达成对己方非常有利的约定:在投资收益分配阶段,计算有限合伙人优先回报率的起始点为投资款付至被投资企业账户之日(而非投资人实缴出资至基金账户之日)。这样既规避了有限合伙人后续出资违约的风险,又避免了有限合伙人一次性缴付出资对基金管理人形成的资金时间价值的压力(尽管资金闲置影响了有限合伙人的投资收益率,但基金管理人可分得的绩效分成未受到任何不利影响)。

(二)投资期和存续期

基金的投资期(investment period)是指基金管理人可以运用基金资产进行对外投资的期限。投资期届满后,基金管理人原则上只能对已投资的项目进行管理和回收,而不能运用基金资产进行新的投资。基金的存续期是指基金的存续期限或经营期限,存续期届满时,需对基金进行清算。

与证券投资基金②不同,股权投资基金的份额是一种流动性很低的金融产品,在基金存续期内,有限合伙人原则上不能处置其持有的基金份额。为基金设定存续期限可以使得投资人对资金回收的周期有明确的预期,也可以对基金管理人的投资行为进行约束。设定投资期的意义主要在于:(1)避免基金管理人在邻近基金清算的时间进行投资导致在基金清算时项目无法退出;(2)投资期内计算管理费的基数通常与退出期内不同;(3)投资期内通常会设定基金管理人的利益冲突和不竞争机制。

需要注意的是,投资期届满后基金不得进行新的投资并不是绝对的。合伙协议中通常会约定,投资期届满后可以对特定项目进行投资,例如,对

---

① 例如,首次交割时缴付50%,在基金账户上剩余资金不足基金认缴出资总额的10%时缴付剩余的50%。
② 开放式证券投资基金的份额可以随时申购赎回,封闭式的证券投资基金的份额可以通过二级市场进行交易。

在投资期内已签署投资法律文件的目标项目进行投资;对投资期内已投资的被投资企业进行追加投资(对于追加投资,通常会设定投资金额上限)。

(三) 管理费

1. 管理费的用途和费率

管理费(management fee)是基金向基金管理人支付的日常管理费用。基金管理人主要将该部分费用用于支付管理团队的工资和管理公司的日常运营费用。基金管理人通常还会承担项目前期考察和筛选的费用以及被投资决策委员会(Investment Committee)否决的项目尽职调查费用,这部分费用也是从管理费中支取。

根据国际惯例,管理费的费率通常为2%。视基金规模的大小,管理费费率会有不同程度的调整。对于规模较大的基金而言,管理费费率可能会降至1%到1.5%;而对规模较小的基金而言,管理费费率可能会高至3%。

2. 管理费的计算方式

计算管理费的方式主要包括:以认缴出资总额为基数计算;以实缴出资金额(即基金管理人实际管理资本)为基数计算;以及分阶段计算。目前市场上较为常见的计算方式是在投资期内按照认缴出资总额计算,投资期届满后按照已投资但尚未退出的项目投资本金计算。其内在逻辑是,在投资期内,基金管理人是根据基金的认缴出资总额招募管理团队和寻找目标项目,因而所发生的成本和收取的费用应当基于认缴出资总额;投资期届满后,由于基金管理人的主要职责在于尚未退出项目的管理和回收,因此成本和开支会大幅降低,因而管理费应以已投资但尚未退出的项目投资本金为基础。

(四) 绩效分成

绩效分成(carried interest,或翻译为超额收益分成、附带收益)是指基金通过将一定比例(远高于基金管理人对基金的出资比例)的超额利润分配给基金管理人从而对基金管理人进行激励的制度。基金管理人通常需在有限合伙人取得投资本金和优先回报(如有)后方能从剩余收益中提取绩效分成。

1. 提取绩效分成的比例

目前市场上采用的提取绩效分成的比例有固定比例制和超额累进制两种。固定比例即无论基金的投资回报率是多少,基金管理人均按照同一比例提取绩效分成,该比例通常为20%。超额累进是指基金的投资回报率越高,基金管理人可提取的绩效分成比例越高,即基金的年化投资收益率 M% 以内的部分提取比例为 X%,年化投资收益率超过 M% 不高于 N% 的部分提取比例为 Y%,年化投资收益率超过 N% 的部分提取比例为 Z%。

2. 优先回报

大多数人民币基金都设定了有限合伙人的优先回报(preferred return)。在有限合伙人回收投资本金和按合伙协议约定的年化收益率(hurdle rate)[①]计算的优先回报之前,基金管理人不能提取绩效分成。

3. 分配时间和核算方式

考虑到资金利用效率和流动性的需要,目前市场上绝大多数基金都采用按项目分配的制度,即在每个投资项目回收后立即进行分配。仅有极少数的基金约定在所有项目退出后进行统一核算分配。

---

① 目前市场上广泛采用的优先回报率为8%。

由于是在每个项目退出后而非基金投资的所有项目退出后进行分配,因此在基金整体的投资收益情况还是未知数的情况下如何计算基金管理人的绩效分成尤为重要。目前市场上采用的分配核算方式主要有以下两种:一种是有限合伙人回收所有投资项目的投资本金和优先回报后基金管理人方能提取绩效分成;另一种是有限合伙人回收所有已处置项目的投资本金和优先回报后基金管理人即可提取绩效分成。在前一种核算方式下,不会发生因先退出的项目盈利、后退出的项目亏损而导致基金整体亏损但基金管理人已提取大额绩效分成的情形,有限合伙人可以在最大程度上规避投资风险和基金管理人的信用风险。但对基金管理人而言,该种分配模式将导致其通常只能在基金存续的中后期方能取得绩效分成,无法满足基金管理人的现金流要求,因而基金管理人通常倾向于后一种分配方式。

4. 回拨(claw back)

回拨是指在基金清算时对基金投资的所有项目和发生的所有费用进行整体核算,如有限合伙人的投资收益率没有达到约定的优先回报率,则基金管理人应将其多收取的绩效分成退还给基金直至有限合伙人的收益达到优先回报率。有的基金还通过设立共管账户(escrow account)的方式确保回拨的顺利执行,即基金管理人在每次提取绩效分成时需将特定比例的绩效分成存入以基金名义开立的共管账户[①],当基金清算时,如基金的整体收益率未达到预订的优先回报率,则共管账户内预存的资金应优先用于弥补有限合伙人的投资本金和优先回报,如有剩余再分配给基金管理人。

基金管理人为了最大限度地提取绩效分成,有可能将所有盈利状况良好的项目在前期退出,而对于亏损的项目不适时止损,直至基金清算的最后时刻才退出。在未设置回拨机制的情况下,基金管理人可能已就前期退

[①] 共管账户内的预存资金额通常会设定一个上限,达到该上限后,基金管理人可全额提取绩效分成。

出的项目提取了高额绩效分成，而有限合伙人在进行基金整体核算时，投资收益率可能很低甚至亏损。因此，设置回拨机制可以在最大程度上保障有限合伙人的利益并防范基金管理人的道德风险，也符合设计绩效分成制度的目的和初衷。

（五）跟投

跟投或称共同投资（co-investment）是指其他主体（可能为基金管理人、有限合伙人或第三方投资人）与基金共同投资目标项目。以下就不同跟投主体做分别介绍：

1. 基金管理人的跟投

基金管理人跟投的制度可以构建利益共同体，将管理团队的经济利益与基金业绩相结合，使管理团队与基金共同分享收益、共同承担投资项目失败的风险，从而对管理团队形成有效的激励和约束。在操作层面，基金管理人可能自行跟投或设立关联实体进行跟投。

基金管理人的跟投又可分为强制跟投和自愿跟投。强制跟投是指合伙协议或基金管理协议中约定对于基金投资的每一个目标项目，基金管理人都必须按照事先确定的跟投比例[1]跟投；自愿跟投是指基金赋予基金管理人与基金共同投资的权利，但并不强制其跟投，跟投金额在不超过事先确定的跟投比例上限的情况下可由基金管理人自行决定。由此可见，强制跟投机制对基金管理人的约束力较强。就自愿跟投而言，在基金管理人仅跟投特定项目或就每一跟投项目的跟投比例不一致的情况下，基金管理人与基金将产生潜在的利益冲突，容易引发潜在道德风险。举例而言，在跟投项目进行后续融资时，基金管理人作出是否投资的决策基础有可能因基金管理人在投资项目中拥有权益而发生偏移；在进行项目管理和回收时，

---

[1] 视基金规模而定，较常见的比例为基金对目标项目投资金额的 0.5% 至 3%。

基金管理人有可能把更多的时间和精力放在其拥有权益的项目中。

2. 有限合伙人和第三方投资人的跟投

合伙协议通常会约定,由于受到基金对同一被投资企业的累积投资总额的限制,或由于基金受限于任何政策、条件或由于存在某种冲突不能满足目标项目的目标融资金额,基金管理人可自主决定将符合基金投资策略的投资机会提供给任何第三方投资人。这样,一方面基金在部分条件受限的情况下仍可对目标项目进行投资,另一方面跟投主体也可分担部分尽职调查费用和其他投资费用(例如财务顾问费)。就有限合伙人而言,如其自身也从事投资业务,通常会要求基金管理人在有额外的投资机会时优先提供给有限合伙人,并承诺在参与共同投资的情况下,按投资金额的比例承担尽职调查费用及相关投资成本。同时,合伙协议中通常约定如果基金和其他主体共同投资,该等跟投主体获得的投资条款和条件不得优于基金获得的条款和条件。

(六)利益冲突(conflict of interest)

基金管理人除从事某一特定基金的管理活动外,不可避免地会从事其他投资管理活动,从而影响管理该基金的时间和精力,同时还可能引起分配投资机会方面的问题(例如,德同资本和深圳市创新投资集团均与各地的地方引导基金合作,同时管理多只人民币基金。尽管这类与地方政府合作的基金在投资地域或投资行业的重点上可能会有一些差别,且不同的基金可能由不同的管理团队来管理,但在特定投资机会出现时很有可能同时适应多只基金的投资策略,利益冲突仍不可避免)。利益冲突机制即是约束基金管理人是否能同时管理两只以上基金以及在基金管理人同时管理两只以上的基金的情况下,明确基金管理人如何分配投资机会的制度。

1. 基金管理人管理新基金的情况

在签订基金合伙协议时,基金投资人通常会要求在合伙协议中约定基金管理人管理团队的主要成员在受雇于基金管理人期间把其合理的工作时间和精力用于基金的投资活动。目前,在实践中基金管理人同时管理两支以上基金的情况主要分为两种:一种市场上较为普遍的情况是:在第一支基金的投资期满或特定比例的认缴出资总额[①]已经用于投资后(通常以发生在前的日期为准),基金管理人及其关联方可以发起设立新的人民币基金或担任新基金的管理人。另一种情况是:基金管理人已经计划好同时管理两只以上基金,因此在基金募集阶段便将该情况告知投资人,并在基金设立时,要求投资人确认可能发生的潜在利益冲突,进而决定是否同意基金管理人采用这种管理模式。采用这种操作办法的一般为规模较大、管理经验丰富、谈判能力较强的基金管理人。

2. 投资机会的分配

在存在利益冲突的情况下,投资机会的分配机制主要有以下两种操作办法:一种是在基金内部设立咨询委员会(Advisory Committee),咨询委员会由有限合伙人委派的代表和外聘的独立第三方专家组成。当出现潜在利益冲突事项时,基金管理人的投资决策委员会就该事项处理办法征询咨询委员会的意见。但由于基金管理人通常不希望投资决策受到投资人的干预,且这种机制有可能影响基金投资决策效率,实际可操作性不强,因此在市场上很少有基金采用这种操作办法。另一种目前市场上普遍采用的方法是在基金合伙协议中进行约定:由基金管理人本着忠诚尽职的原则对投资机会进行合理分配。

(七)有限合伙人的参与权和知情权

1. 有限合伙人的参与权

对于有限合伙制的人民币基金而言,由于有限合伙人参与合伙企业事

---

① 常见的比例为基金认缴出资总额的70%至90%。

务的权利受到法律层面的制约,因此需要在制度层面保障有限合伙人对合伙企业事务的适当参与权以及对普通合伙人的监督权。有限合伙人通常会要求在基金内部设置合伙人大会或咨询委员会作为有限合伙人参与基金事务的机构。对于特定投资事项(例如基金对单个项目的投资超过一定金额,投资涉及关联交易等)基金管理人需要取得合伙人大会或咨询委员会的事先批准。此外,普通合伙人退伙或转让其持有的基金的财产份额通常也需要经过有限合伙人的同意方可进行。需要注意的是,我国《合伙企业法》第76条第1款规定,第三人有理由相信有限合伙人为普通合伙人并与其交易的,该有限合伙人对该笔交易承担与普通合伙人同样的责任。因此,有限合伙人应避免因委派成员参与投资决策委员会或通过其他方式变相参与基金的投资决策而导致被认定为普通合伙人,从而需要对合伙企业的债务承担无限连带责任。

2. 有限合伙人的知情权

基金合伙协议中有限合伙人的知情权条款通常会包含以下内容:普通合伙人应当保证有限合伙人能够按照合伙协议的规定查阅合伙企业信息的权利;普通合伙人应向有限合伙人提交关于合伙企业投资运作和管理的定期报告(通常包括年度报告和季度报告),并在定期报告中向有限合伙人披露合伙企业资产的运营状况和财务状况,合伙企业投资和退出项目的情况,合伙企业所投资企业的经营情况和财务状况,聘请中介机构的费用情况等。

(八) 投资限制

由于有限合伙人对基金事务的参与程度低,且有限合伙人持有的基金份额流动性也很低,因此基金合伙协议中通常会设置一些投资限制性条款以降低有限合伙人的投资风险。目前,市场上常见的投资限制主要包括:

1. 运用财务杠杆

为了获得更多的资金用于投资从而取得更多的绩效分成,基金管理人往往有动力运用财务杠杆,但基金举借外债无疑增加了有限合伙人承受的风险。因此,有限合伙人通常要求在基金合伙协议中约定非经合伙人大会或者咨询委员会批准,基金不得对外借债或以其他方式进行融资(有的直接禁止基金进行债务性融资)。

值得注意的是,我国《创投管理办法》第20条规定,创业投资企业可以在法律规定的范围内通过债权融资方式增强投资能力;而我国《外资创投规定》第32条规定,外商投资创业投资企业不得贷款进行投资。由此可见,由于不同类型的基金受不同法规的限制,对于举债融资需遵守其相应法的规定。《备案通知》则要求股权投资企业或者其受托管理机构对外进行债务性融资的,应当向国家发改委报告。

2. 对单个项目的投资金额

为了避免投资过度集中所造成的风险,基金合伙协议通常约定非经合伙人大会或咨询委员会决议通过,基金对某一单个企业或实体的累计投资额不得超过特定比例的认缴出资总额。①

3. 循环投资(reinvestment)

循环投资是指基金投资回收后的所得收益不分配给有限合伙人,而是用于再投资。目前市场上大多数人民币基金都禁止基金管理人从事循环投资或要求循环投资必须经合伙人大会批准。允许基金管理人进行循环投资的基金也通常对循环投资的时间和金额作出限制,例如,仅能将利润部分用于循环投资,而不能将回收的本金用于循环投资;循环投资仅得在

---

① 常见的比例为基金认缴出资总额的15%至30%。

投资期内进行。

4. 关联交易

为避免基金管理人发生道德风险,基金投资于基金管理人的关联企业(包括与基金管理人自身存在关联关系的企业和与基金管理人的管理团队成员存在关联关系的企业)均需要取得合伙人大会或咨询委员会的事先同意。此外,出于公平性的考虑,部分基金的合伙协议还约定基金投资于某一有限合伙人的关联企业也需要经过其他有限合伙人的同意。

五、结语

本讲结合国际市场上私募股权投资基金的运作惯例对人民币基金的募集规则、法律形态和基本制度等进行了初步介绍和分析。在为客户提供人民币基金设立募集相关的法律服务时,律师应更多地关注中国市场上投资人的特殊偏好和习惯,并应着重关注《合伙企业法》、《备案办法》等相关法规的特别要求。

第五课

合同控制结构的相关法律问题及运用

主讲人：许蓉蓉　周舫

许蓉蓉
（合伙人）

许蓉蓉律师1987年毕业于香港大学法律系，获得法学学士学位。1995年获得英国豪域大学的工商管理硕士学位。2004年获得清华大学法学（第二学位）学位。

许蓉蓉律师1990年正式成为香港律师，1994年获得英国律师资格，1996年考获新西兰律师资格。

许蓉蓉律师曾在香港孖士打律师楼、新西兰Glaister Ennor律师楼担任律师，并在香港怡高物业顾问公司、香港九仓电讯有限公司担任高级法律顾问。

许蓉蓉律师主要从事外商投资、兼并收购、公司、基础设施、房地产、电讯、网络、劳动合同及知识产权等方面的法律业务。在诺亚舟上市以及多个投资者在电信及其他行业涉及合同控制的上市或并购重组项目中提供律师服务。

周舫
（合伙人）

周舫律师1997年毕业于北京大学法律系，取得法学学士学位。2005年毕业于美国哥伦比亚大学法学院，获法律硕士学位。

周舫律师于2002年加入君合律师事务所。其业务专长主要集中在公司法、证券法、企业兼并、收购和资产重组、国际投资法、国际环境法，以及相关的涉外谈判。曾为多家企事业单位的资产重组、并购、上市及融资项目提供法律服务，并参与了大量境内外机构、战略投资人进行的投资及并购项目。

周舫律师曾在海尔集团海外反向收购境外上市公司并红筹上市、腾中重工收购悍马汽车等涉及境外投资的项目中提供法律服务。

周舫律师近期在当当网上市、搜房网上市等涉及合同控制的上市或并购重组项目中提供律师服务。

合同控制结构产生的主要原因为中国当时的法律法规禁止外商投资电信及相关产业，但从事该等行业的公司又拟寻求通过小红筹的模式在中国境外上市募集资金，并需要将境内的主要业务重组到境外的上市集团中去，因此才创造出合同控制结构，即将增值电信等相关业务剥离给内资公司经营，再由上市公司在中国境内设立的外商独资企业（WOFE）通过与内资公司签署一系列合同，获取内资公司的大部分利润及控制权。后来该结构得到了美国会计准则的认可，专门为此创设了"VIE会计准则"。2010年，中国共有42家企业（不包括APO买壳上市模式）赴美IPO，其中大多数的互联网、教育类公司，几乎都采用了合同控制结构。

本讲主要就合同控制结构的含义、历史与发展、常见的合同控制结构和其中的法律问题以及合同控制结构在目前实践中的运用做相应的介绍。

一、合同控制结构的含义及作用

合同控制结构也称VIE结构，又称"中中外"结构或"新浪结构"。其之所以称合同控制，因为其具体方式为：当事人以其控制的境外公司名义在境内设立外商独资企业，即WOFE，并以WOFE名义，通过一系列的合同协议，控制境内企业的全部经营活动，进而取得境内企业的主要收入和利润。通过这一系列安排，虽然从表面上看，境内企业仍然为独立的内资企业，但实际上该企业的一切经营及其相应的资产、收入和利润均归属境外公司，被境外公司实际控制。其之所以称为"VIE结构"，是因为根据美国会计准则中FIN46法案"可变利益实体"（variable interests entity）的规定，尽管一个实体与另一实体不存在股权上的控制关系，但前者的收益和风险均完全取决于后者，则前者构成后者的可变利益实体，实际或潜在控制该经济利益的主要受益人（primary beneficiary）需要将此VIE做并表处理。合并报表是实现境内权益境外上市的会计前提。而合同控制结构之所以又称为"新浪结构",是因为这一结构最早在国内使用是源于新浪的境外上市使用了这一重组结构,后多家增值电信领域的互联网公司借助这一结构实现了境外红筹上市。

(一)合同控制的作用:实现物权的权利

合同控制结构的产生时间很难界定,但是一说到合同控制结构,很容易会联想到第一代"中中外"结构。从"中中外"结构,到新浪结构,再到现在行业里面的一些变通的结构,我们可以看出它们都有一个综合的特征,就是通过合同实现物权的权利。

根据中国的法律,物权是由四个要素所组成的:占有、使用、收益和处分。对于股权的这种所有权来说,无外乎也是这四种权能,即对于股权的占有、使用、获取利润,还有股权的转让。对于直接持有的形式,可以直接实现股权的这四种权能;但是在直接持股存在障碍的情况,比如说审批、监管环节存在严格限定的话,可以采取合同控制结构,用一组合同把四种不同的权利统一起来,把物权的权利转化成合同的权利。当然,此时的合同权利有时也蕴含着物权的因素,比如说质押,但是总体来看,用合同控制代替物权权利这一模式是合同控制结构下的一种综合策略。

(二)合同控制结构适用的领域

根据实践经验,合同控制多用于外商投资政策对于行业有特别的限制或审批难度较大的领域。比如说在电信领域,一个电信业的合资企业获得审批的难度是非常大的,其不仅需具有相关的资质,而且取得审批的周期非常长,甚至可能需要一两年的时间,此外还受国内信息产业部对外资投资产业的规划的制约。另外,对如广告服务、教育等对境外的投资者有特殊限制的产业领域,或者说是对国内的产业赋予很多保护性和监管的特殊行业来说,通过合同控制结构可以"曲线"达到预定目的。

(三) 合同控制结构的特点

合同控制结构中的一个典型的特点就是利用外国投资者在国内设立 WOFE 或者合资企业(JV)作为一个桥梁,该 WOFE 或 JV 是一个在审批上没有特殊限制的一般性的公司,可以从事允许类或者鼓励类的产业,其作用是多功能的。首先其设立之后可以实现境外资金的进入并运用于目标项目和资产,以及境内项目或限制性业务收入的汇出;另外一个比较重要的功能就是该 WOFE 或者 JV 会实现对境外投资资金流向的项目、资产和公司实体的控制。

(四) 合同控制结构的意义

合同控制结构的意义在于通过境外法律和会计方面不同的解读给境外投资者提供便利。合同控制根据境内法律可以解读为:境内最终运营实体非由境外投资人控股,合同结构由单个合法有效的合同组成。而境外法律及会计准则则认为其实现了境外控制人对境内资产/业务/经营实体的实际控制,以及合并会计报表(如互联网企业的上市)或抵押融资式的会计处理(如联通实例)。

二、合同控制的历史与发展

(一) 初始阶段:联通的"中中外"结构模式

该种"中中外"的典型结构是由国外公司首先与联通的一家企业成立合营企业,该合营企业再通过项目合作合同向联通国内公司运营的项目提供融资及技术支持;作为回报,该合营公司在一定年限内按照比例收取项目所产生的现金流量。联通国内公司为基础电信运营商,而在当时的政策法律环境下,外国投资者是不被允许进入电信行业的,联通为了实现境外资金的进入,采用了这种模式。该合营企业有很高的注册资本,通过项目合作合同对联通的由境内实体操作的项目如电信项目进行融资和技术支持,而合营企业向这些项目公司收取一定比例的技术服务费作为回报。在这种结构中,项目公司会把投资运营和技术支持项目所形成的资产抵押给合营企业。据相关的披露和统计,1999年8月以前,联通共在40多个电信项目(主要为移动通信)中采用这种模式,由此造成的未支付的融资借贷总金额达17.77亿元人民币。

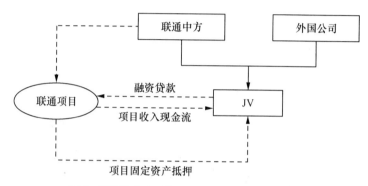

图1 联通"中中外"合作合同下交易结构略图

结构图的中方是联通,然后其与外国公司成立一个JV,实现融资和项目现金回流的渠道,同时项目的固定资产被抵押给JV,抵押权人对抵押资产可以使用、收益和处置。

但是,这种操作也引起了信息产业部的高度关注。信息产业部于1999年8月宣布联通的这种"中中外"融资结构违反了当时的产业政策和规定,要求其纠正并停止所有的"中中外"合作合同,联通"中中外"结构模式至此停用。后来联通在境外上市时解除了原"中中外"模式下的所有相关合同,而采用把相关的电信资产注入境外的红筹公司的方式,用直接投资的方式取代了原合资企业对项目投资并通过合同进行控制的模式。2001年6月,联通实现了九省三直辖市移动通信和GSM资产由红筹公司直接持有,并且实现了上市。2003年,联通把剩余的九个省市的移动通信资产又相继注入上市公司。

（二）成熟阶段："新浪结构"

目前成熟和广为采用的合同控制结构的原形可溯及至新浪境外上市时所采取的结构，所以目前典型的合同控制结构又常被称为"新浪模式"。

根据新浪2000年年报的披露，新浪当时的合同控制结构如下图所示：

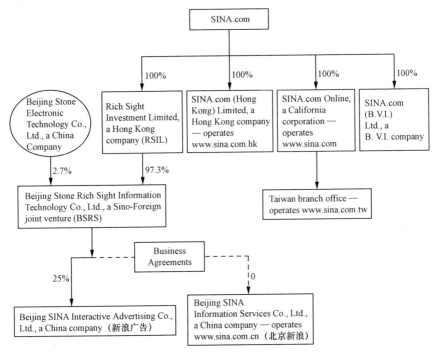

图2　新浪合同控制结构图

如上图所示，"SINA.com"为上市公司主体，是一家在开曼群岛注册的控股公司。SINA.com在中国境外拥有四个全资子公司，分别为：在香港注册的利方投资有限责任公司（以下简称"RSIL"）、在香港注册的香港新浪有限责任公司、在美国加州注册的新浪在线，以及在英属维尔京群岛注册的新浪有限公司。RSIL与一间内资公司——北京四通电子技术有限责任公司在中国境内共同投资设立了中外合资经营企业——北京四通利方信息技术有限责任公司（以下简称"BSRS"）。由自然人王志东、汪延（均为新浪网创始人）共同设立了内资有限责任公司——北京新浪互联信息服务有限公司(以下简称"北京新浪")。该公司设立时的注册资本为100万元人民币,王志东持有该公司70%的股权,汪延持有该公司30%的股权。该公司主要负责新浪网在中国境内的网络运营,并持有增值电信业务经营许可证(以下简称"ICP[①]许可证")等网站经营的相关资质。由BSRS与自然人汪延共同设立了内资有限责任公司——北京新浪无限广告有限公司(以下简称"新浪广告")。该公司设立时的注册资本为100万元人民币,汪延持有其75%的股权,BSRS持有其25%的股权。

BSRS与北京新浪、新浪广告之间签署了以下合同控制协议:

(1)购买股权选择权协议。该协议约定在中国法律允许的前提下,北京新浪和新浪广告的自然人股东王志东、汪延,应将其持有两家公司的股权转让予BSRS。

(2)借款协议。由BSRS向王志东、汪延提供借款,用于设立北京新浪及新浪广告。

(3)BSRS与汪延签署协议,BSRS享有新浪广告100%的投票权。

(4)商业服务协议。主要内容包括,BSRS向北京新浪提供技术服务,包括维护和升级服务器及软件,北京新浪需向BSRS支付服务费;BSRS以一定的价格向北京新浪转让某些设备以及租用线以便其运行网站;新浪广告将以双方协定的价格购买北京新浪的广告空间;BSRS为新浪广告提供收费咨询服务;SINA.com(上市主体)将是新浪广告在海外市场的独家广告代理机构。

该合同控制结构有以下几个特点:

(1)新浪的合同控制结构是在与信息产业部充分沟通的情况下搭建的,此后的互联网企业上市均为在此基础上的更新。

(2)ICP公司即北京新浪的股东为上市集团的实际控制人,因此该等ICP公司均属于上市集团的关联方。

[①] ICP,即Internet Content Provider。

（3）由于BSRS与汪延签署了协议，BSRS享有新浪广告100%的投票权，因此新浪广告的财务报表与上市集团的财务报表合并。

新浪上市后，网易、搜狐等互联网公司也相继采用这种合同控制的模式在美国NASDAQ成功上市。目前的实践中，合同控制结构不仅仅运用在互联网行业，我们还看到一些医药类、教育类的企业，也利用合同控制结构，规避中国政府对外商投资领域的限制。

这一时期合同控制的特点主要有以下几点：

第一，内资运营企业由国内的实体甚至个人持股，在法律上和业务上经营独立；

第二，通过与运营企业及其股东签订各种合同，实现境外的股东对于境内的运营实体拥有类似于股权的权利；

第三，通过境外会计准则下的并表规则将境内运营实体的业绩并入境外控股公司集团报表。

三、常见的合同控制结构

在合同控制结构里，从以前的"中中外"到现有的结构经过了很多阶段的变更，比如以前的一些结构会在境外签署一些协议，但是最近的趋势是把这些协议都并到境内来处理。具体协议安排可能有多种不同变种，不仅限于上述新浪结构图的情况。在设计结构的时候必须非常清楚合同的目的，并结合涉及的法律问题、风险和境外法律法规，具体情况具体分析。

（一）合同控制的典型结构

这种合同控制结构类型是以境外发行为目的而设计的。不同的结构里面可能会有不同的主体，境内的运营实体也可能不止一个，也可能会产生多层持股的情况，或者WOFE可能还有其他运营的资产等等。但是其股

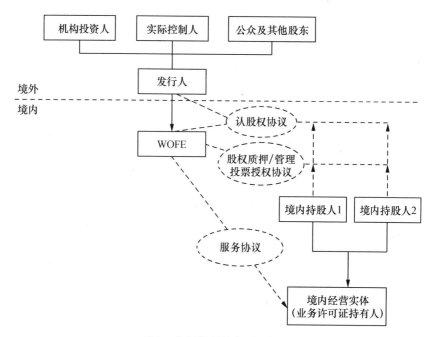

图3 合同控制的典型结构图

权结构的实质就是把境内所有的运营实体的股东和原来的创始人股东的权利及投资者包括机构投资者的权利都反映在境外发行人中,并且这些股东通过境外特殊目的公司在境内设立一个WOFE。境外的公司和境内的WOFE都不会有实质的运营,也不会产生实质的收入。境内的运营主体会持有业务许可证,拥有相关的运营资产和人员以及一些相关的知识产权。实践中,境内的运营主体通常是一个有限责任公司,目前还没有以股份公司形式存在的。

(二) 主要合同

1. 资金流功能类合同

资金流的板块可以分为两个方面:一是资金由境外流向境内;一是资金由境内流向境外。

(1) 资金由境外流向境内。这主要是指由于外汇的相关限制,一些境外的投资者如机构投资者通过 WOFE 来向境内投资,这一部分在使用上是灰色地带。第一代联通的"中中外"结构中的约19亿资金都是通过项目合作的方式实现的,但是目前的结构中的 WOFE 存在众多的外汇管制,其所获得的资本的使用方式也是有外汇限制的,所以不可能作为融资窗口使资金大量流向境内的实体。

(2)资金由境内流向境外。资金从境内的经营实体移转到 WOFE,通常是通过收取服务费或许可费的方式来实现的。最早的"中中外"结构比较简单,由 WOFE 向境内实体提供技术服务或者运营所需要的各种服务如管理服务、授权等,而境内的经营实体则将相当高的比例的运营所产生收入直接支付给 WOFE。但是这种方式是有转移定价的嫌疑的,也比较容易受到税务局的质疑。

(3)资金类的合同实现了收益权和投资的安排,对于资金如何使用,可以采用各种协议的方式,以下列举几种协议:

A. 软件开发及维护协议:由 WOFE 和境内运营实体签署。例如互联网企业,WOFE 对境内运营实体拥有并运营的网站及其他资产具有排他及不可撤销的提供后续软件开发、维护及管理服务的权利。WOFE 拥有该等软件的所有权利,并独家许可给境内运营实体。境内运营实体每年支付其全年总收入的一定比例作为服务费。

B. 排他技术支持及咨询服务协议:由 WOFE 和境内运营实体签署。WOFE 具有排他且不可撤销的权利,向境内运营实体的商业运营提供技术支持和咨询服务,该等服务产生的任何知识产权均属于 WOFE,境内运营实体每年支付其全年总收入的一定比例作为服务费。

C. 贷款协议或其他资金支持类协议:境内运营实体的股东和 WOFE 或境外控股方签署。WOFE 或境外控股方同意向境内运营实体的股东提供一定金额的贷款(通常与设立境内运营企业所需的出资额一致),WOFE 可在任何时间要求偿还该等贷款,且该等贷款只可以股东对境内运营实体的股份权益来偿还。

2. 控制类合同

（1）股权质押协议：由境内运营实体的股东和WOFE签署，境内运营实体的股东将其持有的所有境内运营实体的股份质押给WOFE，以保证境内运营实体在服务协议、排他技术支持及咨询服务协议和内容提供协议中的义务履行。这种操作在《物权法》之前通过记录于股东名册就可以生效，但是《物权法》之后就需要通过在工商局登记才能生效。依据《工商行政管理机关股权出质登记办法》，以公司股权作为质押，需在相关工商行政管理部门登记，质押协议才能生效；目前各地已经开始类似的工商登记实践，但是各地工商局的态度是担保确定的债权债务登记比较容易，但是若担保的是一整套合同义务的履行或者整个一套行为的实现就可能有些困难。

（2）管理合同：该合同的内容主要是境内运营公司的股东参与管理或行使其股东权利时，须与境外实际控制人进行商议，遵从其指示。通常情况下境内运营公司股东参与管理的权力都会通过授权委托书授予WOFE或者它指定的第三方来行使，包括但不限于在股东会会议或董事会议上投票、委任董事以及就境内关联公司的营运及财务事宜作出决定的权利。公司的日常经营管理人员都会是WOFE指定的人员，公司的财务都会由WOFE指定的人员来处理。这样境内的持股人就对境内的经营实体失去了话语权、投票权和管理权。

（3）认股权协议：认股权协议通常由境内运营实体的股东和WOFE或境外控股方签署，根据该协议境内运营实体的股东不可撤销地同意，自认股权协议生效起的一定年限内，WOFE或境外控股方或其指定人对境内运营实体的全部或部分股权具有排他认购选择权。这个协议通常选择适用境外的法律，但是其在中国境内的执行性需要探讨。以往处理的方法就是在法律意见书中表明如果境外的法院根据当地的法律对转让作出判决，那么这个判决要根据相关公约、双边协定在中国境内执行，但是中国可能会以保持中国的公共秩序为由拒绝执行。也就是说,这方面的执行带有一定的不确定性。

四、合同控制的典型案例

(一) 前程无忧

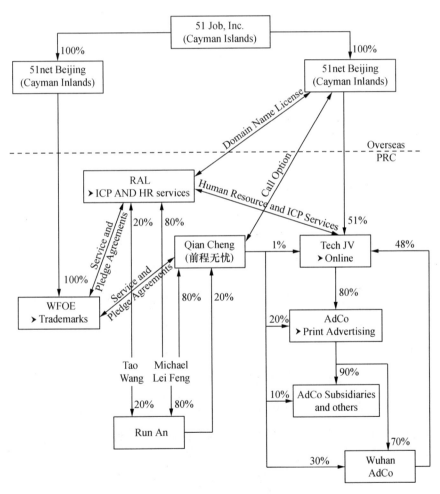

图4 前程无忧合同控制结构图

主要协议介绍:

1. 与境内运营公司(RAL)相关的协议

(1) RAL 和 WOFE 签署的技术及咨询服务协议:WOFE 具有排他权利,向 RAL 提供与软件及网站相关的技术和咨询服务,RAL 向 WOFE 支付服务费,协议期限为 10 年,RAL 不可提前终止该协议,双方同意可延期。

(2) RAL 的股东与 WOFE 签署的股权质押协议:RAL 的股东将其在 RAL 中的所有股权质押给 WOFE,以确保其在技术和咨询服务协议中义务的履行。如 RAL 有协议规定的违约情形出现,则 WOFE 有权行使其特定的权利,包括将质押股权出售的权利。除非 RAL 在技术和咨询服务协议项下的所有义务解除,该股权质押才可解除。WOFE 有权决定董事任命并可向董事会推荐总经理和高级管理人员的人选,董事会只可在 WOFE 推荐的候选人中进行选择。合同期限为 10 年,在此期间内,WOFE 有权在中国法律允许的最大限度内购买 RAL 的股权,行权价格应为中国法律允许范围内的最低价格。

(3) RAL 和 Tech JV 签署的合作协议:RAL 同意向 Tech JV 的服务提供人力资源,并在其网站 www.51job.com 上发布人力资源的相关信息,Tech JV 同意向 RAL 支付由此产生的直接运营成本,并附加 5% 的利润,总额不超过每季度人民币 30 万元。Tech JV 同意为 RAL 的人力资源服务、网站发展建设及维护提供技术支持。该合作协议期限为 10 年,并可由双方同意延期。

(4) 51net 和 RAL 签署的域名许可协议:51net 允许 RAL 在中国境内,在与 RAL 网站有关的运营范围内使用域名 www.51job.com,RAL 不可向任何第三方转让该权利,许可费用由双方同意,许可期限为 2 年,并可由 51net 的书面同意更新。

2. 与 Qian Cheng("前程无忧")所做的合同安排

(1) WOFE 与前程无忧签署的技术及咨询服务协议:WOFE 具有排他

权利,可向前程无忧提供与广告相关的技术和咨询服务,前程无忧向 WOFE 支付服务费。协议期限为 10 年,双方可协议延期。

(2) WOFE 和前程无忧的股东签署的股权质押协议:前程无忧的股东将其在前程无忧的所有股权质押给 WOFE,如前程无忧有协议规定的违约情形出现,则 WOFE 有权行使其特定的权利,包括将质押股权出售的权利。除非前程无忧在技术和咨询服务协议项下的所有义务解除,该股权质押才可解除。WOFE 有权决定董事任命并可向董事会推荐总经理和高级管理人员的人选,董事会只可在 WOFE 推荐的候选人中进行选择。合同期限为 10 年,在此期间内,WOFE 有权在中国法律允许的最大限度内购买前程无忧的股权,行权价格应为中国法律允许范围内的最低价格。

(3) 51net 与前程无忧签署的购买选择权协议:51net 与前程无忧约定,51net 及其被指派者具有不可撤销的权利,可以人民币 120 万元的对价购买前程无忧在 Tech JV 和 AdCo 的所有股权,如该价格在中国法下不被允许,则适用中国法允许下的最低价格。同时,前程无忧授予 51net 以中国法允许的最低价格购买其在 AdCo 子公司中的全部或部分股权的不可撤销的购买选择权,包括但不限于武汉 AdCo。该协议期限为 10 年,可由双方书面同意延期。

(二) 诺亚舟教育

主要协议介绍:

(1) Shenzhen Zhi Yuan Noah Internet Co., Ltd. ("诺亚舟致远")的股东和 Noah Education Technology (Shenzhen) Co., Ltd. ("诺亚舟教育")签署的股权质押协议:诺亚舟致远的股东 Dong Xu、Benguo Tang 将其持有的所有诺亚舟致远的股份质押给诺亚舟教育,以保证诺亚舟致远在软件开发及维护协议、排他技术支持及咨询服务协议和内容提供协议中的义务履行。

(2) 诺亚舟致远的股东和诺亚舟教育签署的选择权协议:诺亚舟致远的股东不可撤销地同意,自选择权协议生效起的 10 年内,诺亚舟教育或其

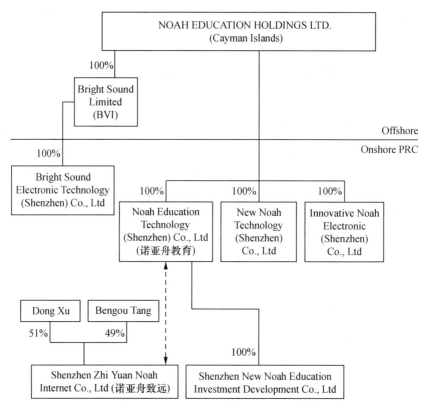

图 5 诺亚舟合同控制结构

指定人对诺亚舟致远的全部或部分股权具有排他选择购买权,该等选择权的价款为人民币 1 万元,购买行权价为人民币 100 万元。

(3) 诺亚舟致远的股东和诺亚舟教育签署的贷款协议:诺亚舟教育同意向诺亚舟致远的股东提供人民币 100 万元的无息贷款,诺亚舟教育可在任何时间提出偿还该等贷款,且该等贷款只可以股东对诺亚舟致远的股份权益来偿还。

(4) 委任书:诺亚舟致远的股东 Dong Xu 和 Benguo Tang 分别向诺亚舟教育指定的代理人授予其在诺亚舟致远中所有需要股东同意事项的投票权,该等授权的时限为 10 年。

（5）诺亚舟教育和诺亚舟致远签署的软件开发及维护协议：诺亚舟教育对诺亚舟致远拥有并运营的网站 http://www.noahedu.com 具有排他及不可撤销的提供后续软件维护及管理服务的权利。诺亚舟教育拥有该等软件的所有权利，并独家许可给诺亚舟致远。诺亚舟致远每年支付其全年总收入的 40% 作为服务费，合同期限为 10 年。

（6）诺亚舟教育和诺亚舟致远签署的排他技术支持及咨询服务协议：诺亚舟教育具有排他且不可撤销的权利，向诺亚舟致远的商业运营提供技术支持和咨询服务，该等服务产生的任何知识产权均属于诺亚舟教育，诺亚舟致远每年支付其全年总收入的 40% 作为服务费，合同期限为 10 年。

（7）诺亚舟教育和诺亚舟致远签署的内容提供协议：诺亚舟教育具有排他且不可撤销的权利，向诺亚舟致远拥有并运营的网站 http://www.noahedu.com 提供相应的内容，该等服务产生的任何知识产权均属于诺亚舟教育，诺亚舟致远每年支付其全年总收入的 10% 作为服务费，合同期限为 10 年。

五、合同控制结构的风险

（一）内在风险

合同控制结构的背景是规避相关的产业投资限制或特别审批程序，因此这种结构设计可能不符合相关外商投资产业政策。根据 2006 年商务部发布的《关于外国投资者并购境内企业的规定》（以下简称"新并购规则"）第 11 条的规定，"境内公司、企业或自然人以其在境外合法设立或控制的公司名义并购与其有关联关系的境内公司，应报商务部审批。当事人不得以外商投资企业境内投资或其他方式规避签署要求"。

如果相关政府主管部门认为合同控制结构不符合中国相关外资产业政策及监管的限制，则可能会采取相关行政措施对公司在国内设立运营实体设定障碍或困难。此外,尽管国内的相关法律法规并没有明确规定对此类行为如何进行处罚,但我们也不能排除相关政府管理机构可能会质疑这类运营模式并对公司进行处罚。

(二)控制风险

这种合同结构下的控制是一种合同的控制,合同控制这种形式不如直接拥有所有权能够进行有效的控制,用合同实现的所有权的权利必然有它的脆弱之处。主要表现在以下几个方面:

1. 控制名义股东的风险

在这种合同结构下,实际股东是通过一系列的合同来控制名义股东的。然而,很可能存在名义股东违约而使实际股东丧失控制权的行为。比如说,若质押的股权并没有在工商部门登记,那么名义股东就可能将境内关联公司的股权权益转移给第三方,或无需获得境外控股方的指示即行使其股东权利。并且,名义股东可能从事与境外控股方相竞争的业务或者在存在利益冲突的时候采取对公司有害的措施。在名义股东违约的情形下,法院会认为这样的合同安排是为了规避中国法项下的强制性规定的,因此不会作出实际履行的判决的。

2. 控制关联公司的风险

当公司失去对名义股东的控制时,也会失去对境内关联公司的控制。比如说境内关联公司可能未能获得运营所需的资质文件或者不履行与境外控股方签署的利润转移协议。

3. 控制服务质量的风险

在境外控股方将其商标等知识产权许可给境内关联公司时,若境内关联公司未能达到境外控股方所要求的服务标准时,可能会影响境外控股方的商誉。尽管境外控股方可能会与境内关联公司签署含有保护其合法权益条款的商标许可协议，但是若境外控股方不是境内关联公司的直接股东，如何控制其服务质量对其来说是一个不小的挑战。

（三）执行风险

尽管存在委托代理协议、选择权协议以及其他协议，并且包含不同的规制名义股东违反协议的条款以在某种程度上保护公司的权益，但是这种协议同样由于规避中国法项下的强制性规定而不能得到强制执行。此外，关于利润转移协议，比如说技术咨询协议或技术服务协议以及其他的咨询或服务协议，如果并不是实际存在的，也是不能强制执行的。因此，应多设计复杂的技术服务、管理服务、许可等合同，并使合同价值尽量与市场价值靠近，以减少上述风险。

（四）税务风险

在这种合同控制结构下，境内关联公司无法直接向境外控股方分配利润和红利，因此，通常会存在技术咨询协议或技术服务协议等利润转移协议，通过这种协议，由境内关联公司向 WOFE 支付许可费或服务费，再由 WOFE 向境外控股方支付利润和红利。WOFE 向外汇出利润是常规的，不会有很大的风险，但是境内关联公司和 WOFE 各自要根据收入缴纳所得税，这就会造成双重征税问题。

此外，根据《中华人民共和国企业所得税法》和《企业所得税法实施条例》以及《特别纳税调整实施办法（试行）》，境外控股方和境内关联公司可能会被税务机关认定为关联公司，并可能会审查双方之间的交易价格。如果交易价格并不是依据公平贸易的原则得出，那么税务机关有权调整境内关联公司的交易价格或应税所得。

（五）来自监管部门的审查风险

境内监管部门可能对运营公司的经营许可进行严格的审查，如 2006

年 7 月 13 日信息产业部发布《关于加强外商投资经营增值电信业务管理的通知》,这个通知里明确,境内电信公司不得以任何形式向外国投资者变相租借、转让、倒卖电信业务经营许可,也不得以任何形式为外国投资者在我国境内非法经营电信业务提供资源、场地、设施等条件,辞令非常严格。对于经营电信业务的公司来说,需要获得相当数量的经营许可证,如增值电信业务许可证、网络文化许可证、视频许可证等等,每一个许可证都会涉及不同的部门,监管部门可能会加强这些领域的审查。

六、特殊法律问题以及实务中的关注点

(一)风险的评估和把握

合同控制结构的背景是规避审批的程序和相关产业投资的限制,因此风险是固有的。至于风险如何评估,需要根据经验以及研究以往的案例来判断行业主管机关的倾向性意见。这些倾向性意见也是在变化的,各个时期有不同的特点。

(二)对整体结构与单个合同的评价

需要注意的是,尽管合同控制结构中的每一个合同合法有效,但是整个合同控制的安排是否是一个合法有效的安排是值得讨论的,因此在对整体框架出具法律意见时需谨慎。

(三)用上市的风险控制标准进行提示

在处理目前未上市但有可能会在 3 年内上市的公司的整套合同结构控制文件时,需注意用上市的风险控制的标准进行风险披露。

(四)资金流的分析

资金流的分析和法律结构的分析是同等重要的,关于如何设定资金流

的结构,可以先设想资金流的流向,考虑如何围绕资金流做相关的设计,这样可能会解决一些对合同控制结构的僵化的套用。举个例子来说,在整个合同控制结构里面,WOFE 和境内关联公司设立的先后顺序的后果是不同的。如果境内的运营实体是先设立的,它的资金早已到位,这就需要合理的解释境内持股人的投资是从境外发行人或者 WOFE 那里得来的这一事实。尽管可以起草一个借款协议,但是一个先设立的公司的股东向后设立的 WOFE 借钱这个事情是难说明白的。因此,可能需要其他的变通思路和方法。

(五)《关于外国投资者并购境内企业的规定》(即"新并购规则")

在单纯的外商投资结构里,境外主体在境内新设 WOFE 的行为本身不涉及新并购规则下的外资并购。在实践当中,常遇到 WOFE 设立之后就要马上签署一套合同控制协议的安排,虽然这样一种控制是否会被认为是一种在新并购规则下的并购行为并无明确规定,在实际案例里还要根据境内外重组结构及步骤进行综合判断。

七、合同控制目前的特点和运用

(一)目前的特点

(1) 行业范围有所扩大。从最初的资金密集型的基础电信行业到现在设立资金门槛比较低的增值电信行业;在非电信的领域也出现了大量的案例,比如新东方和诺亚舟,贸易领域的大昌行,广告领域的分众传媒,电视购物领域的橡果国际,以及影视剧制作行业等。

(2) 目的的多元化。采用这种形式的目的也是多元化的,有的是为了实现类似股权的控制或者合并报表,有的是为了实现境外融资的汇入,还有是实现规避行业审批的限制。所谓的审批限制不光指外资的审批限制,还有外汇的审批限制。

（3）主要应用于境外上市。除了纽约证交所和纳斯达克以外，香港联交所、加拿大也有相关的案例。但是目前尚无案例显示中国证监会或者其他的境内监管机关可以接受利用此种合同控制方式合并A股上市公司会计报表并整体在境内证券市场上市的安排。

（二）实际运用中的注意点

1. 以上市为目的的重组和并购

目前以上市为目的的合同控制结构基本上还是新浪结构的修正，但是也存在一些问题，在新并购规则之下，合同控制结构的运用空间被大大压缩了。如果WOFE是在新并购规则生效之后设立的，就很难说签订这个协议不涉及关联并购的问题。这种新并购规则之后的重组，不仅需要获得商务部就关联并购的审批，还需获得涉及在境外设立特殊目的公司的系列审批，另外证监会也配套出台了境内公司境外上市的申报文件清单，要求提供的文件和披露的深度比过去更严格。

在目前的新并购规则之下，审批的闸门还没有放开，在这种情况下用合同控制这种结构进行重组就会比较困难。实践中，有些项目会寻求其他的方法变通，比如在境内实现标准的新浪结构，在境外实现"换手"，即用一个没有关联的外国人进行持股，然后持股人给境内的创始股东一个买卖选择权，而境内的创始股东可以使用这个选择权一步一步购买境外的股份。购买的对价是他们为公司提供的服务。所提供的服务会导致公司的业绩在每一年度有一个梯度增长，梯度增长的过程中间就会实现不同程度的选择权。

另外，在这个结构里面，大部分可能都会涉及返程投资，这需要进行相关的外汇登记。有些工商部门会在登记WOFE的时候让登记方说明是否存在VIE的结构，有没有合同控制的情况。如果说有，就形成按照新并购规则规定采用一套新规则。但是 VIE 结构是否形成商务部门理解的特殊目的公司返程并购,也有不同的法律理解。

2. 非以上市为目的的重组和并购

对于非以上市目的的情况,我们也要明确此种形式可能蕴含的未来上市的障碍和法律风险。非上市公司也会涉及不同的领域,我们可以利用这些领域的一些特殊规定对合同控制结构进行变通。比如说在广告领域,没有商标和业务资产的限制,WOFE 可能就可以多获得一些相关的资产。再比如说中外合作拍摄影视剧的项目中,我们可以利用中外合作拍摄的一些规定,由境外机构直接和境内运营实体签订合作协议或者合拍协议。实践中,很多资金是可以通过这种形式进行转移的,当然,这种形式还是要经过外汇审批的。此外,我们还需要密切关注产业主管部门的政策变化,各方面求证,多了解可行性。

3. 境外证券交易所及监管机构的审核政策也可能进行调整

由于合同控制结构在本质上是 WOFE 用一系列协议完成对境内运营公司的控制及合并财务报表,而如果 WOFE 自身直接经营境内运营公司的业务的话需要获得特别的主管及外资部门的审批。因此,合同控制结构本质上存在着主管审批部门的监管风险。对于该等风险,境外证券市场在进行 IPO 审核时会考虑并要求进行相应的风险披露,也会在反馈意见中重点问询合同控制结构的合规性问题。在上市地监管机关认为必要的时候可能会对合同控制方式的上市申请采取更为谨慎的态度。例如,最近香港联交所在操作过程中已经较难接受非电信业务领域的合同控制模式上市申请。具体在选择上市方案时,发行人需要考虑可能的证券监管机构及交易所审核政策变动。

4. A 股证券市场及监管机构目前尚无法接受合同控制模式

目前 A 股上市的案例中,我们可以看到 A 股证券市场及国内证券监管机构还难以接受以合同控制模式为主要上市结构的上市申请。在我们参与的已经完成境外红筹重组上市结构再回归争取 A 股 IPO 的案例中，我们关注到如果历史上曾经存在过合同控制结构的，通常发行人会在 A 股 IPO 申请前将历史上的合同控制结构完全地解除。中国证监会也会重点关注该等控制结构的合法性及是否已经彻底解除等问题。

八、结论

综上分析，在设计合同控制结构以及应用过程中，应考虑以下因素：

首先，目的决定手段。我们应首先确定目的是什么，是为了实现股权的控制，还是实现资金的融入，抑或是实现资金流动的方便；然后确定采用何种结构和安排可以实现这些目的。此外，一个目的能否实现也会影响其他目的的实现。比如说资金流问题解决不了，就有可能影响控制问题。

其次，我们要理性评估项目的风险，并且要落实到具体的细节层面上。同时还应考虑在最差的情况下，WOFE 或者运营公司会受到什么样的处罚，是否可以承受得住，处罚本身是否是一种行业惯例还是某个期间会出现的一种情况等。

此外，我们要注意最新的法规和政策，及时咨询相关监管部门的意见，这样在设计合同控制结构时才能最大限度地减少法律风险。

第六课

境外上市法律实务

主讲人：邵春阳

邵春阳
（合伙人）

邵

春阳律师毕业于华东政法学院法律系，获法学学士、法律硕士学位。1993赴英国参加中英青年律师交流项目，在此期间，先后在英国伦敦大学亚非学院法律系、英国Simmons & Simmons及Middle Temple Barrister Chambers学习和实习。

邵春阳律师在君合律师事务所上海分所任合伙人，代表了多家跨国公司和投资基金为其在华直接投资、收购兼并提供服务，同时还作为发行人或承销商的中国法律顾问，参与了多家国内大型企业集团和高增长型企业的股份发行和境外上市项目。其主持及参与的境外上市项目包括：

- 交通银行股份有限公司H股项目；
- 上海电气股份有限公司H股项目；
- 凹凸科技有限公司H股项目；
- 上海集优机械股份有限公司H股项目；
- 民安保险股份有限公司香港上市项目；
- 安东石油技术集团有限公司香港上市项目；
- 重庆机电股份有限公司香港上市项目；
- 中国金属再生资源控股有限公司香港上市项目；
- 俄罗斯联合铝业公司香港上市项目；
- 福和集团控股有限公司香港上市项目；
- 畅丰车桥（中国）有限公司香港上市项目；
- 康辉国际控股公司纳斯达克上市项目；
- 85度C咖啡连锁台湾上市项目；
- 柯莱特信息系统有限公司纽约证券交易所上市项目；
- 万代半导体元件有限公司纳斯达克上市项目；
- 麦考林纳斯达克上市项目；
- 微创医疗科学有限公司香港上市项目；
- 上海淘米网络科技有限公司美国上市项目。

作为对邵春阳律师在资本市场方面广泛和丰富经验的认可，英国权威评级机构Chambers & Partners出版的 *The Guide for Business*（2007）将其评为"世界商事领先律师"。

1990年,中国国际信托投资(香港集团)有限公司以7亿港元收购1985年成立、1986年成为上市公司的泰富发展有限公司,在香港完成借壳上市,开启了中资背景企业境外上市的时代。

1993年6月,中国证监会与香港证监会签订《监管合作备忘录》,使得境内企业在香港联合交易所上市成为可能。1993年7月15日,第一家中国内地企业青岛啤酒股份有限公司的股票在香港挂牌上市。当年,在香港上市的中国内地企业还有上海石化总厂、广州造船厂、北京人民机器厂、马鞍山钢铁公司和昆明机床厂等。这是中国内地的企业第一次成规模地在另一个经济体融资上市。

一般认为,相比于境内上市,境外上市的特点和优势通常有如下几点:

	境内上市	境外上市	备注
时间	1年左右	8个月左右	1. 自重组启动开始; 2. 国外容易预计,仅仅受市场影响;国内受政策和市场影响,不可控。
成本及维护费用	较低	较高	一般公司上市需要支付公司的境内律师、境外律师、承销商的境内律师、境外律师的费用。境外审计师和律师的服务费用较高。
市盈率	较高	较低	
股票期权	不容易安排	容易安排	
募集资金使用	严格受到监控	基本不受监管	
再融资/持续融资	受监控、不容易	程序简单、容易	
提升企业形象和知名度	一般	较有利	

一、企业境外上市的种类

境外上市有多种分类,按照上市的方式,有境外直接上市和境外间接上市。

(一)境外直接上市

境外直接上市是指在中国境内注册设立的股份公司直接向国外证券主管部门申请,在境外发行股票并在境外证券交易所挂牌上市交易。境外直接上市包括 H 股(中国企业在香港发行股票并在香港联合交易所上市)、N 股(中国企业在美国发行股票并在纽约证券交易所上市)等。

境外直接上市的难点是需要取得中国证监会的审批,并需要其他政府相关部门,例如国家发改委、商务部、外汇管理局等会签同意,而这种批准很难获得或获得的期限不确定。

近年来,中国政府已逐渐限制境内企业直接去海外上市,主要原因是监管层希望更多的优质国内企业在境内上市,以充实境内证券市场。另一方面,优质上市公司对国家经济发展是一种资源,涉及国家经济安全,监管层希望这种资源留在境内,使得国内投资者分享对优质上市公司的投资收益,国家的经济安全得到维护。

(二)境外间接上市

由于境外直接上市需要境内审批,程序复杂,时间长,许多企业,尤其是民营企业选择以间接方式在海外上市,即所谓"红筹上市"①。红筹又有"大红筹"和"小红筹"之别。大红筹是指在红筹架构中,注册在境外的上市公司的实际控制人是国有企业,而小红筹则是指,注册在境外的上市公司的实际控制人是境内的自然人或外国的企业或自然人。

境外间接上市的核心是如何将境内资产和业务转移到境外。这个过程是境外上市时"重组"的主要内容。主要步骤是,国内企业或公司的实际控制人在境外注册公司作为上市主体,境外公司通过收购、股权置换、合

---

① 在西方证券市场上,一般把优质股票称为蓝筹股(Blue Chip),意思是股票价值如蓝色的美元纸币一样坚挺,虽然现在美元的价值已经不如过去那样可靠。相应地,人们把资产或业务在中国内地,注册在境外[通常在避税天堂(Tax Haven)]的上市公司发行的股票叫"红筹股",起因于中国的国旗颜色是红色的。

同控制等方式取得国内企业或公司的控制权。最后,境外公司公开发行股票并在境外交易所上市。

境外间接上市主要有两种形式,即所谓买壳上市和造壳上市。买壳上市又叫反向收购(Reverse Take-over,简称RTO),是指非上市公司股东通过收购一家上市公司(壳公司)的股份控制该公司,再由该上市公司反向收购非上市公司的资产和业务,使之成为上市公司的子公司,非上市公司的原股东获得上市公司的控股权,从而达到原非上市公司间接上市的目的。而造壳上市公司,则是指通过自身重组,设立拟上市公司(造壳),注入境内资产,实现海外上市。

(三)其他境外上市方式

中国企业在海外上市通常较多采用直接上市与间接上市两大类,但也有少数公司采用存托凭证和可转换债券上市。但这两种上市方式往往是企业在境外已上市,再次融资时采用的方式。

存托凭证(Depository Receipt,简称DR),又称存券收据或存股证,是指在一国证券市场流通的代表外国公司有价证券的可转让凭证,属于公司融资业务范畴的金融衍生工具。DR的存在主要是由于某些国家法律不容许外国公司直接在其国内发行股票所造成。其产生的过程是:某国的上市公司为使其股票在外国流通,就将一定数额的股票委托某一中间机构(通常为银行,即保管银行或受托银行)保管,由保管银行通知外国的存托银行以被托管的股票为基础,在当地发行代表该股份的存托凭证,并将存托凭证在外国证券交易所挂牌或做柜台市场交易,实现流通。存托凭证的当事人在国内有发行公司、保管机构,在国外有存托银行、证券承销商及投资人。对于投资人来说,存托凭证是由存托银行所签发的一种可转让的股票凭证,证明一定数额的某外国公司股票已寄存于该银行保管,持有存托凭证的人实际上是寄存股票的所有人,其所有的权力与原股票持有人相同。

中国企业在美国主板上市实际发行的都是美国存托凭证(American

Depositary Receipt,简称 ADR),其代表可在美证券交易所交易的中国公司或中资背景公司的股票的所有权,例如,中国铝业(ACH)、百度(BIDU)、东方航空(CEA)、中海油(CEO)、中国电信(CHA)、华能国际(HNP)、中国人寿(LFC)、网易(NTES)、中国石油(PTR)、上海石化(SHI)、中国石化(SNP)、兖州煤业(YZC)、南方航空(ZNH)等发行的 ADR。

二、境外上市中的主要中介机构及其职责

境外上市的中介机构本质上与国内上市大同小异,但因为涉及不同的监管法律、不同的惯例以及不同的语言,在中介机构的"布阵"和职责上有不少差异。

(一)境外上市的主要中介机构

境外上市的主要中介机构包括:

(1)保荐人/承销商及账簿管理人(通常,规模较大的 IPO 项目,公司要委任两个甚至多个承销商,以加强项目的管理和股票的推销力度);

(2)发行人中国法律顾问;

(3)发行人国际法律顾问(主要负责草拟 IPO 的招股说明书);

(4)承销商中国法律顾问(主要是监督、验证公司的中国律师出具的意见是否正确,以维护承销商的利益);

(5)承销商国际法律顾问(主要负责对招股说明书的验证);

(6)审计师(即境内企业的国际审计师);

(7)物业评估师;

(8)内控顾问;

(9)行业顾问;

(10)印刷商;

(11)公关公司;

（12）收款银行及股票登记过户处。

（二）各中介机构的职责

1. 保荐人/承销商及账簿管理人

保荐人/承销商是境外上市项目的总协调人，其主要职能包括：

（1）协调各中介工作：包括协调上市总流程，制定上市的流程表，协调各中介机构尽职调查工作，协调准备研究报告，召集项目工作会议，监督并统管递交的上市申请文件，协调对发行人、发行人的董事、有关第三方的访谈工作；

（2）与交易所沟通：包括与交易所随时沟通，向交易所提供相关文件（如：上市的申请、提交反馈意见）；

（3）向发行人提供关于上市的咨询意见：向公司就上市要求、发行规模、上市程序、流程等提供建议；

（4）行使保荐人和承销人的责任：建立财务模型并进行估值，准备分析师演示材料和路演材料，组织并参与路演，负责组建承销团，建议并协调整体的发行工作；

（5）决定股票之定价及分配；

（6）执行上市后的股价稳定机制，使股价获得支持；

（7）作为公司上市后之持续保荐人，协助公司履行上市责任。

2. 发行人中国法律顾问

发行人中国法律顾问须就发行人在境外交易所上市并发行股票所涉及的中国境内权益发表法律意见，并协助相关上市工作，其主要职责包括：

（1）协助发行人进行中国境内重组；

（2）协助发行人准备尽职调查资料并审阅尽职调查文件；

（3）出具提交给境外交易所的法律意见书；

（4）审阅并修改招股说明书涉及中国法律的部分；

（5）就境外交易所提出的反馈意见中涉及中国法律的部分协助发行人给予答复；

（6）出具关于承销协议/购股协议交割的法律意见书。

3. 发行人国际法律顾问

发行人国际法律顾问总体负责发行人在境外交易所上市并发行股票的法律工作，其主要职责包括：

（1）撰写招股说明书；

（2）协助公司进行境内外上市前重组；

（3）就所有的交易文件准备/审阅/提供法律方面的认可；

（4）向董事及高管人员提供培训（包括交易所的一般与企业相关的法规、交易所上市规则、关联交易培训、招股书验证培训以及宣传指引培训等）；

（5）准备向交易所提交并备案的上市申请；

（6）准备与发行上市、递交招股书和各式交易文件有关的董事会决议/股东决议；

（7）按照交易所的上市规则要求修改补充公司的组织章程；

（8）出具上市相关的法律意见书；

（9）审阅承销商协议并对承销商协议进行商讨；

（10）准备并审阅上市所需发布的声明。

4. 承销商中国法律顾问

承销商中国法律顾问须审阅发行人中国法律顾问草拟的有关文件，向承销商解释上市所涉及的中国法律问题，回答承销商对有关中国法律问题的质询，其主要职责包括：

（1）审阅发行人中国法律顾问草拟的重组文件；

（2）审阅尽职调查文件；

（3）审阅发行人中国法律顾问草拟的法律意见书；

（4）审阅招股说明书涉及中国法律的部分；

（5）审阅发行人对境外交易所提出的反馈意见的回复中涉及中国法律的部分；

（6）出具关于股票承销协议交割的法律意见书。

5．承销商国际法律顾问

主要职责包括：

（1）对保荐人在上市规章方面提供建议；

（2）协助保荐人对公司业务和资产及管理层等进行全面的尽职调查；

（3）审阅或起草文件，包括：

- 审计师安慰函
- 研究报告指引
- 承销协议/承销商间的协议

（4）出具与上市发行有关的法律意见书。

6．审计师

主要职责包括：

（1）对前3年加1期的财务数据进行审计；

（2）帮助公司准备营运资本预测和盈利预测备忘录；

（3）为出具安慰函进行相关审核工作；

（4）出具审计报告及安慰函。

7．物业评估师

主要职责包括：

（1）对发行人自有及租赁的物业出具物业评估报告；

（2）在招股说明书发出日期3个月之前对物业评估报告进行更新。

8．内控顾问

主要职责是对公司的内控系统及制度进行全面评估，提出整改建议。

9．行业顾问

主要职责为：

（1）进行行业研究，出具行业报告；

（2）协助撰写招股说明书行业章节，为招股说明书提供数据。

10．印刷商

负责招股说明书文件的制作并提供流程中的服务（如翻译）；印刷招股说明书。

11．公关公司

主要职责包括：

（1）订制企业宣传活动、推介战略，以及时间表；

（2）准备特定的推介材料；

（3）为招股说明书准备绘图/图片文件；

（4）媒体策划，包括公开发行记者招待会的筹备工作。

12．收款银行及股票登记过户处

二者负责股票认购时的收款及股票登记。

与境外上市相比，国内A股上市的过程中，是券商自己而不是公司律师撰写招股说明书，并且是券商自己而不是律师负责验证。这种与国际惯例不一致的做法，导致发行人信息披露的责任分配与相关中介机构的职责、应承担的风险以及所得的报酬并不相匹配。尤其值得注意的是，实践中,部分公司信息披露方面的责任被转移到中介机构,不允许律师的法律意见书有惯常的限定(qualification),如:据我们所知(to the best of our knowledge);据本所律师在做了适当的查询后所知(to the best of our knowledge after due inquiry)等等,这些无疑加重了律师的负担,而一些能力和财力有限的律师事务所能否负担得起这样的责任尚值得疑问。

三、境外上市主要的过程、步骤、时间

(一) 境外上市的主要过程、步骤

境外上市的过程与步骤以及所花费的时间因项目的不同而有很大的差别。根据我们观察,中国企业境外上市的时间主要耗在重组和审计方面,因为中国企业在上市之前一般不是按上市公司的要求规范运作。而且,多数企业也没有聘请有证券资格的会计事务所审计,更不要说委托国际审计师进行财务审计了。

虽然各个项目差异较大,但一般而言,每个项目都要经历如下的步骤:

1. 上市前工作

(1) 尽职调查

a) 业务尽职调查;

b) 法律尽职调查;

c) 第三方尽职调查;

d) 针对三年的财务报表进行财务尽职调查。

(2) 重组

对于多数寻求上市的公司而言,为上市之目的,需要对公司进行重组。一般来说,重组就是将公司不良的业务和资产,连同有关的人员进行剥离,使公司的股权及资产的关系明晰,主营业务突出,人员和财务独立,债权债

务明了。重组的根本目的就是使得公司经过"梳妆打扮"后,更具有价值。

重组是公司准备上市的关键,公司股权架构须经各中介机构深思熟虑后认可,否则公司可能无法上市;如果重组的架构不是最优化,则可能会影响公司的估值。

鉴于重组在一定程度上修正了公司历史上存在的瑕疵,为了让投资者了解重组的过程,境外上市的招股说明书中都有"重组"一章,将公司重组的过程披露给投资者。

除法律结构以外,重组需要实现的目标和需要解决的几个大问题是:消除同业竞争,减少关联交易,确保上市公司实际控制人的地位不变,以及维持上市公司管理层不变。与此同时,还要避免上市公司变成没有实际业务的投资性公司,因为上市公司为投资性公司的案例不多见。其基本道理是,投资者并不希望将资金给一个投资公司,再由其对外进行投资。另一个可能引起投资者担心的是,如果投资控股公司(特别是不从事实业经营的投资性公司)对其下属公司不具有控制权,则募集的资金可能无法用于其所投资的非控股企业的经营。

(3) 财务审计

完成对前三个会计年度报表的审计工作。

(4) 物业评估

主要适用于在香港上市的公司。

(5) 内控报告

为了建立或完善发行人的财务内控系统,为审计做好准备,发行人通常需要聘用(财务)内控顾问,就其财务内控系统的建立、完善或调整,提供咨询意见和建议。

(6) 行业报告

一般为草拟招股说明书之需,发行人需要委任独立的咨询/顾问公司,就公司业务涉及的行业出具行业分析、调研报告。

（7）招股说明书起草

招股说明书一般由发行人国际法律顾问（香港上市）或承销商国际法律顾问（美国上市）负责起草，其内容根据上市地的不同均有固定的格式。律师在起草招股说明书时需与发行人及各中介机构反复讨论，以保证招股说明书满足上市地监管部门的披露要求。

（8）准备上市申请文件

在美国上市，还需提交给美国证券交易委员会（SEC）Form F-1/Registration Statement，简称 F-1 表格。而在香港上市时，相关上市申请文件被称作 A-1 表。

2. 申请上市

（1）答复上市地交易所对上市申请文件的反馈意见；

（2）与交易所沟通；

（3）通过聆讯（香港），获得上市的批准。

3. 准备股票的发行工作

（1）财务模型和预测

（2）市场推广

a）召开分析师演示大会；

b）分析师出具研究报告；

c）路演。

4. 公开发售上市

（1）确定定价区间；

（2）印刷招股说明书；

（3）签署承销协议；

（4）上市交易。

5. 根据股票上市后市场反应情况,主承销商决定是否行使超额配售选择权①

(二)境外上市的时间

境外上市的时间一般在 6 个月到一年的时间。其中重组和审计的时间占大头。还有一块耗时较长的工作是对境外监管机构,如香港联合交易所、美国 SEC 等审查上市申请后反馈的问题予以回答。这种反馈少则三四轮,多则几十轮,涉及的问题也从几十个到上百个不等。如果问题多且棘手,则需要耗费较长的时间。这里就体现了中介机构的水平,好的、有经验的中介机构出场,问题就会少很多,因为他们能够预计到多数监管机构所关心的问题,在准备上市申请文件时就尽量解决,就是一些"冷问题"和棘手的问题,他们也能应对自如。

我们需要告诫客户,相对于融资额而言,聘请信誉好、能力强、经验丰富的中介机构,包括律师事务所,多花的费用可以忽略不计,因为,就融资几亿、几十亿的上市项目而言,如果被耽误一个甚至几个月,且不说需要追加支付中介机构的费用,仅募集资金的利息损失就远远大于多花的中介机构费了。

讲到上市的时间,有必要介绍上市的"时间窗口"。实际上,一年中,候选企业能够上市的时间窗口是有限的。年初有中国的春节,7、8 月份认购股票的基金的经理大多休假,11 月有西方的圣诞节,年底有元旦。而如果过了 6 月 30 日或 12 月 31 日,可能又要追加审计。就算是到了上市的时间,还要看当时上市地和当时国际证券市场的表现。如果其时相关股市不好,则要么选择等待股市回暖,要么就只好低价发行。而如果等的时间

---

① 超额配售选择权,又称"绿鞋",是指发行人授予主承销商的一项选择权,由主承销商在股票上市之日起 30 日内,根据市场情况选择从集中竞价交易市场购买发行人股票,或者要求发行人增发不超过包销数额 15% 股票,分配给对此超额发售部分提出认购申请的投资者。在主承销商不动用自有资金的情况下,通过行使超额配售选择权,可以平衡市场对该股票的供求,起到稳定市价的作用。

过长,则又要涉及追加审计、追加法律尽职调查,由此将增加上市的成本和费用。因此选择好境外发行上市的时间窗口对于成功上市具有重要的意义。

四、境外主要资本市场上市的基本条件

(一)香港主板和创业板上市的基本条件

不同的资本市场,不同的交易所,对拟上市公司有不同的要求,但本质上都涉及公司的业绩、持续经营的时间。香港主板和创业板对上市的主要要求如下:

基本要求	香港主板	香港创业板
股票面值(市值)	1亿港元	4600万港元
资产总额	N/A	N/A
净资产	N/A	N/A
经营记录	3年	2年
总收入	N/A	N/A
连续盈利时间	N/A	N/A
盈利要求	过往三年合计5000万港元(最近一年须达2000万港元,再之前两年须达3000万港元)	N/A
股东人数	上市时最少须有100名股东,每100万港元发行额须由不少于3名股东持有	100
公众股份数量	5000万港元或25%(以较高者为准)(特殊10%)	3000万港元或占总股本的20%—25%(以较高者为准)

(二)美国NASDAQ上市的基本条件

相比于香港主板和创业板市场,美国式创业板"NASDAQ"对发行人的要求比较灵活,且要宽松得多,特别是在利润和持续盈利这些"硬指标"方面:

基本要求	美国 NASDAQ 全国资本市场(NNM)			美国 NASDAQ 小额资本市场(NSCM)
	选择1	选择2	选择3	
股票面值(市值)	N/A	N/A	7500万美元	5000万美元
资产总额	N/A	N/A	7500万美元	N/A
净资产	1500万美元	3000万美元	N/A	400万美元
经营记录	N/A	2年	N/A	600万美元
总收入	N/A	N/A	7500万美元	N/A
连续盈利时间	N/A	N/A	N/A	N/A
盈利要求	最近一年或最近三年之其中两年的全年除税前收入达100万美元	N/A	N/A	最近一年或最近三年其中两年的净收入为75万美元(代替对有形资产净值的要求)
股东人数	400	400	400	300
公众股份数量	110万股,价值800万美元	110万股,价值1800万美元	110万股,价值2000万美元	100万股,股价500万美元

(三)纽约证券交易所上市的基本条件

"美国主板"纽约证券交易所上市("纽交所")的上市要求是相当"严格"的。纽交所上市条件如下:

基本要求	纽交所
公司的股票市值	不少于1亿美元
公司的有形资产净值	不少于1亿美元
连续盈利时间	最近3个财政年度
业绩	最后一年不少于250万美元、前两年每年不少于200万美元或在最后一年不少于450万美元,3年累计不少于650万美元
社会公众持有的股票数目	不少于250万股;有100股以上的股东人数不少于5000名
公司治理	对公司的管理和操作方面的多项要求
其他	其他有关因素,如公司所属行业的相对稳定性,公司在该行业中的地位,公司产品的市场情况,公司的前景,公众对公司股票的兴趣等

（四）伦敦证券交易所上市的基本条件

根据伦敦证券交易所与上市有关的规则和要求，外国公司在伦敦挂牌上市的基本条件有：

1. 申请人必须依法注册成立

申请人必须是通过正当途径注册成立的法人，或者是根据其本国法律核准并遵守该国法律。

2. 必须拥有法定的最低市值

申请股票在伦敦上市的公司市值不得少于 100 万美元，申请债券在伦敦上市的公司市值不得少于 30 万美元。

3. 公司应有 3 年以上的经营记录

公司一般须有 3 年以上的经营记录，并且最近 3 年的审计账目完整、真实。已在其他主要交易所上市的申请公司还必须保证其财务信息是在申请前 12 个月之内编制的。

4. 须有 25％的股份为社会大众所持有

公司的市值不低于 70 万英镑（约 100 万美元），其中至少要有 25％的股票为与公司业务没有任何关系的人所控制。

申请上市的外国公司应注意，一些大型股东，特别是持任何一类股份 5％以上的机构股东，不能算作是社会大众股东持股的一部分。对申请上市的中国公司，伦敦证券交易所会参照中国香港证券交易所对 25％大众持股法令的理解看待中国公司独特的股份结构，但公司应当提供充分理由说明大众持股低于该数字依然会有充足的股票在二级市场交易。

5. 公司的管理必须具有延续性

公司的董事会作为一个集体必须有管理该公司的足够的专业知识并有延续性,并且董事会成员在公司的责任与他们的私人和社会责任没有冲突。

6. 机构投资者股东行动独立

如果申请上市公司有机构投资者股东——一般指持有30%以上股份的股东,应向伦敦证券交易所保证该股东的所有行动都是独立的。

7. 保荐人

每一个申请上市的公司必须有一个保荐人作为代表。通常来说,保荐人是一个投资银行、股票经纪人、法律公司或会计师事务所。保荐人需要有相应的资格,其主要做好在英国上市主管当局(UKLA)和公司之间的连接沟通工作,并且领导公司按照上市程序进行工作。

以上基本条件是伦敦证券交易所作为英国的上市主管机构,依据欧共体有关法令制定的。

五、大红筹上市

如前面所述,大红筹上市是改革开放早期的产物,是在国内公司证券法规尚不成熟,而一些国有企业又需要融资,同时为了熟悉和了解国际资本市场的情况下产生的。其操作的主要过程是,一些部委或地方政府主管的国有企业/公司在境外设立窗口公司(Window Company),然后将境内的资产注入这种窗口公司,再由其在境外上市。

在大红筹发展阶段,上市的公司有几十家,例如,上海实业城市开发集团,五矿建设有限公司,北京发展(香港)有限公司,中国诚通发展集团有限公司,天津发展控股有限公司,招商局国际有限公司,中国移动有限公司,中国海外发展有限公司,中国广东控股,越秀地产股份有限公司,等等。

一般大红筹上市的架构如下:

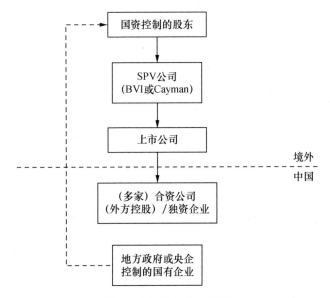

图1 大红筹上市架构图

大红筹公司上市本质上是境外公司在境外上市,适用的是境外法律,但是由于其资产在中国内地,主要业务通过其在中国内地的子公司运营,因此,需要中国律师就其在中国境内的子公司的设立和存续,其自有或租赁物业出具中国法律意见书。当然,其在上市过程中所进行的重组,招股说明书中涉及中国法律的风险因素的披露,以及中国法律的介绍等内容也需要中国律师审查,并给予法律意见。

有一个相关的问题是不少大红筹公司在香港上市的同时也在纽交所或伦敦交易所上市。这是因为大红筹公司在香港主板上市时,由于其规模较大,为了扩大股票的销售范围,也为了增加大红筹公司的国际地位和影响,在香港配售的同时,又按照美国144A规则在美国配售并上市,或按照英国上市规则在伦敦交易所上市,即所谓两地上市。鉴于两地上市的公司的规模较大,融资量大,能够在香港/美国(如中国电信、华能电力、中石油、中石化、中国人寿、中国铝业），或香港/伦敦两地上市的公司（如大唐发电、江西铜业、上海石化），或香港/美国/伦敦三地上市的公司（如中国电信、中国联通、中石油）主要还是以大红筹公司为主。

六、H股上市

（一）H股上市的基本要求

H股是指注册地在我国的股份有限公司在香港联合证券交易所（以下简称"香港交易所"）发行并上市流通的股票。H股的发行对象是香港投资者及香港以外的国际投资者，发行后在香港主板或创业板上市。根据国务院《关于股份有限公司境外募集股份及上市的特别规定》及中国证券监督管理委员会《关于企业申请境外上市有关问题的通知》的相关规定，H股上市的基本要求主要包括：

（1）拟上市公司为境内依法设立的股份有限公司；

（2）拟上市公司发行H股的计划需通过中国证监会批准；

（3）筹资用途符合国家产业政策、利用外资政策及国家固定资产投资立项的规定；

（4）拟上市公司需连续三年盈利，上市前一年的净资产不少于4亿人民币，上市前一年税后利润不少于6000万人民币，并有增长潜力，按合理预期市盈率计算，筹资额不少于5000万美元；

（5）具有规范的法人治理结构及较完整的内部管理制度，以及较稳定的高级管理层及较高的管理水平；

（6）上市后分红派息有可靠的外汇来源，符合国家外汇管理的有关规定；

（7）符合证监会规定的其他条件。

（二）H股上市的现状

香港作为亚太地区的国际金融中心，在吸引国际资本方面优势明显，其成熟的市场运行环境，完善的投资银行服务和监管架构，健全的法律法规和市场监管体制对于内地企业有着极大的吸引力，是内地企业境外上市的首选地。但是，长期以来，H股公司主要以国有企业为主，而且为了促进国内证券市场的发展，监管部门并不像过去那样鼓励H股的发行和上市，实际上H股已经受到限制。与此同时，民营企业H股上市受到现行政策更严格的控制，自2008年金融危机以来，不少原本计划H股上市的项目都推迟了上市申请，说明投资者对于资本市场的预期较低、顾虑较大，较金融危机时期相比，目前H股市场有逐步回暖的迹象。

（三）H股上市的主要流程

公司于香港上市并发行H股的主要流程如下：

（1）拟上市公司聘请境内与境外的中介机构；

（2）各中介机构就拟上市公司境内外权益开展尽职调查；

（3）完成符合香港上市要求的境内拟上市实体的重组、改制；

（4）各中介机构编制上市文件（如保荐人撰写招股书和上市文件、会计师编制审计报告、律师起草法律意见书等）；

（5）就香港上市申请通过境内证监会等部门的审批；

（6）向香港证券监管机构或交易所提出发行上市初步申请；

（7）公司及各中介机构回答香港交易所就公司上市申请提出的提问；

（8）香港交易所上市委员会进行上市聆讯；

（9）香港交易所上市委员会批准上市申请；

（10）保荐人连同公关公司进行路演（Road Show），即向投资者推荐拟上市公司；

（11）刊发招股说明书；

（12）接受公众的认购申请，并办理认购登记；

（13）向投资者配售上市公司发行的股票；

（14）公司在香港交易所上市；

（15）主承销商可行使超额配售选择（Green Shoe）权。

（四）H 股上市的境内审批

H 股上市在境内的流程通常包括：拟上市境内企业进行改制重组，设立股份有限公司；根据不同主管部门的要求进行审批，如发改部门对募集资金投向项目核准；国资部门关于设立股份公司并境外募集批复、股权管理方案批复/评估备案或核准；社保基金理事会关于减持国有股的函复；土地管理部门对土地处置方案的批复等等。此外，拟上市公司还需要律师出具法律意见书，并向中国证监会申报境外上市，通过证监会的批准后再向香港证券监管机构或交易所提交上市申请。

根据有关法律和法规，为取得首次公开发行境外上市外资股（包括股票的派生形式）的批准，需向中国证监会提供下列文件：

（1）申请报告，内容包括：公司历史沿革、业务概况、股本结构、筹资用途、经营风险分析、业务发展目标、筹资成本分析、公司治理结构、公司独立性分析，符合境外主板上市条件的说明，经营业绩与财务状况（最近三个会计年度的财务报表、本年度税后利润预测及依据）等；

（2）股东大会及董事会相关决议；

（3）境外投资银行出具的上市可行性分析及承销意向报告；

（4）所在地省级人民政府或国务院有关部门同意公司境外上市的文件（国务院批准的项目除外）；

（5）公司审批机关对设立股份公司的批复（如需要）；

（6）公司营业执照；

（7）属于特殊许可行业的企业须提供经营许可证；

（8）有权部门对股份公司章程的批复（如需要）；

（9）募集资金投向涉及需要批准的固定资产投资项目或其他专门立项项目的,提供立项批准文件；

（10）发改委关于申请人申请到境外上市的意见函；

（11）行业监管部门的监管意见书(如需要)；

（12）国务院国资委关于申请人申请到境外上市的意见函(国有股东占主导地位的适用)；

（13）国有资产管理部门对资产评估的确认文件、国务院国资委或财政部关于国有股权管理方案的批复；

（14）国务院国资委或财政部减持国有股的确认函或将国有股划转社保基金会的批复；

（15）社保基金会委托出售或转持国有股的函；

（16）国有土地管理部门对土地使用权评估确认文件、土地使用权处置方案的批复(如需要)；

（17）国税局、地税局出具的完税证明；

（18）从事可能对环境构成重大影响的行业的申请人应提供环保部门的证明；

（19）募集资金投向涉及可能对环境构成重大影响的项目的申请人应提供环保部门的批复；

（20）公司章程；

（21）境内法律意见书；

（22）发行人或公司近三年经审计的财务报告及其审计报告(如在当年6月30日以后报送申请,增加一期审计报告)；

（23）按境外会计准则调整的财务报告及其审计报告(草稿)；

（24）发行上市方案；

（25）重组协议、服务协议和其他关联交易协议(如需要)；

（26）招股说明书(草稿)；

（27）有关中介机构及从业人员的职业资格证明；

(28) 发行人及中介机构联络表。

从这些申报的文件可知,H股上市受到中国监管机构多头、严格监管。

(五) H股上市重组过程中的重要问题

H股上市重组过程中,存在一些需要普遍关注的重要问题,这些问题通常会影响上市,现将该等问题简要分析如下:

1. 产业准入

H股公司是注册在中国境内的公司,但由于发行的股份(外资股)一般要25%以上,发行完成后,H股公司将变更为外商投资企业,因此要受国家发改委和商务部修订发布的《外商投资产业指导目录》的限制。

2. 主营业务突出

香港交易所通常要求H股上市企业主营业务突出,具体标准一般是公司主营业务的收入占总收入的比例达70%以上,主营业务利润占利润总额的比例达70%以上,非主营业务越少越好。

3. 业绩连续计算

香港交易所在三年业绩满足条件及财务合并入账方面,审查非常严格,要求必须是主营业务实实在在获得的盈利,其他非主营业务收入不能计算在三年业绩里。因此,三年业绩期内尽可能不要有重大收购、出售或剥离等活动,如果有则不能发生控股股东实质性变化,否则业绩无法连续计算。

4. 管理层稳定性

香港上市规则规定,三年业绩期内主要管理层不能发生变化。因此,人员流动特别是研发、技术和管理核心骨干以及主要管理层的变动,由于极可能影响业务的可持续性,通常会作为重要风险给予披露。

5. 关联交易

香港交易所关注过往的关联交易是否给拟上市公司输送利益,其核心问题是看交易是否公允,价格是否公平,协议是否公正。对境内律师而言,核查的重点是关联关系,交易是否履行了拟上市公司规定的内部审批程序(如有),以及相关协议是否合法公正。

6. 同业竞争

和境内上市一样,香港交易所也非常关注同业竞争问题,同业竞争是不容许的。根据香港上市规则,拟上市公司的关联方(包括但不限于主要控股股东控制下的关联公司),原则上不能从事与上市体系内的企业有同业竞争关系的业务。通常,在上市前,有同业竞争关系的业务应予以撤销或并入上市体系,没有从事竞争业务的主要控股股东及其他关联方应签署不竞争承诺函,承诺未来不从事该竞争性业务,并在招股说明书中予以披露。

(六) H 股法律意见书涉及的主要问题

根据香港交易所上市规则的要求,境内企业 H 股上市,公司(发行人)和承销商,分别需要聘用境内律师和香港律师(如果同时在美国或英国发行,还要分别聘请美国和英国律师)进行工作。其中,拟上市公司的中国法律顾问须就公司(包括其境内子公司)的设立和存续、合法经营、资产负债、税务、环保、人员等所有情况,以及发行上市的审批出具法律意见书,同时须就公司的物业单独出具法律意见书,两个意见书可以用中文书写,作为上市申请文件提交。而作为承销商的中国律师,则需就公司的设立与存续、资产情况、生产经营、物业等拟上市公司在各方面的合法合规性向承销商出具一份总结性的中国法律意见书,一般用英文书写。

以拟上市公司的中国法律顾问出具的公司法律意见书和物业法律意见书为例,公司法律意见书的内容主要包括:拟上市公司的设立与存续、经营资质、重大合同、税收优惠、环保事项、劳动保护、知识产权、对外投资、诉讼纠纷等。物业法律意见书的内容主要包括:拟上市公司自有土地、房屋的取得方式及相关协议,产权及是否存在抵押的情况,拟上市公司租赁土地、房屋的租赁协议;是否办理租赁备案及是否存在抵押的情况,以及拟上市公司拥有的在建工程是否取得相关许可证书及是否存在抵押的情况。为出具法律意见书,中国法律顾问需向拟上市公司开展全面的法律尽职调查,其通常涉及的主要问题如下:

1. 发起人

H股上市主体为境内设立的股份有限公司,因此,根据我国《公司法》的相关规定,股份有限公司由发起人认购公司的全部或部分股份而设立,发起人人数为2人以上200人以下,且须有半数以上的发起人在中国境内有住所。

2. 经营资质

拟上市公司的经营是否合法合规是上市审核的重点,特别是根据国家法律规定应当取得相应资质许可或备案后方可经营的业务是否已取得了所有的经营许可。律师在法律尽职调查过程中,需要针对拟上市公司从事的特定行业与具体的经营范围,确认拟上市公司是否应取得相关资质许可或履行了备案手续,如果公司已提供相关许可或备案的证明文件,律师还应进一步查明该等文件的内容及有效期限。

3. 对外担保与资产抵押

拟上市公司是否存在对外提供保证、担保,以及其资产(动产和不动产)是否被设定了抵押等权利负担,同时涉及公司法律意见书与物业法律意见书的相关内容。在法律尽职调查的过程中,除了核查前述事实情况外,还应该关注相应的担保文件中是否规定了拟上市公司发生重组或上市等情况时需要征得担保权利人的同意,如存在该等规定,则应取得担保权利人出具的相关同意函后方可申请变更设立为股份有限公司以及申请上市并发行股票。

4. 土地问题

拟上市公司拥有和使用的土地情况比较复杂,可能涉及集体土地、国有出让土地、国有划拨土地等多种情况,土地的取得方式可能是划拨、出让、转让、作价入股、租赁等。在法律尽职调查过程中,律师应对拟上市公司取得或租赁的土地使用权的性质、取得方式和权属情况等进行核查。

5. 税收优惠政策合法性

拟上市公司在其发展过程中,可能存在享受税收优惠不规范的问题(如先征后返、以政府补贴的方式变相减免税等)。对于前述问题,应尽可能在重组过程中予以规范。与此同时,应要求公司提供税收减免的依据。必要时,应要求税务主管部门出具不对其处以行政处罚且不追究其他法律责任的证明文件,并要求拟上市公司的控股股东承诺对上市公司及其子公司今后可能被要求补缴税款及罚金承担连带责任。

6. 环境保护

若拟上市公司为生产性企业,则其在生产经营过程中是否遵守了国家有关环境保护方面的法律法规,相关建设项目是否通过了环境影响评价,建设项目正式投产运营前是否已通过了环保设施竣工验收,以及是否取得了排放污染物许可证并按时缴纳排污费,也是上市审核的重点。

7. "五险一金"的缴纳

根据我国有关劳动和社会保障法律法规的规定,企业及其职工应当缴纳各项社会保险以及住房公积金,但部分企业存在不缴或欠缴的情况,需要在重组过程中纠正规范,具体方式包括补缴、主管部门出具不予行政处罚的证明以及要求拟上市公司的实际控制人对欠缴金额承担连带责任。

8. 境外投资合法性

根据规定,境内企业境外投资需要履行相关的核准和登记手续,具体包括:首先向发改部门申请境外投资项目核准,取得发改部门的批准后向外资部门申请设立境外投资企业,通过外资部门的批准后再向外汇主管部门办理境外投资登记手续。有些地方在实践操作中并不要求经发改部门的核准,而由外资部门直接审批境外投资项目。因此,律师在法律尽职调查过程中应注意拟上市公司的境外投资是否依法履行了相应程序。

9. 政府机关证明与"虚假陈述"

在上市前的法律尽职调查过程中,律师通常会要求拟上市公司所属工商、外资、外汇、劳动保障、社会保险、住房公积金、质量监督、税务和环境保护等各主管机关出具该公司不存在违法违规以及受到行政处罚等情况的证明文件。为规避拟上市公司及其主管部门可能存在的"虚假陈述",律师应履行独立核查义务,如要求公司提供通过历年年检的营业执照、缴纳社会保险费和住房公积金的缴费凭证等等。

七、小红筹上市及 75 号文和 10 号文

中国企业境外上市,无论是采取 H 股上市模式还是红筹上市模式,均受到国内立法、政策制定、法律和政策执行的影响。本节重点讨论近年对于中国企业境外间接上市尤其是小红筹上市产生重大影响的两个法规:10 号文和 75 号文(详见下文)。

（一）小红筹上市架构及其监管

通过在境外设立控股公司，将中国境内企业的资产或权益注入海外控股公司，并以境外控股公司的名义在海外上市筹募资金，就是通常所称的小红筹上市。

一般小红筹上市的架构如下：

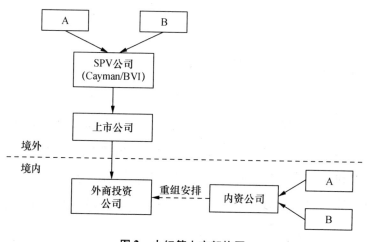

图2 小红筹上市架构图

历史上小红筹上市受到中国证监会的严格监管，其法律依据为1997年国务院发布的《关于进一步加强在境外发行股票和上市管理的通知》（俗称"红筹指引"）。根据该通知第3条规定：凡将境内企业资产通过收购、换股、划转或其他任何形式转移到境外中资非上市公司或者境外中资控股上市公司在境外上市的，境内企业必须事先经省级人民政府或者国务院有关部门同意，并报中国证监会审核，由国务院证券委按照国家产业政策、国务院有关规定审批。

由于在当时情况下境外中资公司主要是国有企业，一般认为"红筹指引"不适用于境内民营企业及个人。1999年北京裕兴公司的股东先购买了海外国家的身份，再在海外设立控股公司，然后通过股权置换控股了北京裕兴公司并在香港成功上市。中国证监会认为裕兴模式绕过了"红筹指引"对境内企业将资产转移到境外的规定,因此在2000年6月9日发布《关于涉及境内权益的境外公司在境外发行股票和上市有关问题的通知》,该通知要求中国律师就有关境外发行股票和上市事宜是否适用"红筹指引"出具法律意见书前须报中国证监会,由其审核并出具"对××公司在境外发行股票及上市不提出异议"的复函(即"无异议函"),方可出具该宗境外上市项目不需中国证监会审批的法律意见。实际上由于一系列较为复杂的审批程序,在"无异议函"时期民营企业红筹上市之路显得比较困难。

2003年4月1日,中国证监会发布《关于取消第二批行政审批项目及改变部分行政审批项目管理方式的通告》以及《关于做好第二批行政审批项目取消及部分行政审批项目改变管理方式后的后续监管和衔接工作的通知》,宣布取消对"中国律师出具关于涉及境内权益的境外公司在境外发行股票和上市的法律意见书的审阅"。此后,除国资红筹公司境外上市需按"红筹指引"作出审批外,中国证监会已经不再对国内民营企业的境外上市予以审批及控制。

除了中国证监会对于小红筹上市的监管以外,国家外汇管理局从外汇管制的角度对外汇跨境交易的控制也影响着小红筹上市的进程。2005年外汇管理局出台了《关于完善外资并购外汇管理有关问题的通知》("11号文")、《关于境内居民个人境外投资登记和外资并购外汇登记的有关问题的通知》("29号文"),规定以个人名义在境外设立公司要到各地外汇管理局报批;以境外公司并购境内资产,要经过商务部、发改委与外汇管理局的三道审批。由于11号文和29号文缺乏配套申报细则,民营企业红筹之路暂时中断。

2005年10月21日,国家外汇管理局发布了《关于境内居民通过境外特殊目的公司融资及返程投资外汇管理有关问题的通知》(简称"75号文"),该文于2005年11月1日实施。该文实施的同时,11号文和29号文停止执行,至此小红筹上市的大门重新开启。但由于75号文以及随后颁布的有关75号文的实施细则对于境外投资以及"返程投资"规定了严格的登记要求和程序,而负责登记的各地外汇管理部门相关的审批实践又有很大差异,因此对于国内企业境外小红筹上市造成了一定的影响。

境外间接上市的好处是成本较低,花费的时间较短,可以避开国内复杂的审批程序。特别是境外买壳上市甚至能避免三年业绩或三年连续盈利的要求。但境外间接上市可能因为75号文或10号文(见以下专题讨论)的限制而需要向外汇管理局办理备案登记,甚至要取得商务部的批准。

(二) 75号文的主要内容

2005年10月21日,国家外汇管理局颁布《关于境内居民通过境外特殊目的公司融资及返程投资外汇管理有关问题的通知》(以下简称"75号文")。75号文于2005年11月1日生效。

1. 75号文的适用范围

根据75号文的规定,中国境内居民法人或境内居民自然人以其持有的境内企业资产或权益在境外进行股权融资(包括可转换债融资)为目的而直接设立或间接控制(指通过收购、信托、代持、投票权、回购、可转换债券等方式取得企业的经营权、收益权或者决策权)境外企业(以下简称"**特殊目的公司**"[①])之前,应当向所在地外汇管理部门申请办理境外投资外汇登记手续(以下简称"**75号文初始登记**");境内居民将其拥有的境内企业

[①] 75号文项下的"特殊目的公司",是指境内居民法人或境内居民自然人以其持有的境内企业资产或权益在境外进行股权融资(包括可转换债融资)为目的而直接设立或间接控制的境外企业。而商务部等六部委发布的《关于外国投资者并购境内企业的规定》(以下简称"10号文")定义的"特殊目的公司"是指中国境内公司或自然人为实现以其实际拥有的境内公司权益在境外上市而直接或间接控制的境外公司。10号文定义的"特殊目的公司"与75号定义的"特殊目的公司"略有差别,10号文的定义外延较小。在本讲讨论红筹上市架构时提及的"特殊目的公司",均含有10号文所定义的含义。

的资产或股权注入特殊目的公司("返程投资"①),或在向特殊目的公司注入资产或股权后进行境外股权融资,应就其持有特殊目的公司的净资产权益及其变动状况办理境外投资外汇登记变更手续(以下简称"**75号文变更登记**",75号文初始登记和75号文变更登记以下合称"**75号文登记**")。

2. 75号文的适用对象

75号文的适用对象是境内居民法人和境内居民自然人。其中,"境内居民法人",是指在中国境内依法设立的企业、事业法人以及其他经济组织;"境内居民自然人"是指持有中华人民共和国居民身份证或护照等合法身份证件的自然人,或者虽无中国境内合法身份但因经济利益关系在中国境内习惯性居住的自然人。

3. 75号文对于境外上市的限制

(1)对境外上市项目时间表的影响

75号文颁布之前,尤其是中国证监会于2003年发布通知规定,中国律师出具的关于涉及境内权益的境外公司在境外发行股票和上市的法律意见书不再需要获得中国证监会出具的无异议函后,红筹上市项目受到中国政府行政审批不确定性的影响大大降低。因此,2004年至2005初,一大批采用红筹模式的中国企业在境外证券市场成功上市。

75号文颁布后,为了保证红筹上市项目的合法、合规,相关的境内居民(主要是境内企业的控制人),应当办理75号文登记。然而,由于内部政策调控、对于75号文的理解和执行存在较大差异等原因,中国很多地方外汇管理部门对于境内居民提出的75号文登记申请不予受理,或在受理后不予登记,即使相关的外汇管理部门准予75号文登记的办理时间亦存在

---

① 根据75号文的规定,"返程投资"是指境内居民通过特殊目的公司对境内开展的直接投资活动,包括但不限于以下方式:购买或置换境内企业中方股权、在境内设立外商投资企业及通过该企业购买或协议控制境内资产、协议购买境内资产及以该项资产投资设立外商投资企业、向境内企业增资。

很大不确定性。因此,75号文登记是否完成、何时完成,对红筹上市项目的时间表造成较大影响。

(2) 对于境外上市项目合法性的影响

相关境内居民是否完成75号文登记,关系境外上市项目的合法性问题。根据75号文和中国相关法律法规的规定,境内居民未完成75号文登记可能影响境内企业向境外上市公司汇出利润、股息,并可能限制上市公司海外募集资金汇入境内用于境内企业运营,或境外上市公司其他返程投资项目。如果相关境内居民应当办理75号文登记而未登记的,参与上市项目的中国律师将无法出具项目符合中国外汇管理相关法律法规的法律意见。因此,75号文颁布后,绝大多数未完成75号文登记的中国企业小红筹上市项目未能在香港联交所成功上市;类似项目申请在美国证券交易场所上市的,拟上市公司必须在招股文件中对相关境内居民未完成75号文登记的法律风险做充分披露,在一定程度上影响了境内企业红筹上市融资的积极性和经济效益。

(3) 75号文关于补办登记的要求对于红筹上市项目造成不利影响

根据75号文的规定,对于境内居民提出办理75号文登记申请时红筹架构已经搭建完成的,相关境内居民应当补办75号文登记。目前,外汇管理部门根据"先处罚,后补办登记"原则办理特殊目的公司补登记手续。外汇管理部门的审核要点包括:① 办理特殊目的公司登记之前,境外特殊目的公司是否已经发生实质性资本或股权变动;② 返程投资设立的外资企业在办理外汇登记时,是否存在虚假承诺;③ 2005年11月1日至申请日之间,特殊目的公司直接或间接控制的境内企业是否向境外支付利润、清算、转股、减资、先行回收投资、股东贷款本息等款项(含向境外支付利润用于境内再投资、转增资等)。对存在上述违规行为的,应移交外汇检查部门处罚后,再补办特殊目的公司登记。根据笔者的了解,外汇管理部门实施违规检查期间,可能采取措施冻结境内企业的外汇账户,导致境内企业无法正常办理外汇往来业务,可能对境内企业的日常经营造成一定影响。

由于上述"先处罚,后补办登记"原则和外汇管理部门检查期间对于外汇账户的监管措施,可能对拟红筹上市的境内企业的股东等境内居民造成"威慑",并在一定程度上影响了境内企业采纳红筹模式上市的热情。

(4) 境内居民法人采纳红筹模式上市之路被"堵死"

75号文规定的适用对象"境内居民"包括境内居民自然人和境内居民法人。但是,据笔者了解,75号文颁布后,各地外汇管理部门并未准予一例境内居民法人办理75号文登记的申请。因此,境内居民法人通过设立特殊目的公司并返程投资搭建红筹架构谋求上市之路现阶段并无成功先例。

(三) 10号文的主要内容

2006年8月8日,商务部、国有资产监督管理委员会、国家税务总局、国家工商行政管理总局、中国证券监督管理委员会和国家外汇管理局等六部委下发《关于外国投资者并购境内企业的规定》(即"10号文")。10号文于2006年9月8日生效,并在2009年6月22日经商务部修改后重新实施。

1. 10号文适用的并购交易类型

根据10号文的规定,任何外资并购应当获得商务部或省级商务主管部门批准。十号文适用的外资并购交易类型包括两类:其一,是指外国投资者购买境内非外商投资企业(以下简称"境内公司")股东的股权或认购境内公司增资,使该境内公司变更设立为外商投资企业(以下简称"股权并购");其二,外国投资者设立外商投资企业,并通过该企业协议购买境内企业资产且运营该资产,或外国投资者协议购买境内企业资产,并以该资产投资设立外商投资企业运营该资产(以下简称"资产并购")。

2. 关于"关联并购"的规定

10号文第11条规定:境内公司、企业或自然人以其在境外合法设立或控制的公司名义并购与其有关联关系的境内的公司,应报商务部审批。当事人不得以外商投资企业境内投资或其他方式规避前述要求。上述条款描述的交易类型在业内被简称为"关联并购"。

10号文第15条规定:外资并购的当事人应对并购各方是否存在关联关系进行说明,如果有两方属于同一个实际控制人,则当事人应向审批机关披露其实际控制人,并就并购目的和评估结果是否符合市场公允价值进行解释。当事人不得以信托、代持或其他方式规避前述要求。

3. 关于中国证监会对于红筹上市项目的审批权限

10号文规定,特殊目的公司境外上市交易,应经中国证监会批准。证监会于2006年9月21日颁布《关于境内企业间接到境外发行证券或者将其证券在境外上市交易依据、条件、程序、期限的规定》,进一步明确证监会审批境内企业间接到境外上市这一行政许可程序的有关依据和条件。

4. 10号文对于境外上市的限制

10号文和中国商务管理部门对于10号文的实际执行,对于中国企业境外上市尤其是红筹上市造成了影响,使得典型的红筹上市架构基本已无法实施。

如上文所述,典型的红筹上市架构中,境内居民往往通过其设立的境外特殊目的公司返程收购其拥有的境内企业的权益。根据10号文的定义,境内居民将境内资产装入境外特殊目的公司的交易安排属于典型的"关联并购",应当获得商务部的批准。

2008年12月,商务部外国投资管理司颁布《外商投资准入管理指引手册》(以下简称"《指引手册》"),对10号文规定的"关联并购"审批问题做了补充说明。《指引手册》规定,商务部目前受理的"关联并购"仅限于两类:其一,境外公司为上市公司;其二,境外公司经批准在境外设立且已实际运行并以利润返程投资的。然而,典型的红筹上市架构中,特殊目的公司往往是一家在离岸法域设立的中间持股公司,主要作为返程投资的主体,并无实际运营。因此,《指引手册》规定的商务部目前受理并审批的两类境外公司与典型的红筹上市架构中的境外公司存在不小差异。

10号文第11条和《指引手册》关于"关联并购"的上述规定,反映了中国政府对于"关联并购"进行严格限制的立法意图,事实上,商务部在10号文颁布后并未批准过一起关联并购的申请。因此,出于"关联并购"的立法和审批实践发生根本变化,典型的红筹上市架构在现阶段已无成功实施的可能。

5. 利用《指引手册》搭建新型交易结构

《指引手册》规定,并购的标的公司只包括内资企业,已设立的外商投资企业中方向外方转让股权,不论中外方之间是否存在关联关系,也不论外方是原有股东还是新进投资者,都不参照10号文的规定。因此业界普遍认为,只要在红筹上市架构中的境内企业在10号文颁布之前已经是一家外商投资企业,则境内外商投资企业的股东将境内企业的股权转让给境外公司的交易,不适用10号文(包括10号文关于"关联并购"的规定),而应适用关于外商投资企业股东变更和外商投资企业境内再投资的相关规定。根据相关法律法规的规定,关于外商投资企业股东变更和外商投资企业境内再投资事项的审批权限,主要集中在省级商务部门或更低级别的商务部门。由于地方政府支持等因素,相关企业获得省级及省级以下商务部门审批通过的可能性相对于商务部大大增加。

在这种主流观点的影响下,业界出现了一些对典型红筹模式略做修改并成功上市的案例,例如中国忠旺(2009年5月香港上市)和兴发铝业(2008年3月在香港上市)。前者公司架构中的境内企业在10号文之前为一家中外合资经营企业,在10号文颁布后实施重组,由控股股东(境内居民自然人)在境外设立境外公司,再将其持有的境内合资企业的中方股权转让给该新设的境外公司,经地方商务部门的批准将境内企业变更为一家外商独资企业;后者系通过合并10号文生效前已经设立的两家外商独资企业,并按照外商投资企业合并的相关规定在地方商务部门完成了审批。

2010年6月16日山东博润在美国上市的案例则成为对《指引手册》上述规定做更加"激进"的解释和操作的案例。在该案中,境内企业控股股东(境内居民个人)通过关联人(控股股东母亲,拥有境外居民身份)设立的境外公司先行收购一家在10号文生效之前成立的第三方的外商独资企业,然后通过外商投资企业收购其控股股东持有的境内企业,仅仅根据中国关于外商投资企业境内再投资的规定完成了工商变更手续,避开了所有外资审批程序。

需要注意的是,根据不同项目的具体情况,操作该等方式可能存在不同程度的法律风险,因此应该建议客户在进行小红筹项目前期与有该等项目经验的中国律师先进行方案论证。

八、境外上市法律意见书

(一)概述

境外上市法律意见书是中国律师向中国相关政府部门、发行人或承销商出具的,就境外上市项目相关的中国法律问题发表法律意见的正式书面文件。与律师在境外上市项目中就某一个具体问题向发行人或其他中介机构(例如审计师)提供的专业法律意见不同,境外上市法律意见书是律师对于境外上市项目"整体性"的法律评价,是律师在境外上市项目中最主要的任务和工作成果。

（二）境外上市法律意见书的格式和内容

1. 香港上市法律意见书

（1）作为发行人律师出具的香港上市法律意见书

中国律师在香港 H 股上市或红筹上市项目中作为发行人律师出具的法律意见书通常以中文撰写，在内容和格式方面基本与国内 A 股上市法律意见书类似。中国律师就香港上市项目通常出具两份法律意见书，其一是对于本次发行上市项目的综合性法律意见书；其二是中国律师对于发行人在中国境内的物业（主要是指自有房地产、租赁房地产和在建工程）的专项法律意见书。后者的用途主要是为香港上市项目中物业评估师就发行人的物业出具评估报告时提供法律依据。

香港上市项目发行人律师的法律意见书在前言部分通常包括：律师事务所出具法律意见书的资质、律师出具法律意见的法律依据、律师为出具法律意见书所作的核查验证工作、法律意见书的用途和其他声明事项（包括出具法律意见书的前提和假设等）。

律师在法律意见书中通常所作的声明主要包括：法律意见书只对相关事项涉及的法律问题，而不对该等事项涉及的会计、财务和资产评估问题发表意见；法律意见书只针对中国法律发表意见，而不对中国境外法律发表意见。律师在法律意见书中所做的假设主要包括：如果发行人提供的文件为复印件，则假设该等复印件与原件一致；假设发行人之外的其他交易主体在相关合同等法律文件中的签字、盖章均为真实、有效；假设发行人之外的其他交易主体签署相关法律文件已完成其所需的所有政府和内部审批、授权程序。

香港上市项目发行人律师的综合法律意见书在正文部分通常包括律师对于下列主要事项发表的明确的法律意见：本次发行上市的批准和授权、发行人本次发行上市的主体资格、发行上市的实质条件、发行人的设立、发起人或股东(实际控制人)、发行人的股本及其演变、发行人的业务、关联交易及同业竞争、发行人的主要财产、发行人的重大债权债务、发行人的税务、发行人的环境保护、发行人募集资金的运用、诉讼、仲裁或行政处罚及发行人招股说明书法律风险的评价。

律师在香港上市法律意见书发表的法律意见由两部分组成:对于本次发行上市项目的主要相关事项逐一发表的法律意见和对于本次发行上市项目的结论性法律意见。在针对发行上市主要相关事项发表法律意见的各个章节,法律意见书采用"描述"和"法律意见"相结合的模式。以"发行人的股本及其演变"章节为例,律师在法律意见书中通常需要描述发行人股本结构的现状以及发行人的股本结构自设立至申请上市期间股本历次演变的详细情况(例如增资、股权转让)。具体到每一事项,例如股权转让,法律意见书通常细化到股权转让的交易主体、交易对价、相关的资产评估、政府审批和登记手续等。在该章节的最后部分,律师通常要对发行人的股本及其演变是否符合中国法律法规的规定发表意见。

(2) 作为承销商律师出具的香港上市法律意见书

中国律师在香港上市项目作为承销商律师出具的法律意见书可以根据项目具体要求,以中文或英文撰写。如果以中文撰写,内容和格式方面类似于上文所述的发行人律师出具的法律意见书;如果以英文出具,内容和格式方面与美国上市项目的法律意见书(见下文详述)比较接近。

2. 美国上市法律意见书

美国上市法律意见书通常以英文撰写(具体格式及内容见本讲附件1)。美国上市项目形成的惯例是作为发行人律师和承销商律师的中国律师出具的法律意见应基本保持一致。美国上市项目不需要中国律师出具香港上市项目中要求的物业专项法律意见书。

美国上市法律意见书在正文方面与香港上市法律意见书主要存在以下差异:

（1）美国上市法律意见书的正文主要由逐条针对不同事项的法律意见构成,很少包含对相关事项的描述;因此,相对于香港上市法律意见书而言,美国法律意见书的正文通常简明扼要,"开门见山"。

（2）香港上市法律意见书的偏重于对于发行人的描述并对与发行人相关的事项逐条发表法律意见,很少涉及对于参与本次发行上市的承销商和股票投资者的相关内容。而美国上市法律意见书则通常要求律师用较大篇幅就承销商和股票投资者与本次发行上市的相关事项发表法律意见,通常包括:股票投资者对于持有、转让相关股票和取得分红在中国法律项下的纳税义务;承销商提存、承销和交付股票在中国法律项下的纳税义务;承销协议等股票承销主要法律文件中关于法院管辖的选择等条款在中国的可执行性及美国法院生效判决在中国的可执行性;承销协议中主要条款在中国法律项下的合法性判断;承销协议的合法性、有效性和可执行性是否应当以在中国完成相关的政府审批、备案或纳税为前提;中国法律是否对于股票投资者持有股票的相关的国籍、住所有相关的要求;中国法律对于承销商从事股票承销是否具有国籍、登记方面的要求等。

（3）香港上市法律意见书需要律师对于本次上市的招股说明书与中国法律相关的章节内容是否存在误导性陈述、重大遗漏或错误发表法律意见,除此之外香港上市法律意见书并不援引招股说明书的具体内容。美国上市法律意见书有所不同,美国上市法律意见书通常在其就主要事项逐一发表法律意见时,援引招股说明书对于该等事项存在法律瑕疵的披露（通常在"风险因素"章节）,作为法律意见书的例外情形。

（三）要求

在国内上市项目中,律师出具的法律意见书在内容和格式方面需符合中国证监会以部门规范性文件形式规定的基本要求。境外上市项目有所不同,中国相关政府部门并未对律师就境外上市项目（包括依法应当获得证监会批准的H股上市项目和境外红筹上市项目）出具的法律意见书做任何要求。中国律师事务所经过长期的实践,业已就境外上市项目法律意见书形成了相对固定的模式。香港上市法律意见书接近境内A股上市在证监会相关规定基础上形成的模板;美国上市法律意见书的模板往往由承销商的境外律师提供,同时提供给发行人和承销商的中国律师参考,除依惯例应包括的主要条款外,其内容要求反映了承销商和承销商境外律师从事境外上市项目的风险控制侧重点和交易习惯。

(四)问题与风险

律师出具的境外上市法律意见对于境外上市项目至关重要。因此,中国律师应特别注意对于境外上市法律意见书中法律结论的准确性和完整性的把握,控制职业风险。目前,律师对于发行人进行法律尽职调查的途径主要包括三个方面:对发行人提供的相关文件的审阅;对发行人相关工作人员的访谈;以及对发行人相关主管政府部门和发行人的交易第三方(例如银行、供应商、客户)进行的独立调查。鉴于上述尽职调查的渠道均存在一定的局限性,因此,律师依据法律规定和行业惯例可以对法律意见书中的法律意见做适当的声明、假设或限制,以达到控制执业风险的目的。

律师在法律意见书中对于法律意见的限制性描述通常包括:律师只对某一事项在"重大"、"实质"方面是否合法发表意见;律师根据其自身对于法律的理解就某一事项存在的法律瑕疵对于本次发行上市的影响是普通影响还是具有"重大不利影响"作出判断;根据法律尽职调查手段的不同,律师只能"据其所知"(to the best of our knowledge)、"据其经过适当查询后所知"(to the best of our knowledge after due inquiry)得出相关的法律意见等。

(五)与招股说明书风险因素相关章节的关系

如上所述,香港上市法律意见书和美国上市法律意见书在处理与招股说明书的相互关系上做法不同。

两者的共同点在于,对于发行人和发行上市项目存在比较重大的法律瑕疵和法律问题均应当在招股书的风险因素章节进行披露,以及两者均需要对于招股书风险因素相关章节的内容是否存在误导性陈述、重大遗漏或错误发表法律意见。

香港上市法律意见书和美国上市法律意见书的区别在于:由于香港上市法律意见书通常采用"描述"和"法律意见"相结合的体例,该等比较重大的法律瑕疵和法律问题通常已包括在意见书相关章节的描述之中,而在法律意见中无需援引到招股说明书相关章节;而美国上市法律意见书由于采用"法律意见"体例,比较重大的法律瑕疵和法律问题作为法律意见书"干净"法律意见的例外情形,通常需要在法律意见中有所援引,语言表述方面往往采用"除招股书已经披露的情形外,……"的结构。

(六) 技巧

笔者认为,由于境外上市法律意见书已经形成了较为固定的内容和格式,为更好地为境外上市项目提供法律服务,律师在执业过程中要通过参与项目培养以下基本技巧:

首先,律师应注意学习、研究同行对于类似项目出具法律意见书的先例,作为参考。

其次,律师应注意从类似项目的招股说明书(尤其是风险因素章节)中发掘、掌握中国企业普遍存在的法律问题和类似发行上市项目的交易结构在中国现行法律制度下普遍存在的法律瑕疵和法律风险。

再次,对于境外上市项目,尤其是美国上市项目,中国律师可以在项目启动之初即要求承销商以及承销商境外律师提供希望中国律师出具的法律意见书的模板,并在此基础上根据项目特点和律师事务所关于法律意见书审核的内部政策进行修改,"量体裁衣"。

附件:美国上市法律意见书格式

Date:

To:

[   ]

[address]

(As Sole Global Coordinator and representatives of Public Offering Underwriters named in the Underwriting Agreement)

Re: Project [   ]-Closing Opinion

We are qualified lawyers in the People's Republic of China (which, for the purposes of this legal opinion, excludes the Hong Kong Special Administrative Region, Macau Special Administrative Region and Taiwan) (the "**PRC**") and as such are qualified to issue this legal opinion on the laws of the PRC (the "**PRC Laws**").

We have acted as your PRC legal counsel in connection with the proposed global offering (the "**Global Offering**") of an aggregate of [   ] shares (subject to the Over-allotment Option), nominal value [   ] each (the "**Offer Shares**") of [   ] (the "**Company**"), and the proposed listing (the "**Listing**") of the Company on the [   ], pursuant to the terms and conditions as set out in the prospectus dated [   ] (the "**Prospectus**").

In connection with the Global Offering and the Listing, we furnish this legal opinion to you as to the Company's PRC subsidiaries listed in the Schedule A attached hereto (each a "**PRC Subsidiary**" and collectively the "**PRC Subsidiaries**") and as to other matters, related to or governed by, the PRC Laws. This legal opinion is rendered to you pursuant to the Underwriting Agreement entered between, among other parties, the Company, [   ]. For the purpose of rending the this legal opinion, we have examined the originals or copies of documents provided to us by the Company and the PRC Subsidiaries and such other documents, agreements, approvals, papers and certificates issued by officials of government departments and other public organizations and other instruments as we deem necessary or appropriate for the purpose of rending this legal opinion. Where certain facts were not independently established by us, we have relied upon certificates or statements issued or made by relevant governmental authorities and appropriate representatives of the Company. In giving this opinion, we have made the following assumptions:

1) each of the Transaction Agreements is legal, valid, binding and enforceable in accordance with their respective governing laws in any and all respects;

2) the documents and information provided to us by the Company, the Guarantor and the PRC Subsidiaries are correct, complete and accurate and that the Company, the Guarantor and the PRC Subsidiaries have not withheld any material information which is relevant for the purposes of providing the opinion herein;

3) any document submitted to us still exist and have not been varied, cancelled or superseded by some other document or agreement or action of which we are not aware after due inquiry;

4) that all documents submitted to us as originals are authentic and that all documents submitted to us as copies conform to their originals;

5) that all documents have been validly authorized, executed and delivered by all of the parties thereto other than the PRC Subsidiaries;

6) that the signatures, seals and chops on the documents submitted to us are genuine;

7) that any consents, licenses, permits, approvals, exemptions or authorizations required of or by, and any required registrations or filings with, any

governmental authority or regulatory body of any jurisdiction other than the PRC in connection with the Transaction Agreements have been obtained or made;

8) In addition, we have assumed and have not verified the accuracy as to factual matters of each document we have received (including, without limitation to, the accuracy of the representations and warranties of the Company and the Guarantor in the Transaction Agreements), or the accuracy of the representations and warranties of the PRC Subsidiaries.

In addition, we have assumed and have not verified the accuracy as to factual matters of each document we have reviewed (including, without limitation, the accuracy of the representations and warranties of the Company in the Underwriting Agreements).

Unless otherwise defined in this opinion, capitalized terms and expressions used herein should have the same meaning as ascribed to such terms in the Underwriting Agreement and where applicable, the Prospectus.

This legal opinion is confined to and given on the basis of the PRC Laws which are effective as at the date hereof. We have not investigated, and we do not purport to express or imply any opinion on the laws of any jurisdiction other than PRC, and we have assumed that no such other laws would affect the opinions expressed herein.

Based on and subject to the foregoing, we are of the following opinion:

1. Schedule I is a complete and accurate list of all entities established in the PRC that are directly or indirectly, wholly or partially owned, or controlled through contractual arrangements, by the Company (collectively, the "PRC Entities"). All necessary PRC Government Authorizations were duly obtained in connection with the establishment of each PRC Entity. Each PRC Entity has been duly established and is validly existing as a company with limited liability under PRC law. Each PRC Entity has the status of an independent legal person

and the liability of the shareholders in respect of their equity interest directly or indirectly held in each PRC Entity is limited to their investment therein. The business license, articles of associations and other constitutive documents of each PRC Entity comply with PRC law and are in full force and effect.

2. All equity interests in the PRC Entities have been duly authorized and validly issued and are fully paid up in accordance with PRC law and all such equity interests are legally owned as described in the Registration Statement, free and clear of all pledges, charges, restrictions upon voting or transfer or any other encumbrances or claims. Each of the PRC Entities has obtained all approvals, authorizations, consents and orders, and has made all filings, which are required under PRC law for the ownership of interests in it by its respective holders. Except as described in the Registration Statement, there are no outstanding rights, warrants or options to acquire, or instruments convertible into or exchangeable for, nor any agreements or other obligations to issue or other rights to convert any obligation into, any equity interest in any PRC Entity.

3. The ownership structure of each PRC Entity as set forth in the Registration Statement under the headings "Prospectus Summary—Corporate Structure" and "Our Corporate Structure and History" comply, and immediately after the offering will comply, with PRC law, does not violate, breach, contravene or otherwise conflict with any applicable PRC laws and has not been challenged by any Governmental Agency and there are no legal, arbitration, governmental or other proceedings pending before or threatened or contemplated by any Governmental Agency in respect of the ownership structures of each PRC Entity.

4. None of the PRC Entities is in breach or violation of or in default, as the case may be, under (a) its articles of association, business licenses or any other constitutive documents, (b) any material obligation, indenture, mortgage, deed of trust, bank loan or credit agreement or other evidence of indebt-

edness governed by PRC law (nor has any event occurred which with notice, lapse of time, or both would result in any breach of, or constitute a default under or give the holder of any indebtedness (or a person acting on such holder's behalf) the right to require the repurchase, redemption or repayment of, all or part of such indebtedness), (c) any obligation, license, lease, contract or other agreement or instrument governed by PRC law to which the Company or any PRC Entity is a party or by which any of them may be bound or affected, or (d) any law, regulation or rule of the PRC, or any decree, judgment or order of any court in the PRC, applicable to the Company or any PRC Entity.

5. Each of the PRC Entities has obtained all necessary Governmental Authorizations, none of which contains any materially burdensome restrictions or conditions not described in the Registration Statement, and has full legal right, power and authority, to own, lease, and use its assets and properties and to conduct its business in the manner described in the Registration Statement. In addition, (a) each PRC Entity is in compliance with the provisions of all Government Authorizations in all material respects, (b) none of the PRC Entities has received any notification of proceedings relating to the modification, suspension or revocation of any such Governmental Authorizations, and (c) no circumstances have arisen such that any of such Governmental Authorizations is likely to be revised, revoked, suspended, cancelled or withdrawn or (where relevant) unlikely to be renewed upon its expiration date.

6. The business carried out by each PRC Entity complies with its articles of association as currently in effect and is within the business scope described in its current business license.

7. Each PRC Entity has legal and valid title to all of its properties and assets, in each case, free and clear of all liens, charges, encumbrances, equities, claims, defects, options and restrictions; each lease agreement to which

any PRC Entity is a party is duly executed and legally binding; the leasehold interests in the properties of each PRC Entity are free and clear of all liens, charges, encumbrances, equities, claims, defects, options and restrictions, and are fully protected by the terms of the lease agreements, which are valid, binding and enforceable in accordance with their terms under PRC law; and neither the Company nor any of its PRC Entities owns, operates, manages or has any other right or interest in any other material real property of any kind.

8. No PRC Entity has any outstanding guarantees or contingent payment obligations in respect of indebtedness of third parties.

9. Each of the Material Contracts listed in Schedule II to this opinion has been duly executed and delivered by the PRC Entities which are parties to them, and each such PRC Entity has taken all necessary corporate actions to authorize the performance thereof, and each such PRC Entity had the corporate power and capacity to enter into and to perform its obligations under such Material Contracts; each of the Material Contracts to which such PRC Entity is a party constitutes a legal, valid and binding obligation of such PRC Entity, enforceable against such PRC Entity in accordance with its terms.

10. Each PRC Entity owns or has valid licenses in full force and effect or otherwise has the legal right to use all material trade names, trademarks, patents, copyrights, computer software, domain names and know-how (including proprietary or self-developed information systems or procedures) currently employed by it in connection with the business currently operated by it, and none of the PRC Entities has received any notice of infringement of or conflict with asserted rights of others with respect to any of the foregoing.

11. None of the PRC Entities is delinquent in the payment of any PRC taxes due and there is no PRC tax deficiency that might be assessed against it or any penalty that might be imposed on it in connection with any late payment of

PRC taxes.

12. Each of the existing shareholders or beneficial owners of the Company has filed the required SAFE registrations arising from its ownership interest in the Company.

13. All dividends and other distributions declared and payable upon the equity interest of the PRC Subsidiaries directly or indirectly owned by the Company in accordance with PRC law may under the current PRC laws be paid to the beneficial owners of such PRC Subsidiaries in Renminbi which may be converted into U.S. dollars and freely remitted out of the PRC, provided that the enterprise income tax applicable to the Company has been duly withheld and the remittance of such dividends and other distributions outside of the PRC complies with the procedures required under PRC law relating to foreign exchange.

14. There are no current, pending or threatened PRC legal, arbitrative, regulatory, administrative or other governmental decisions, rulings, orders, demands, actions, proceedings or initiatives before any court, arbitration body or any Government Agencies to which any of the Company or the PRC Entities is a party or to which any of the assets of the Company or the PRC Entities is subject.

15. No labor dispute, legal proceedings or other conflict with the employees of any of the PRC Entities exists or is imminent or threatened and there is no action, suit, proceeding, inquiry or investigation relating to any labor or employment issue before or brought by any court or any Governmental Agencies.

16. None of the PRC Entities has taken any corporate action or had any legal proceedings commenced against it for its liquidation, winding up, dissolution, or bankruptcy, for the appointment of a liquidation committee, team of

receivers or similar officers in respect of its assets or for the suspension, withdrawal, revocation or cancellation of any of the Governmental Authorizations.

17. Under PRC law, none of the Company and the PRC Entities, nor any of their respective properties, assets or revenues, is entitled to any right of immunity on the grounds of sovereignty or otherwise from any legal action, suit or proceeding, set-off or counterclaim, the jurisdiction of any court in the PRC, service of process, attachment prior to or in aid of execution of judgment, or other legal process or proceeding for the granting of any relief or the enforcement of any judgment.

18. Except as disclosed in the Registration Statement, each of the Company and PRC Entities is currently in compliance with all applicable PRC laws, in each case except for such non-compliance as would not reasonably be expected to have a Material Adverse Effect.

19. The execution and delivery by the Company of the Underwriting Agreement and the Deposit Agreement, [the execution and delivery by the Selling Shareholders of the Underwriting Agreement,] the Power of Attorney and the Custody Agreement, the performance by the Company [and the Selling Shareholders] of their obligations under the Underwriting Agreement, the Deposit Agreement, the Power of Attorney and the Custody Agreement, the consummation by the Company [and the Selling Shareholders] of the transactions contemplated herein and therein, including the issue of the Offered ADSs under the Deposit Agreement and sale of the Offered ADSs and the Ordinary Shares underlying the Offered ADSs under the Underwriting Agreement, and the compliance by the Company [and the Selling Shareholders] with all of the provisions of the Underwriting Agreement, the Deposit Agreement, the Power of Attorney and the Custody Agreement, (a) do not and will not conflict with or result in a breach or violation of any of the terms or provisions of, or constitute a

default under, any indenture, mortgage, deed of trust, loan agreement or other agreement or instrument to which any of the PRC Entities is a party or by which any of the PRC Entities is bound or to which any of the properties or assets of any of PRC Entities is bound or to which any of the properties or assets of any of the PRC Entities is subject; (b) do not and will not result in any violation of the provisions of the articles of association, business licenses or any other constitutive documents of any of the PRC Entities; (c) do not and will not result in any violation of any provision of PRC law; and (d) do not and will not result in a violation of any order, rule or regulation of any Governmental Agency or any court in the PRC.

20. No Governmental Authorizations from any Governmental Agency are required for (a) the issuance and sale of the Offered ADSs by the Company [and the Selling Shareholders] under the Underwriting Agreement, the Deposit Agreement, the Power of Attorney and the Custody Agreement, (b) the deposit of the Ordinary Shares underlying the Offered ADSs with the Depositary or its nominee, and (c) the consummation by the Company[, the Selling Shareholders] and the Depositary of the transactions contemplated by the Underwriting Agreement, the Deposit Agreement, the Power of Attorney and the Custody Agreement.

21. The issuance and sale of the Offered ADSs, the listing and trading of the Offered ADSs on [the New York Stock Exchange/the NASDAQ Global Market] and the consummation of the transactions contemplated by the Underwriting Agreement and the Deposit Agreement are not and will not be affected by the M&A Rules and Related Clarifications. As of the date hereof, the M&A Rules and Related Clarifications did not and do not require the Company to obtain the approval of any Governmental Agency prior to the issuance and sale of the Offered ADSs, the listing and trading of the Offered ADSs on [the New

York Stock Exchange/the NASDAQ Global Market] and the consummation of the transactions contemplated by the Underwriting Agreement, the Deposit Agreement, the Power of Attorney or the Custody Agreement.

22. The application of the proceeds to be received by the Company from the Offering as contemplated by the Registration Statement will not contravene any provision of PRC law or the articles of association or other constitutive documents or the business license of the PRC Entities, or contravene the terms or provisions of, or constitute a default under, any indenture, mortgage, deed of trust, loan agreement, note, lease or other agreement or instrument binding upon any PRC Entity, or any judgment, order or decree of any Governmental Agency in the PRC.

23. There are no reporting obligations under PRC law on non-PRC holders of the Offered ADSs.

24. No holder of the Offered ADSs who is not a PRC resident will be subject to any personal liability, or be subject to a requirement to be licensed or otherwise qualified to do business or be deemed domiciled or resident in the PRC, by virtue only of holding such Offered ADSs. There are no limitations under PRC law on the rights of holders of the Offered ADSs who are not PRC citizens to hold, vote or transfer their securities nor are there any statutory preemptive rights or transfer restrictions applicable to the Offered ADSs.

25. The submission of the Company [and the Selling Shareholders] to the non-exclusive jurisdiction of the New York Courts, the waiver by the Company [and the Selling Shareholders] of any objection to the venue of a proceeding in a New York Court, the waiver and agreement of the Company not to plead an inconvenient forum, and the agreement of the Company [and the Selling Shareholders] that the Underwriting Agreement and the Deposit Agreement be construed in accordance with and governed by the laws of the State of New York do

not contravene PRC law; service of process effected in the manner set forth in the Underwriting Agreement and the Deposit Agreement will be effective to confer jurisdiction over the assets and property of the Company or the PRC Entities [or of the Selling Shareholders] in the PRC, subject to compliance with relevant civil procedural requirements in the PRC; and any judgment obtained in a New York Court arising out of or in relation to the obligations of the Company [or the Selling Shareholders] under the Underwriting Agreement and the Deposit Agreement will be recognized and enforced by PRC courts, subject to compliance with the *PRC Civil Procedure Law* and relevant civil procedural requirements in the PRC.

26. The indemnification and contribution provisions set forth in the Underwriting Agreement and the Deposit Agreement do not contravene PRC law; each of the Underwriting Agreement and the Deposit Agreement is in proper legal form under PRC law for the enforcement thereof against the Company [or the Selling Shareholders], subject to compliance with relevant civil procedural requirements; and to ensure the legality, validity, enforceability or admissibility in evidence of the Underwriting Agreement and the Deposit Agreement in the PRC, it is not necessary that any such document be filed or recorded with any court or other authority in the PRC or that any stamp or similar tax be paid on or in respect of any such document.

27. No stamp or other issuance or transfer taxes or duties and no capital gains, income, withholding or other taxes are payable by or on behalf of the Company, any of the PRC Entities, any Underwriter, the Depositary [or the Selling Shareholders] to the PRC government or any political subdivision or taxing authority thereof or therein in connection with (a) the creation, issuance, sale and delivery of the Offered ADSs and Ordinary Shares, (b) the deposit with the Depositary of Ordinary Shares by the Company [and the Selling

Shareholders] pursuant to the Deposit Agreement against issuances of the Offered ADSs, (c) the sale and delivery by the Company [and the Selling Shareholders] of the Offered ADSs to or for the accounts of the Underwriters in the manner contemplated in the Underwriting Agreement, the Deposit Agreement and the Custody Agreement, (d) the execution, delivery and performance of the Underwriting Agreement and the Deposit Agreement by the Company [and the Selling Shareholders], or (e) the sale and delivery by the Underwriters of the Offered ADSs to the initial purchasers thereof in the manner contemplated in the Registration Statement.

28. The entry into and performance or enforcement of the Underwriting Agreement in accordance with its terms will not subject any Underwriter to any requirement to be licensed or otherwise qualified to do business in the PRC, nor will any Underwriter be deemed to be resident, domiciled, carrying on business through an establishment or place in the PRC or in breach of any laws or regulations in the PRC by reason of entry into, performance or enforcement of the Underwriting Agreement.

29. The statements in the Registration Statement under the headings "Prospectus Summary," "Risk Factors," "Dividend Policy," "Enforceability of Civil Liabilities," "Management's Discussion and Analysis of Financial Condition and Results of Operations," "Our Corporate Structure and History," "Business," "Regulation," "Management," "Related Party Transactions," "Taxation" and "Legal Matters," to the extent such statements relate to matters of PRC law or documents, agreements or proceedings governed by PRC law, are true and accurate in all material respects and fairly present and fairly summarize in all material respects PRC law, documents, agreements or proceedings referred to therein, and nothing has been omitted from such statements which would make the statements, in light of the circumstances under which

they were made, misleading in any material aspect.

30. Although we do not assume any responsibility for the accuracy, completeness or fairness of the statements contained in the Registration Statement, nothing has come to our attention, insofar as PRC law is concerned, that causes us to believe that the Registration Statement (other than the financial statements and related schedules therein to which we express no opinion), as of the date hereof, contained any untrue statement of a material fact or omitted to state any material fact required to be stated therein or necessary to make the statements therein not misleading.

This opinion is subject to the following qualifications:

(1) This opinion is subject to (A) applicable bankruptcy, insolvency, fraudulent transfer, reorganization, moratorium or similar laws in the PRC affecting creditors' rights generally, (B) possible judicial or administrative actions or any PRC Laws affecting creditors' rights and (C) certain equitable, legal or statutory principles in the PRC affecting the enforceability of contractual rights generally under concepts of public interest, interests of the State, national security, reasonableness, good faith and fair dealing, and applicable statutes of limitation.

(2) This opinion is limited to the matters set forth herein and is subject to the effect of any future change, amendment, alteration or adoption of any PRC laws, regulations, rules, guidelines or judicial or regulatory interpretations. The interpretation and implementation of the PRC Laws, including the New M&A Rules and CSRC guidelines, are subject to the legislative, regulatory, administrative and judicial discretion of relevant authorities.

(3) The enforceability of the rights and remedies provided for in the Underwriting Agreement and the Deposit Agreement may be limited by insolvency, bankruptcy, reorganization, moratorium, fraudulent transfer, fraudulent con-

veyance or other similar laws affecting generally the enforceability of creditors' rights from time to time in effect and is subject to general principles of equity, including application of principles of good faith, fair dealing, commercial reasonableness, materiality, unconscionability and conflict with public policy and other similar principles.

This Opinion is addressed to the Company for its benefit only and is delivered to the Company for the purpose of the Offering. Without our express prior written consent, this Opinion may not be relied upon by any person other than the Company or used for any other purpose.

Schedule I

List of PRC Entities

PRC Entity	Shareholders	Ownership Percentage

Schedule II

List of Material Contracts

第七课

非居民企业所得税问题与实务

主讲人：刘定发　程　虹
文字整理：杨后鲁

刘定发
（合伙人）

刘定发律师为君合律师事务所税务和公司业务合伙人，在君合上海分所执业。刘定发律师是一名中国税务和双边税收协定方面的专家，就中国各类税收及相关双边税收协定对客户在中国投资和商业运作所产生的影响向客户提供咨询意见。其近期参与的项目包括：为某意大利上市公司收购境内企业提供税务咨询；为某全球500强企业业务分拆涉及的中国税务问题提供咨询；为某外国公司在2008年前转让其巴巴多斯公司的股权交易被中国税务机关审查项目提供税务服务；为以色列某合伙企业在中国设立基金提供税务咨询；为某著名银行在中国境内设立QFII提供税务咨询；为某美国著名电器公司中国境内公司重组提供税务咨询；为某美国公司通过其香港子公司派员来中国境内提供服务是否构成常设机构提供税务咨询。

程虹
（合伙人）

程虹律师是君合所税务组的合伙人，她近期参与的主要业务包括：为某美国高科技公司境内重组提供税务咨询；为某意大利上市公司收购境内企业提供税务咨询；某外国公司在2008年前转让其巴巴多斯公司的股权交易被中国税务机关审查项目提供税务服务；为某外国基金转让开曼公司股权进行698号文申报提供税务服务；为某以色列企业进行境内投资提供税务咨询。

杨后鲁
（律师）

杨后鲁律师是君合北京总部的税务律师。他是国际财政协会（International Fiscal Association）的会员，并被任命为IFA 2010年全球年会的中国报告人。杨后鲁律师曾为一巴巴多斯公司的中国子公司派发2008年税后利润享受税收协定待遇问题提供税务咨询；为一外国基金转让开曼公司股权进行698号文申报提供税务服务；为一欧洲公司通过购买设立在避税港的控股公司股权以收购境内企业提供税务咨询。

2008年1月1日实施的《中华人民共和国企业所得税法》（以下简称《企业所得税法》）将适用《企业所得税法》的企业分为居民企业和非居民企业。居民企业，是指依法在中国境内成立，或者依照外国（地区）法律成立但实际管理机构在中国境内的企业。居民企业须就其全球所得在中国缴纳企业所得税。非居民企业，是指依照外国（地区）法律成立且实际管理机构不在中国境内，但在中国境内设立机构、场所的；或者在中国境内未设立机构、场所，但有来源于中国境内所得的企业。非居民企业须就其来源于中国的所得在中国缴纳企业所得税。对居民企业所得进行征税一般比较好理解和接受。但是，对于非居民企业的征税，在立法上是一个困难的政策选择，在执行上往往会产生很多有争议的问题。

对于律师业务来讲，弄清楚与对非居民企业征税相关的核心问题更能考验一个律师的税收功底和基本功。一方面，对非居民企业征税涉及国内法的诸多方面，包括宪法、行政法、民法、基本税收制度和税收管理；另一方面，它涉及国际税法中的方方面面，包括税收协定、转让定价、税收筹划等。从2008年1月1日起，国家税务总局以国税总局令、国税发、国税函、公告等多种形式陆续下发了二十多个部门规章和税收规范性文件，其发文之密、篇幅之长在其他税收领域罕见。而且，在机构设置方面，国家税务总局在国际税务司下面专门成立非居民税收管理处。非居民企业税收问题的重要性和复杂性可见一斑。在实践中，与非居民企业税收相关的各种问题，往往是外商直接投资和跨境或境外并购中的常见税收问题。

本讲将对非居民企业所得税税收的一些重要概念和热点问题进行概括介绍。

一、非居民企业的定义

非居民企业的定义要解决的问题是：一个国家在什么情况下可以对另外一个国家的企业行使税收管辖权。我国《企业所得税法》第2条第3款规定,非居民企业是指依据外国(地区)法律设立并且实际管理机构不在中国境内,但在中国境内设立机构、场所,或者在中国境内未设立机构、场所,但有来源于中国境内所得的企业。因此,《企业所得税法》将非居民企业具体分为两类:

第一类是在中国境内设立机构、场所的非居民企业,如设立了分公司、代表处或提供建筑安装、装配勘探、咨询管理等劳务的外国企业。

第二类是在中国境内无机构、场所,但有来源于中国境内所得的企业,或者虽设立机构、场所但取得的所得与其所设机构、场所没有实际联系的非居民企业。比如A公司是一家根据香港法设立的企业,其把知识产权许可给境内企业,A公司虽然在境内还有其他子公司,但因知识产权转让产生的所得与其境内子公司无实际联系。

在这两种情况下,一个外国公司因为在中国的现实存在(机构、场所)或者有来源于中国境内的收入而与中国产生了联系。基于此联系,中国获得了行使税收管辖权的基础。如果一个外国公司在中国没有机构、场所,又没有从中国境内获得收入,它便不是中国企业所得税法意义上的纳税人。

二、非居民企业的税务管理

(一)纳税申报

对于第一类非居民企业,即在中国境内设立机构、场所的境外企业,根据国家税务总局《关于印发〈非居民企业所得税核定征收管理办法〉的通知》(国税发[2010]19号,以下简称"19号文"),其应当按照《税收征收管理法》及有关法律法规设置账簿,根据合法、有效凭证记账,进行核算,并应按照其实际履行的功能与承担的风险相匹配的原则,准确计算应纳税所得额,据实申报缴纳企业所得税。在该类非居民企业因会计账簿不健全,资料残缺难以查账,或者其他原因不能准确计算并据实申报其应纳税所得额的,税务机关有权采取(ⅰ)按收入总额核定应纳税所得额;(ⅱ)按成本费用核定应纳税所得额;或者(ⅲ)按经费支出换算收入核定应纳税所得额的方法进行核定。在核定征收时,19号文规定了较高的核定利润率:从事承包工程作业、设计和咨询劳务的,利润率为15%—30%;从事管理服务的,利润率为30%—50%;从事其他劳务或劳务以外经营活动的,利润率不低于15%。此外,19号文给予税务机关一个权限,即其认为非居民企业的实际利润率明显高于上述标准的,可以按照比上述标准更高的利润率核定其应纳税所得额。

根据国家税务总局《关于印发〈非居民企业所得税汇算清缴管理办法〉的通知》(国税发[2009]6号)的规定,该类非居民企业自年度终了之日起5个月内,应向税务机关办理年度所得税申报,进行汇算清缴。

(二)源泉扣缴

对第二类非居民企业,即在中国境内未设立机构、场所,但有来源于中国境内所得的境外企业,中国税法规定了源泉扣缴的征管方式,即以支付人为扣缴义务人,税款由扣缴义务人在每次支付或者到期应支付时,从支付或者到期应支付的款项中扣缴。

1. 税收监管

由于非居民企业是境外企业,其境内所得涉及的种类很多(包括股息、利息、特许权使用费、财产转让收益等),以及税务机关在人力和物力方面的限制,对第二类非居民企业的所得税征收面临着监管难、税收收入易流失且很难追缴等问题。在支付人为境内企业或者个人的情况下,由境内支付人进行源泉扣缴便成为一个有效的征管措施。

国家税务总局于2009年1月9日印发了关于《非居民企业所得税源泉扣缴管理暂行办法》的通知(国税发[2009]3号,以下简称"3号文"),该文于2009年1月1日起施行。该文出台的目的是加强对第二类非居民企业获得的来源于中国境内的股息、利息、租金、特许权使用费、财产转让(包括股权转让收益)等所得的监管。

2. 扣缴义务人

对非居民企业直接负有支付相关款项义务的单位或者个人为扣缴义务人,应为非居民企业代扣代缴所得税。根据3号文的规定,扣缴义务人与非居民企业首次签订业务合同的,应自签订之日起30日内,向其主管税务机关申报办理扣缴税款登记。关于扣缴时间,扣缴义务人在每次向非居民企业支付或者到期应支付所得时,应从支付或者到期应支付的款项中扣缴企业所得税,并自代扣之日起7日内缴入国库。

3. 股权转让涉及的境内企业之协助义务

鉴于境外非居民企业转让境内企业股权的所得管理较为复杂,税收征管比较困难,税务机关正逐渐加强获取信息的途径,包括以各种公开或者非公开的方式了解境外非居民企业转让境内企业股权的情况。国家税务总局《关于印发〈进一步加强税收征管若干具体措施〉的通知》(国税发〔2009〕114号,以下简称"114号文")用了大篇幅阐述加强非居民企业所得税问题的监管。其第10条表述道:"加强股权交易税收监管。对居民企业转让股权交易,要主动取得股东在工商部门股权登记变更信息和股权交易所股权转让信息,充分利用现行政策,加大企业所得税征收力度。对非居民企业转让境内股权交易,及时收集交易信息,掌握交易的经济实质,识别和防范非居民企业实施的滥用组织形式、滥用避税地、滥用税收协定的避税行为,防止税收收入流失。"因此非居民企业股权转让将面临更为严厉的监管。

根据3号文的规定,如股权转让交易双方都是非居民企业、转让的标的是中国境内企业股权且该等交易发生在境外时,由取得所得的非居民企业(转让方)自行或委托代理人向被转让股权的境内企业所在地主管税务机关申报纳税,被转让股权的境内企业应协助税务机关向非居民企业征缴税款。这是首次明确被转让股权的境内企业的协助义务。因此,就非居民企业之间转让中国境内企业股权的交易,被转让股权的境内公司虽既无纳税义务,也无源泉扣缴义务,但负有协助税务机关征缴税款的义务。

那么,何为协助义务,如果不履行协助义务会产生怎样的税务后果,这一般是外国投资者在境外购买境内企业股权时比较关注的重要问题。由于协助义务的履行很难量化或者具体化,因此,被转让股权的境内企业是否按要求履行了协助义务在实践中将由税务机关作出判定。根据最近两年已公开的案例,税务机关都在被转让股权的境内企业的协助下成功地对作为非居民企业的转让方追缴了税款。假定被转让股权的境内企业尽力协助,但是仍然不能成功地追缴税款,则税务机关从法律上不能要求被转让股权的境内企业代为缴纳相关税款,而且应当认定被转让股权的境内企业已经履行完毕协助义务。3号文明确规定,在这种情况下境内主管税务机关可以收集、查实该非居民企业在中国境内其他收入项目及其支付人的相关信息,并向其他支付人发出《税务事项通知书》,从其他支付人应付的款项中,追缴该非居民企业的应纳税款和滞纳金。这对税务机关在被转让股权的境内企业协助下仍然无法追缴税款时提供了多一重的征管手段。但是,被转让股权的境内企业的不成功协助是否会导致税务机关对该企业的负面评价,尚有待观察。为避免境内企业在税务机关办理涉税事项时遇到困难等负面影响,被转让股权的境内企业应该全力协助中国税务机关追缴税款。

现行税收法规对非居民企业转让境内企业股权的一些细节尚未作出规定,在实践中可能会产生如何执行的问题。例如,对于非居民企业如何申报及缴纳税款等事宜并无具体的操作性规定。在实践中,非居民企业如何将外汇款项汇入境内完税一直亟待明确。在具体操作中,我们建议股权交易的非居民企业双方应在交易谈判前充分了解未来交易可能带来的税务后果,并在交易文件中预先就各方在企业所得税申报和缴纳等事项进行规定。

三、非居民企业所得税税收的若干实践热点问题

(一)实际管理机构

根据我国《企业所得税法》的定义,非居民企业首先须依照外国(地区)法律成立并且实际管理机构不在中国境内。换言之,一家设立在境外的公司,如英属维尔京群岛公司(BVI公司),如果其实际管理机构位于中国境内,则属于中国居民企业,应就其来源于中国境内、境外的所得在中国缴纳企业所得税。

与注册地相比,实际管理机构所在地在税收征管实践中比较难以识别和判断。

我国《企业所得税法》第2条规定,实际管理机构,是指对企业的生产经营、人员、账务、财产等实施实质性全面管理和控制的机构。

国家税务总局于2009年4月22日颁布的《关于境外注册中资控股企业依据实际管理机构标准认定为居民企业有关问题的通知》(国税发[2009]82号,以下简称"82号文")进一步规定,境外注册的中资控股企业同时符合以下四个条件的,应被判定为实际管理机构在中国境内的居民企业:

(1)企业负责实施日常生产经营管理运作的高层管理人员及其高层管理部门履行职责的场所主要位于中国境内;

(2)企业的财务决策(如借款、放款、融资、财务风险管理等)和人事决策(如任命、解聘和薪酬等)由位于中国境内的机构或人员决定,或需要得到位于中国境内的机构或人员批准;

(3)企业的主要财产、会计账簿、公司印章、董事会和股东会议纪要档

案等位于或存放于中国境内;及

(4) 企业 1/2(含 1/2)以上有投票权的董事或高层管理人员经常居住于中国境内。

82 号文还规定,对居民企业的判定,应当遵循实质重于形式的原则。

> [案例1]
>
> 2010 年 9 月 8 日,沃达丰(Vodafone)出售其持有的中国移动香港共计 6.42 亿股票,占中国移动香港总股份的 3.2%。交易额超过 509 亿港元(66 亿美元),沃达丰股权转让所得超过 33 亿美元。中国移动香港虽然是注册在香港的上市公司,但是作为红筹股上市公司,已经根据 82 号文被认定为"境外注册中资控股"的居民企业。因此,沃达丰转让中国移动香港股票取得的所得,根据《中华人民共和国企业所得税法实施条例》第 7 条第(三)款的规定,属于非居民企业来源于中国境内的所得,须在中国缴纳所得税。北京市国税局在国家税务总局的指导下,2010 年 10 月 27 日将金额高达 21.96 亿元人民币的税款顺利入库。

虽然 82 号文提出了认定中资控股企业实际管理机构位于中国境内的四个具体条件,但是,对于境外注册的非中资控股企业而言,能否参照适用 82 号文的规定认定其实际管理机构位于中国境内,尚无定论。此外,就生产经营、人员、财务、财产等决定实际管理机构是否位于境内的要素应单独还是累加考虑,以及具体的判定标准和操作办法,均有待财政部和国家税务总局进一步明确。

(二) 常设机构

由于是否设有常设机构,是国家(地区)间的双边税收协定/安排中是否可以享受避免双重征税待遇的关键,因此常设机构在非居民企业税收征管上具有重要意义。

1. 常设机构的定义

在中国与其他国家(地区)签订的双边税收协定/安排中,常设机构一般指以下机构或场所:管理场所;分支机构;办事处;工厂;作业场所;矿场、油井或气井、采石场或者其他开采(个别税收协定还包括勘探)自然资源的场所等。

有些外国企业在中国境内未设立上述各种场所,但在中国境内从事(承包)了某些如建筑、安装等工程项目及相关活动,或通过雇员或者其他人员,在中国为同一个项目或有关项目提供劳务,如果这类工程项目或活动在中国超过一定时间也可能构成常设机构。

2. 派遣员工的常设机构问题

在中国已经签订的九十多个双边税收协定/安排中,绝大多数都包含类似"缔约国一方企业通过雇员或雇佣的其他人员在缔约国另一方提供的劳务活动,包括咨询劳务活动,但仅以该性质的活动(为同一项目或相关联的项目)在任何12个月中连续或累计超过6个月为限,被视为常设机构"的条款。该条款通常被称为"服务型常设机构(service PE)"条款。少数税收协定/安排规定以缔约国一方企业通过雇员或雇佣的其他人员在缔约国另一方提供的劳务活动在任何12个月中连续或累计超过"183天"作为认定服务型常设机构的标准。

服务型常设机构与跨国公司在中国的经营活动密切相关。跨国公司的境外公司为了特定的经营需要派遣人员来境内工作,或者境内外商投资企业出于业务发展的需要从境外企业借调员工来境内工作,是颇为常见的经济现象。在这一过程中,跨国企业特别关心其派遣至中国的员工是否会构成常设机构。

在2008年以前中国签订的双边税收协定/安排中,绝大多数税收协定/安排都以缔约国一方企业通过雇员或雇佣的其他人员在缔约国另一方提供的劳务活动在任何12个月中连续或累计超过"6个月"作为认定服务型常设机构的标准。因此,如何计算"6个月"的期限毫无疑问至关重要。

根据国家税务总局《关于〈内地和香港特别行政区关于对所得避免双重征税和防止偷漏税的安排〉有关条文解释和执行问题的通知》(国税函〔2007〕403号,以下简称"403号文")第4条第2款的规定,关于判定一方企业通过雇员或者雇佣的其他人员在另一方提供的劳务活动构成常设机构问题,"由于条款'一方企业派其雇员到另一方从事劳务活动在任何12个月中连续或累计超过6个月'的规定中仅提及'月'为计算单位,执行中可不考虑具体天数。为便于操作,对上述月份的计算暂按以下方法掌握:即香港企业为内地某项目提供服务(包括咨询服务),以该企业派其雇员为实施服务项目第一次抵达内地的月份起直到完成服务项目雇员最后离开内地的月份作为计算期间,在此期间如连续30天没有雇员在境内从事服务活动,可扣除1个月,按此计算超过6个月的,即为在内地构成常设机构。对超过12个月的服务项目,应以雇员在该项目总延续期间中任何抵达月份或离开月份推算的12个月为一个计算期间。"在该规则下,香港公司的员工某月份在境内工作仅1天就可能被认定为在境内工作1个月。

同时,403号文第14条规定:"对于本通知未予明确的其他规定,凡与我对外所签协定规定一致的,可以参照有关协定的解释性文件及相关执行程序等规定处理;本通知所做解释的有关条款规定,凡与我对外所签协定有关条款规定内容完全一致,但在以往有关协定解释文件中未做明确的,本通知的解释规定同样适用于其他协定相同条款的解释及执行;对原安排条款规定所作的解释性文件,凡与本《安排》条款规定内容一致的,应继续有效。"因此,如果中国签订的其他税收协定与内地和香港签订的税收安排中的条款内容一致,403号文的上述计算月份的规定同样适用。

由于中国签订的大多数税收协定都规定了与内地和香港的税收安排

内容一致的服务型常设机构条款,因此,403号文规定的"1天可能等于1个月"的计算方法在实践中曾被税务机关广泛运用。这种计算方法显然对纳税人有失公平。该规则的施行在过去多年的实践中亦广受诟病。

可喜的是,根据国家税务总局《关于公布全文失效废止、部分条款失效废止的税收规范性文件目录的公告》(国家税务总局公告2011年第2号,以下简称"2号公告"),备受争议的403号文第4条第2项和第14条已被废止。因而,在确定境外企业是否因派遣人员在中国境内提供劳务构成常设机构时,403号文所采用的"1天可能等于1个月"的计算方法已经无效。

但是,在403号文第4条第2项和第14条被废止以后,国家税务总局迄今尚未正式发文明确和澄清对现有税收协定中的"6个月"应如何计算。由于现行的税收法律、法规和规范性文件中并没有关于如何计算月份的规定。另外,税收协定的具体条款在被修改前有着优于国内法的效力,因此其执行必须符合协定的条文内容。因此,如果税收协定中规定的仍然是"6个月"的标准,其在403号文的相关条款被废止后如何适用,不得而知。在技术处理上,我们认为税务机关有可能在计算6个月的时间要求时会参照国家税务总局已经出台的有关"183天"的具体计算的相关文件(详见下文)。

国家税务总局于2010年7月26日发布了《关于印发〈中华人民共和国政府和新加坡共和国政府关于对所得避免双重征税和防止偷漏税的协定〉及议定书条文解释》的通知(国税发[2010]75号,以下简称"75号文")。75号文是国家税务总局在《企业所得税法》施行后第一次对中国对外签订的税收协定作出系统全面的解释。更为重要的是,75号文规定该解释同样适用于其他协定中相同条款的解释及执行,并将替代所有此前发布的与75号文规定不一致的税法规定。75号文对服务型常设机构的判定作出了指导性的规定。

根据75号文的规定,关于183天的计算应注意以下两点:

第一,以派员第一次抵达中国之日起至完成并交付服务项目之日止,计算所有雇员在中国境内的停留天数,即以整个项目期作为计算期。为了防止纳税人分解项目避税,对于归属于同一项目而分别签几个合同的或相关联的项目,要求合并为一个总的项目作为项目期计算。例如,某新加坡企业派遣10名员工为某项目在中国境内工作3天,这些员工在中国境内的工作时间应为3天,而不是按每人3天共30天来计算。

第二,如果项目历经数年,即使每年派员停留的时间不足183天,如果任何12个月内派员累计停留中国境内的时间达到183天,也应判定为构成常设机构。

实践中,跨国公司可能通过由境内公司和海外派遣员工签订劳动合同、工资由境内公司支付等安排来避免被认定为在中国境内构成常设机构。但该等安排是否安全呢?

根据75号文的规定,如果境外母公司派遣其人员到其境内子公司工作,符合下列标准之一时,可判断这些人员为母公司工作,并因此可能导致母公司在子公司所在国构成常设机构:

(1)母公司对上述人员的工作拥有指挥权,并承担风险和责任;

(2)被派往子公司工作的人员的数量和标准由母公司决定;

(3)上述人员的工资由母公司负担;或者

(4)母公司因派人员到子公司从事活动而从子公司获取利润。

所以,即使海外派遣员工的劳动关系是与境内公司订立的,但若符合上述标准之一,依然有可能面临被认定为常设机构的风险。实践中,税务机关可根据实质重于形式的原则进行判定。

3. 外国企业在华代表处税收征管原则的转变

旧体制下,大多数的外国企业常驻代表机构("代表处")只是从事联络功能,多数是按经费换算收入的方式来征税,计算方法为:收入额＝本期经费支出额/(1－核定利润率－营业税税率),应纳企业所得税额＝收入额×核定利润率×企业所得税税率。

国家税务总局于2010年2月20日颁布了《外国企业常驻代表机构税收管理暂行办法》的通知(国税发[2010]18号,以下简称"18号文"),规定代表处应按照"据实申报"的原则及功能和风险相匹配的原则,就其归属所得依法申报缴纳企业所得税。对于代表处无法设置账本或准确地进行申报的,税务机关可以采取核定征收的方式。核定征收的方式分为两种:第一种是按经费支出换算收入,适用于能够准确反映经费支出但不能准确反映收入或成本费用的代表机构。计算公式为:收入额 = 本期经费支出额/(1 - 核定利润率 - 营业税税率),应纳企业所得税额 = 收入额 × 核定利润率 × 企业所得税税率。第二种是按收入总额核定应纳税所得额,适用于可以准确反映收入但不能准确反映成本费用的代表处。计算公式为:应纳企业所得税额 = 收入总额 × 核定利润率 × 企业所得税税率。18号文对代表处征税体制的另一个重大修改是将原来的10%的核定利润率提高到不低于15%。

需要注意的是,"据实申报"未必比"核定征收"征收的税负高,因为前者可以扣除费用和成本;后者不能扣除费用和成本。

18号文体现了中国政府对常驻代表机关管理态度的演变。严格意义上,代表处一般不可以从事经营活动,只能从事联络业务,不应当构成常设机构。但是,事实上,自中国允许外商以设立代表处进入中国市场以来,大多数代表处实际上都在从事经营活动。18号文反映出税务机关不再将代表处认定为辅助性机构,而是推定代表处构成常设机构进行征税管理。

18号文是紧接着国家工商行政管理总局和公安部《关于进一步加强外国企业常驻代表机构登记管理的通知》(工商外企字[2010]4号文,以下简称"4号文")出台的。4号文从代表处登记材料的审查、驻在期限、代表人数等方面加强对代表处的监管。4号文还规定,代表处有超出经营范围的行为会按照无照经营来查处。

18号文和4号文的先后出台体现了中国政府部门对代表处加大监管的趋势,也表明中国政府不再鼓励设立代表处,而是鼓励外商通过设立公司或合伙企业的形式来投资的趋势。

如果代表处认为自己只是从事辅助性活动而非常设机构,可以依据下文提及的124号文和相关税收协定的规定申请享受税收优惠待遇。在原先的旧体制下,税务机关允许业务范围仅限于辅助总公司从事联络等辅助性活动的代表处享受免税待遇。但现在税务机关已经停止这种免税审批,而按照18号文进行征收管理。

(三) 受益所有人和税收协定待遇

1. 受益所有人的判定

中国已对外签订了90多个税收协定/安排。根据与一些国家(地区)例如香港、新加坡、毛里求斯、北爱尔兰等的税收协定/安排,缔约对方居民企业从中国境内取得的股息在符合一定条件时,可享受5%预提所得税优惠税率。由于对非居民企业获得的股息是以股息全额征税,这与《企业所得税法》和其实施条例规定的10%的标准税率相比是一个相当大的优惠。但是,享受5%预提所得税的前提是获得股息的企业须为受益所有人。国家税务总局于2009年2月20日颁布的关于《执行税收协定股息条款有关问题的通知》(国税函[2009]81号,以下简称"81号文"),进一步明确了对税收协定中有关股息条款的实施政策,即要求享受股息协定税率的一方不仅应是缔约国一方的税收居民,还应当是相关股息的"受益所有人"。

国家税务总局于2009年10月27日发布了《关于如何理解和认定税收协定中"受益所有人"的通知》(国税函[2009]601号,以下简称"601号文"),首次对"受益所有人"的含义和适用进行了规定。该文将受益所有人定义为"对所得或所得据以产生的权利或财产具有所有权和支配权的人",并认为必须有"实质性的经营活动"的受益所有人才能享受税收协定优惠待遇,明确对于代理人或导管公司不适用税收协定待遇。601号文规定,在判定"受益所有人"身份时,不能仅从技术层面或国内法的角度理解,还应该从税收协定的目的(即避免双重征税和防止偷漏税)出发,按照"实质重于形式"的原则,结合具体案例的实际情况进行分析和判定。这一基本精神与对 OECD 协定范本①第 10 条注释的第 12 段规定的内容是完全一致的。

根据 601 号文的规定,以下因素不利于"受益所有人"的身份认定:

(1)申请人有义务在规定时间(比如在收到所得的 12 个月)内将所得的全部或绝大部分(比如 60% 以上)支付或派发给第三国(地区)居民;

(2)除持有所得据以产生的财产或权利外,申请人没有或几乎没有其他经营活动;

(3)在申请人是公司等实体的情况下,申请人的资产、规模和人员配置较小(或少),与所得数额难以匹配;

(4)对于所得或所得据以产生的财产或权利,申请人没有或几乎没有控制权或处置权,也不承担或很少承担风险;

(5)缔约对方国家(地区)对有关所得不征税或免税,或征税但实际税率极低;

(6)在利息据以产生和支付的贷款合同之外,存在债权人与第三人之间在数额、利率和签订时间等方面相近的其他贷款或存款合同;

(7)在特许权使用费据以产生和支付的版权、专利、技术等使用权转让合同之外,存在申请人与第三人之间在有关版权、专利、技术等的使用权或所有权方面的转让合同。

受益所有人的规定不仅与税收协定的股息条款相关,而且还与税收协定的利息和特许权使用费条款相关。根据 601 号文,针对不同性质的所得,通过对上述因素的综合分析,认为申请人不符合 601 号文规定的"受益

---

① OECD 协定范本是"关于对所得和资本避免双重征税的协定范本"的简称。为避免国际间对资本和所得的双重征税,经济合作与发展组织的 24 个成员国于 1963 年制定了一协定草案,作为这一协定草案的修订稿,1977 年发表,其后多次修订,最新一次修订为 2010 年。该范本旨在避免国际间的重复征税、消除税收差别待遇及通过各国税务部门的情报互换来防止国际间的偷漏税等问题。

所有人"的定义,税务机关不应将申请人认定为"受益所有人"。

"受益所有人"的判定将影响外国企业对中国投资的架构安排。传统的做法,比如在香港设立一个壳公司并通过该壳公司在内地进行投资,从减少中国税收角度考虑可能已经变得没有价值。外国企业在进行对华投资的架构设计时,如仍想享受税收协定针对股息、特许权使用费、利息的优惠税率,需要考虑在境外设立的控股公司能否构成601号文界定的受益所有人。

2. 非居民企业如何享受税收协定待遇

与81号文和601号文中对非居民企业享受税收协定待遇作出实体性规定相配套,国家税务总局于2009年8月24日和2010年6月21日相继颁布了《非居民享受税收协定待遇管理办法(试行)》的通知(国税发[2009]124号,以下简称"124号文")及其补充通知(国税函[2010]290号),对非居民企业享受协定待遇作出了程序性规定。124号文规定非居民企业必须先向税务机关办理其享受税收协定条款的审批或者备案后,才能享受税收协定优惠待遇。

其中,对于非居民企业要享受股息、利息、特许权使用费、财产转让所得等低税率和免税待遇,需要办理审批手续,其他情形(包括常设机构的情形)要享受税收协定待遇的,则要办理备案手续。例如,外国公司在境内提供咨询劳务,且任何12个月期限内通过派遣人员提供劳务没有超出6个月(或183天),根据相关税收协定不构成常设机构。若该外国公司希望就其劳务所得享受免税待遇,则必须根据124号文办理常设机构享受税收协定待遇的备案。否则,该外国公司的劳务所得仍需在中国缴纳所得税。需要注意的是,享受税收协定待遇指的是享受所得税处理的优惠。就外国企业在境内提供咨询劳务取得的营业收入,依据国内税法,外国企业仍需依法缴纳营业税。

124号文规定,如果在中国发生纳税义务的非居民可以享受但未曾享受税收协定待遇,且因未享受该本可享受的税收协定待遇而多缴税款的,可以提出追补享受税收协定待遇的申请,补办审批或备案手续并获得退还多缴的税款,但是必须是在结算多缴税款后的3年内提出该申请。

(四)间接转让境内企业股权

2009年12月10日,国家税务总局颁布了《加强非居民企业股权转让所得企业所得税管理的通知》(国税函[2009]698号,以下简称"698号文")。698号文主要针对非居民企业股权转让(但排除转让上市公司股票的情况)的所得税管理作出规定。698号文规定了非居民企业股权转让的境外转让方在扣缴义务人未依法扣缴或者无法履行扣缴义务的,非居民企业应自合同、协议约定的股权转让之日(前者为准)起7日内,到被转让股权的中国居民企业所在地主管税务机关(负责该居民企业所得税征管的税务机关)申报缴纳企业所得税。非居民企业未按期如实申报的,依照税收征管法有关规定处理。

1. 股权转让所得的定义

根据698号文,非居民企业股权转让所得是指股权转让价减除股权成本价后的差额。股权转让价是指股权转让人就转让的股权所收取的包括现金、非货币资产或者权益等形式的金额。如被持股企业有未分配利润或税后提存的各项基金等,股权转让人随股权一并转让该股东留存收益权的金额,不得从股权转让价中扣除。股权成本价是指股权转让人投资入股时向中国居民企业实际交付的出资金额,或购买该项股权时向该股权的原转让人实际支付的股权转让金额。

2. 间接转让的资料申报要求

698号文最著名的也是最具争议的一点是规定了间接转让中国境内企业的非居民企业的资料申报义务。在很多情况下,非居民企业并非通过转让中国境内企业的股权,而是通过转让境内企业的境外控股公司作为投资的退出策略。698号文规定,境外投资方(实际控制方)间接转让中国居民企业股权,如果被转让的境外控股公司所在国(地区)实际税负低于12.5%或者对其居民境外所得不征所得税的,应自股权转让合同签订之日起30日内,向被间接转让股权的中国居民企业所在地主管税务机关提供相关文件和信息,包括:股权转让合同或协议;境外投资方与其所转让的境外控股公司在资金、经营、购销等方面的关系;境外投资方所转让的境外控股公司的生产经营、人员、账务、财产等情况;境外投资方所转让的境外控股公司与中国居民企业在资金、经营、购销等方面的关系;境外投资方设立被转让的境外控股公司具有合理商业目的的说明;及税务机关要求的其他相关资料。698号文第6条规定:"境外投资方(实际控制方)通过滥用组织形式等安排间接转让中国居民企业股权,且不具有合理的商业目的,规避企业所得税纳税义务的,主管税务机关层报税务总局审核后可以按照经济实质对该股权转让交易重新定性,否定被用作税收安排的境外控股公司的存在。"

改革开放以来,实际上中国税务部门对间接转让中国境内企业的监管一直束手无策。很多投资者在中国投资,往往选择搭建多层境外投资机构,典型的结构包括先在英属维尔京群岛设公司("BVI公司"),BVI公司再在香港设公司,香港公司再在中国内地设公司。投资者在退出时会通过转让中间控股公司,如BVI公司,来实现对境内公司股权的间接转让。投资方选择从境外中间控股公司退出,既可以绕开直接转让境内公司股权需要办理的中国相关政府机关的审批、登记手续,而且从一般意义上来说,中国税务机关对于转让境外公司股份的转让所得是没有征税权的。但是698号文对该等境外间接转让规定了材料申报要求。如果税务机关认为被转让股份/股权的境外中间控股公司的设立没有合理的商业目的,间接股权转让是为了达到在中国不缴、少缴或迟缴税款的目的,则税务机关有权经审查后报国家税务总局确认,否定境外控股公司在税法上的存在,认定股权转让所得为来源于中国境内的所得以进行税收监管。

公开资料显示,迄今为止,中国税务机关已经依据698号文成功征收了多笔境外企业间接转让国内企业股权所得的所得税。显而易见,698号文的实施对通过境外控股公司间接持有境内企业股权的外国公司的境外股权转让将产生很大的税务影响。

698号文还规定了境外投资方(实际控制方)同时转让境内或境外多个控股公司股权时的资料申报要求。这种情况下,被转让股权的中国居民企业应将整体转让合同和涉及本企业的分部合同提供给主管税务机关。如果没有分部合同的,被转让股权的中国居民企业应向主管税务机关提供被整体转让的各个控股公司的详细资料,准确划分境内被转让企业的转让价格。如果不能准确划分的,主管税务机关有权选择合理的方法对转让价格进行调整。这一申报材料的要求系针对跨境并购交易中常见的涉及多个国家/地区的一项收购交易。这类交易中,通常会存在全球转让(global transfer)和地区转让(local transfer)的情况。对涉及中国的股权的转让一般会被包括在全球转让的一部分,转让价款支付都在境外完成。但是为了满足境内政府机关的审批要求,转让方和受让方必须再订立一个中国境内协议,协议中写明交易价格以及价格的合理说明等。根据698号文,就涉及转让多个境内或境外公司股权的交易,在向中国税务机关申报时必须同时提交全球协议和中国部分协议,如果税务机关认为转让价格的划分不准确,可以进行调整。这一要求将使得以往涉及中国的全球收购交易中将转让境内企业股权的全部或大部分价款都安排在境外交易中支付的安排遇到障碍。

3. 资料申报的效力

698号文规定的申报要求是资料申报,并非纳税申报。税务机关会在审阅相关材料后判断该境外转让股权的交易是否应在中国征税。所以该种申报要求不影响交易合同的效力。

698号文为中国税务机关收集间接转让境内企业股权的境外交易资料提供了政策依据,尽管资料申报要求的域外效力尚存在争议。除依据698号文掌握境外股权转让交易信息外,目前税务机关已经越来越多利用各种信息渠道尽可能地了解境外转让交易。一般而言,如果涉及上市公司,境外股权转让会有公告及报道。另外,税收协定规定了信息交换机制,中国税务机关如认为有必要可以通过与其他国家的情报交换来获取信息并进行判断。而且,中国已同巴哈马、英属维尔京群岛、马恩岛、根西岛、泽西岛和百慕大签订了税收情报交换的协议,规定中国可以与这些避税港就税收的确定、核定、查证与征收,税收主张的追索与执行,税务调查或起诉,进行情报的交换。这些税收监管措施使得境外企业通过转让境外控股公司股权避免在中国缴纳所得税的安排存在不确定性和税务风险。

(五) 境外企业B股和海外股股息和股权转让所得税务问题

根据国家税务总局《关于外商投资企业、外国企业和外籍个人取得股票(股权)转让收益和股息所得税收问题的通知》(国税发[1993]045号,以下简称"045号文"),对外国企业转让不是其设在中国境内的机构、场所持有的中国境内企业发行的B股和海外股所取得的净收益,以及外籍个人转让所持有的中国境内企业发行的B股和海外股所取得的净收益暂免征收所得税。同时,对持有B股或海外股的外国企业和外籍个人,从发行该B股或海外股的中国境内企业所取得的股息(红利)所得,暂免征收企业所得税和个人所得税。1994年国家税务总局《关于外籍个人持有中国境内上市公司股票所取得的股息有关税收问题的函》重申,对持有B股或海外股(包括H股)的外籍个人,从发行该B股或海外股的中国境内企业所取得的股息(红利)所得,暂免征收个人所得税。

在新《企业所得税法》实施后,对非居民企业从发行B股和海外股的中国境内企业获得股息以及转让给股票的收益免征个人所得税的规定已经没有了法律依据。国家税务总局先后发布《关于中国居民企业向境外H

股非居民企业股东派发股息代扣代缴企业所得税有关问题的通知》（国税函[2008]897号）和《关于非居民企业取得B股等股票股息征收企业所得税问题的批复》（国税函[2009]394号），要求在中国境内外公开发行、上市股票（A股、B股和海外股）的中国居民企业，在向非居民企业股东派发2008年及以后年度股息时，应统一按10%的税率代扣代缴企业所得税。非居民企业股东需要享受税收协定待遇的，依照税收协定执行的有关规定办理。而非居民企业转让B股或者海外股所获得的财产转让所得，根据我国《企业所得税法实施条例》第7条的相关规定，应当被认定为来源于中国境内的所得，须在中国缴纳企业所得税。在股权转让双方均为非居民企业的情况下，根据3号文的规定，应由转让方自行或者委托代理人履行纳税义务，被转让股权的上市公司并无代扣代缴的义务。

第八课

反垄断法下的垄断协议和滥用市场支配地位

主讲人：王 钊

第八课 反垄断法下的垄断协议和滥用市场支配地位

王钊
（合伙人）

王钊律师毕业于复旦大学法律系国际经济法专业，获得法学学士学位，后攻读本校外国经济法律制度比较研究专业，获得法学硕士学位，1993 年取得律师资格，1994 年加入君合，现为君合律师事务所合伙人，常驻君合上海分所。

王钊律师擅长处理公司事务、争议解决和兼并收购方面的法律业务。

王钊律师为众多跨国公司以及许多中小型公司在中国的各种公司事务和日常经营提供广泛的法律服务，这些公司所涉及的行业非常广泛。王钊律师参与处理过各类交易，包括就投资项目的整体结构、安排提供意见，代表客户在投资、经营各个阶段与交易相对方、政府部门进行谈判，起草审阅法律文件，向客户提供与包括公司设立、经营、解散和清算在内的各个阶段公司事务有关的法律服务。王钊律师被知名法律杂志 *Asia Law & Practice* 评选为公司事务方面的亚洲杰出律师。

王钊律师成功地处理过众多诉讼仲裁、行政程序案件，涉及众多领域的争议，包括股权/股份、国际贸易与投资、不正当竞争、广告、产品责任、知识产权、贷款和担保、房地产、保险以及国内经济、商业事务，等等。在诉讼仲裁方面，王钊律师擅长提出富有建设性而且切实可行的争议防范方案，制定诉讼仲裁策略，代理客户参与诉讼仲裁全部程序。王钊律师被国际知名法律杂志 *Chambers Asia* 评选为争议解决领域的亚洲杰出律师。

王钊律师为众多跨国公司就企业经营过程中的反垄断问题（包括垄断协议、滥用市场支配地位等）提供法律咨询意见、修改有关协议和公司经营策略、进行反垄断法的培训；此外，王钊律师还代表某跨国公司在国内的子公司在国内法院参与目前尚不多见的反垄断诉讼案件。

一、《反垄断法》概述

通常而言,一国的"竞争法"涵盖两个部分:其一是反不正当竞争;其二是反垄断。中国的立法机构早在 1993 年 9 月 2 日通过了《中华人民共和国反不正当竞争法》,同年 12 月 1 日该法律实施,从而建立了反不正当竞争的法律体系。而《中华人民共和国反垄断法》(以下简称《反垄断法》)直到 14 年后,即 2007 年 8 月 30 日才由第十届全国人大常委会第二十九次会议通过,并且在 2008 年 8 月 1 日实施。

目前,我国《反垄断法》所规范的垄断行为包括:(1) 经营者①达成的垄断协议;(2) 经营者滥用市场支配地位;(3) 具有或者可能具有排除、限制竞争效果的经营者集中②;(4) 行政机关和法律、法规授权具有管理公共事务职能的组织滥用行政权力以排除或者限制竞争。前述第(1)和(2)种情形属于企业日常经营活动中的垄断行为,第(3)种情形主要出现在企业的重组、合资、股权转让和增资、并购等活动中,第(4)种情形属于政府在行政管理中的行政垄断。这些垄断行为尽管表现形式不同,其都具有相同的特征——排除和限制市场竞争,这种特征严重损害了市场经济的本质,有损于市场经济的健康发展,并且最终会损害消费者和社会公众的利益。所以,这些垄断行为也被很多国家的反垄断法所禁止。

我国《反垄断法》在适用地域方面有一个特点,即其同时具有境内和域外的适用效力。除了在中国境内经济活动中的垄断行为受到《反垄断法》的规范外,在中国境外的垄断行为,如果对中国境内市场竞争产生排除、限制影响的,也受到《反垄断法》的规范。例如,A 和 B 均是欧洲的汽车企业,其在欧洲达成一项协议,限定二者每年向中国出口的汽车数量,并

---

① 指从事商品生产、经营或者提供服务的自然人、法人和其他组织。
② 包括合并;经营者通过取得股权或者资产的方式取得对其他经营者的控制权;经营者通过合同等方式取得对其他经营者的控制权或者能够对其他经营者施加决定性影响。

且对于其向中国出口的汽车的销售市场进行划分。尽管前述协议是外国企业在中国境外达成的协议,但其对中国境内的市场竞争产生了排除和限制的影响,该行为同样受到《反垄断法》的规范。又如,两个外国公司在境外进行一项并购交易,如果该两个外国公司在并购时的上一会计年度在全球范围的营业额超过100亿元人民币,且在中国境内的营业额均超过4亿元人民币,前述境外并购交易也需要依据《反垄断法》的规定向中国反垄断机构进行经营者集中申报,并由中国反垄断执法机构对此并购活动进行审查。

以下我们介绍《反垄断法》所规范的"垄断协议"和"滥用市场支配地位"这两种垄断行为。如上所述,前述的行为是在企业日常经营过程中经常遇到的。

二、垄断协议

(一)垄断协议的法律定义

垄断协议是指经营者之间达成排除、限制竞争的协议、决定或者其他协同行为。需要特别说明的是:

(1)上述"**协议**"或者"**决定**"包括口头和书面形式。

(2)上述"**其他协同行为**"指经营者虽未明确订立书面或者口头形式的协议或决定,但实质上存在协同一致的行为。反垄断执法部门在认定"协同行为"时通常考虑如下因素:第一,经营者的市场行为是否具有一致性;第二,经营者之间是否进行过意思联络或者信息交流;第三,经营者是否对一致行为作出合理的解释;第四,相关市场结构、竞争状况、市场变化情况、行业情况等。例如,A、B、C和D公司都是生产和经营纯净水的企业,其在一次会议上相互沟通了各自纯净水的销售价格情况,同时分析了纯净水企业应当拥有的合理的利润率,会议结束后一段时间内,大家发现这四家公司改变了之前为占领市场的价格战,其相同类型的纯净水的价格几乎相同。尽管前述四家公司并没有达成任何固定纯净水价格的协议,但其之间相互沟通和信息交流的行为以及沟通和交流后调整各自纯净水价格的行动非常有可能会被执法机构认定是"协同行为"①。

(二) 垄断协议的种类和表现形式

1. 横向垄断协议

我国《反垄断法》禁止具有竞争关系的经营者之间达成如下的垄断协议:

(1) **固定或者变更商品(包括商品和服务,下同)的价格**:包括(a) 固定或者变更价格水平、价格变动幅度、对价格有影响的手续费/折扣/其他费用;(b) 适用约定的价格作为与第三方交易的基础;(c) 约定采用计算价格的标准公式;(d) 约定未经参加协议的其他经营者同意不得变更价格;(e) 通过其他方式变相固定或者变更价格;(f) 国务院价格主管部门认定的其他价格垄断协议。

(2) **限制商品生产数量或者销售数量**:包括(a) 用限制产量、固定产量、停止生产等方式限制商品生产数量;(b) 限制商品特定品种、型号的生产数量;(c) 以拒绝供货、限制商品投放量等方式限制商品的销售数量;(d) 限制商品特定品种、型号的销售数量。

(3) **分割销售市场或者原材料采购市场**:包括(a) 划分商品销售地域、销售对象或者销售商品的种类、数量;(b) 划分原料、半成品、零部件、相关设备等原材料的采购区域、种类、数量;(c) 划分原料、半成品、零部件、相关设备等原材料的供应商。

在实践中,划分销售区域的经销协议是一种常见的销售模式,这种销售模式实际上就是划分商品销售地域。但该销售模式并不一定都违反《反

---

① 目前中国的《反垄断法》并没有明文禁止具有竞争关系的经营者之间相互交流价格、市场结构、市场变化等信息,但是,如果经营者交流了前述信息后出现了一致的市场行为,同时又没有合理的解释(例如:客观的市场变化,原材料涨价等),该行为加上前述交流容易被反垄断执法机关认定为"协同行为"。

垄断法》，关键是看达成划分销售区域的经销协议的双方当事人是否属于具有竞争关系。如果二者是处于不同生产经营环节的经营者不具有竞争关系，例如：生产商和经销商、总经销商和分销商，他们之间达成的划分销售区域的经销协议就不违反《反垄断法》；如果他们是具有竞争关系的经营者，则他们达成的前述协议就会被认为是"分割销售市场"的垄断协议，违反《反垄断法》。

（4）**限制购买新技术、新设备或者限制开发新技术、新产品**：包括（a）限制购买、使用新技术、新工艺；（b）限制购买、租赁、使用新设备；（c）限制投资、研发新技术、新工艺、新产品；（e）拒绝使用新技术、新工艺、新设备；（f）拒绝采用新的技术标准。

（5）**联合抵制交易**：包括（a）联合拒绝向特定经营者供货或者销售商品；（b）联合拒绝采购或者销售特定经营者的商品；（c）联合限定特定经营者不得与其具有竞争关系的经营者进行交易。

（6）**其他具有排除、限制竞争的垄断协议**：价格垄断协议，由国务院价格主管部门认定；非价格垄断协议，由国家工商行政管理总局认定。

[案例 1]

横向垄断协议实际案例——工商行政机关查处的反垄断第一案[①]

2009 年 4 月，江苏省连云港市工商局接到举报：连云港市建筑材料和建筑机械行业协会成立的混凝土委员会（以下简称"**混凝土委员会**"），组织预拌混凝土企业联合制定了分割市场和固定价格的协议。

因为供货的预拌混凝土企业停供，正在施工的连云港旅游大厦、国际会议中心、朝阳小区拆迁安置房等在建项目被迫整体停工，

---

① 参见《法制日报》2011 年 3 月 3 日报道——全国工商反垄断执法第一案办结。

建设方蒙受了巨大的损失。而其他企业迫于协会的处罚规定，都不敢与建设单位订立购销合同。

接到举报，连云港市工商局立即着手调查，并初步证实了举报问题属实。为及时纠正违法行为，防止危害进一步扩大，同时考虑到连云港市几乎整个行业企业全部陷入了"垄断门"，工商局决定通过行政指导和行政建议的方式，促使有关方面加强自律，纠正违法行为，恢复混凝土市场的公平竞争秩序。

随即，连云港市工商局向该市建设部门发出行政建议书，明确指出混凝土委员会组织会员企业签订实施垄断性协议的行为，违反了《反垄断法》的有关规定，希望行业主管部门介入并及时制止和纠正违法行为。但是，连云港市工商局的建议没有受到重视，垄断行为依然行之若素。这时，朝阳小区拆迁安置工程因对拆迁户有工期承诺，施工任务非常紧急，但由于原预拌混凝土供货商停供，受"自律条款"管制，别的企业又不可以、不敢越规供货，使其急得跳脚，就连当地建设部门都急了眼，以至于不顾国家为保证工程质量，早已禁止建设工程使用现场搅拌混凝土的禁令，明确出函表态："为了保证工程正常施工，我局现决定同意该工程使用现场拌砼。"

与此同时其他正在承受着巨大损失的建设单位，开始向江苏省工商局举报。

江苏省工商局自2009年8月初开始介入，在调阅了连云港市工商局前期调查资料后认为，相关当事人的行为涉嫌违反《反垄断法》。江苏省工商局于2009年9月19日向国家工商总局上报《关于授权我局查处连云港市建筑材料和建筑机械行业协会混凝土委员会及连云港润丰混凝土有限公司等多家混凝土企业涉嫌垄断行为的请示》。2009年10月28日，国家工商总局作出批复正式授权江苏省工商局立案查处。江苏省工商局于2009年11月14日正式立案。这也是自《反垄断法》实施后,依据国家工商总局授权,工商行政机关查处的反垄断第一案。

面对该第一案,江苏省工商局从全省抽调了10名业务骨干组成专案组。随后确定了案件查办方案、工作计划,制定办案人员工作纪律和保密规定,并对办公场所、办案装备作出妥善安排。

通过现场检查,上述专案组在第一时间就拿到了关键证据。证据证实,混凝土委员会是连云港市建筑材料和建筑机械行业协会设立的分支机构,有18家预拌混凝土企业为会员单位,其中5家企业为常设委员会会员单位,这"5大常委"拥有决策权。

在获取了协会《预拌混凝土企业行业自律条款》、"检查处罚规定"以及关于工程分配的会议纪要等相关文件后,专案组对混凝土委员会办公室进行突击检查现场取证时,发现了企业上报协会的完整电子统计报表,收集了会议记录、销售合同等证据资料,现场查获详细记录混凝土委员会活动情况的两本笔记,这些都是第一手证据。

随后,专案组对参与协会活动的所有18家混凝土企业做了深入调查,获取了协会工程分配信息表、成员单位实际工程量与分配工程量分析对比表。

接着,专案组先后走访二十余个施工工地,通过对建设单位、施工单位的调查,了解到垄断协议的实施,限制了施工方自由选择交易对象的权利以及对供料价格造成影响的事实证据。

经过深入扎实的调查取证,专案组掌握了主要证据。如:对混凝土委员会及成员单位有关人员进行调查的《询问笔录》,混凝土委员会提供的"行业自律条款",相关会议议程、会议纪要,对违约单位的处罚通知,成员单位上报工程信息,工程量检查结果,合同备案及上报工程量,停供信息等。完整的证据链,再现了涉案人员数次召集会议,共谋划分市场,商讨协会运作、合同备案、信息收集、工程分配、违约单位处罚等违法事实。

专案组调查证实,2009年3月3日,混凝土委员会组织连云港18家预拌混凝土企业召开会议,协商制定了《预拌混凝土企业行业自律条款》(以下简称《行业自律条款》)、《检查处罚规定》。同时查明,混凝土委员会划分市场的运作模式为:会员单位信息员将了解到的工程信息上报到委员会办公室,办公室统计汇总;"5大常委"提出分配意见后,由经理联席会议按照就近原则和会员生产能力,确定混凝土供应单位;供应单位再与施工单位签订混凝土买卖合同;合同签订后由会员单位向协会办公室备案;常设委员会牵头组织监督检查,发现违反约定承接工程的,予以处罚。

《行业自律条款》及《检查处罚规定》订立后,混凝土委员会便紧锣密鼓地组织实施。为保障协议的落实,还多次组织对成员单位的监督检查。2009年3月20日的检查发现有3家成员企业有背叛盟约的行为,3月26日即对一家会员企业"误接其他会员单位工程"、另一家会员企业"漏报工程量",分别处以1000元人民币的罚款。另外一家会员企业因未经协会同意擅自承接工程,被协会处以1万元人民币的罚款。

根据上述查明的事实,江苏省工商局于2010年7月初,向相关当事人送达了行政处罚听证告知书。相关当事人未提出听证要求,只是有当事人提交了陈述、申辩意见,请求减轻或者免于处罚。混凝土委员会认为,《行业自律条款》及《检查处罚规定》是在经济持续低迷、产能过剩、清欠款困难、同行业恶性竞争情况下制定的自救措施。混凝土委员会是一个民间组织,无力支付罚款。

尽管当事人未提出听证要求,江苏省工商局还是于2010年7月22日,召集混凝土委员会及其常设委员会成员单位参加会议,听取了他们的意见。

江苏省工商局对上述当事人陈述、申辩进行了复核和研究后认为，混凝土委员会各成员企业，属于经营同种业务的独立经营者，相互之间在区域市场内具有明显的竞争关系。该会组织具有竞争关系的会员企业达成《行业自律条款》及《检查处罚规定》，对会员企业的生产线、搅拌车、泵送设备进行打分，约定"各成员单位产量所占当年的市场份额和企业在协会内的设备得分挂钩，设备得分多少即为该单位在协会内所占的工程量的比例"，并以此为基础划分连云港市区预拌混凝土销售市场的行为，客观上限制了预拌混凝土区域市场的竞争，属于《反垄断法》第13条第1款第（三）项所禁止的"分割销售市场"的垄断协议。

最终，江苏省工商局对连云港市建筑材料和建筑机械行业协会混凝土委员会处以罚款20万元。处罚决定书载明："作为行业协会，应当引导本行业的经营者公平竞争，守法经营。其组织会员企业分割销售市场的行为，违反《反垄断法》第16条的规定。① 依据《反垄断法》第46条第3款②的规定，本局决定责令当事人停止违法行为，并处以罚款20万元，上缴国库。"对连云港中港混凝土有限公司等5家协会常设委员会会员单位，江苏省工商局分别予以处罚，共处以没收违法所得136481.21元人民币、罚款530723.19元人民币。对参与签订垄断协议的其他企业，江苏省工商局认定，鉴于这些会员企业能积极配合案件调查工作，及时终止违法行为，江苏省工商局依据《反垄断法》第46条第1款的规定，责令其停止违法行为，并未给予其他处罚。

---

① 行业协会不得组织本行业的经营者从事本章禁止的垄断行为。
② 行业协会违反本法规定，组织本行业的经营者达成垄断协议的，反垄断执法机构可以处50万元以下的罚款，情节严重的，社会团队登记管理机关可以依法撤销登记。

2. 纵向垄断协议

我国《反垄断法》禁止经营者与交易相对人之间达成如下垄断协议:

(1) **固定向第三人的转售商品的价格**:经营者与交易相对人不能在协议中约定向第三人的固定转售价格。二者可以约定建议转售价,但该价格不应有约束力,不应采取任何方式变相使得建议转售价成为固定价格。例如,某产品的生产商 A 和经销商 B 订立了经销协议,B 向 A 购买 A 产品,并将该产品出售给消费者;双方在经销协议中也约定了 A 产品的建议零售价。如果双方在经销协议中约定,若 B 按照建议零售价将 A 产品出售给消费者,A 将给予 B 一定的奖励或者增加给 B 的返利,前述建议零售价就极有可能会被执法机构认定为"名义建议零售价,实为固定转售价",该价格约定从而构成违反《反垄断法》的垄断协议。

(2) **限定向第三人转售商品的最低价格**:经营者与交易相对人(例如,生产商与经销商)不能在协议中约定向第三人的最低转售价格。二者可以约定建议最低转售价,但该价格不应有约束力,不应采取任何方式变相使得建议转售价成为有约束力的最低转售价格(如对遵守或者违反最低转售价的交易相对人进行奖励或者处罚)。例如,生产商 A 和经销商 B 订立了经销协议,B 向 A 购买产品,并将产品销售给 B 的经销商或者消费者。前述经销协议附件列明了 A 产品的市场销售建议价格,同时约定,如果 B 将产品销售其经销商或者消费者的价格不低于该建议价格,则 A 将给予 B 额外的返利。由于前述"额外返利"的系以 B 以不低于市场销售建议价的价格转售 A 产品为前提,有可能会被认定实质上就是约定向第三人最低转售价,从而构成违反《反垄断法》的垄断协议。

(3) **国务院反垄断执法机构认定的其他垄断协议**:涉及价格的由国务院价格主管部门认定,其他的由国家工商管理总局认定。

(三) 垄断协议豁免

其一,在经营者能够证明(1) 所达成的协议不会严重限制相关市场的

竞争,并且能够使消费者分享由此产生的利益,且(2)属于下述情形之一的,其达成的上述垄断协议不视为违反《反垄断法》:

(1) 为改进技术、研究开发新产品的;

(2) 为提高产品质量、降低成本、增进效率,统一产品规格、标准或者实行专业化分工的;

(3) 为提高中小经营者经营效率,增强中小经营者竞争力的;

(4) 为实现节约能源、保护环境、救灾求助等社会公共利益的;

(5) 因经济不景气,为缓解销售量严重下降或者生产明显过剩的。

其二,经营者能够证明下述情形的,其达成的上述垄断协议不视为违反《反垄断法》:

(1) 为保障对外贸易和经济合作中的正当利益的,例如,在国际贸易中,具有竞争关系的经营者为了抢占某外国市场,通过打"价格战"的方式低价出口产品,该情形非常容易引起当地政府部门的反倾销调查,最终损害了这些经营者的共同利益,使得中国产品退出相关市场或者市场占有率严重下降。为了避免前述情形,行业协会或者经营者达成协议,确定在该国家市场的最低销售价格。这种安排有可能被视为是保障对外贸易和经济合作中的正当利益,不违反《反垄断法》[①]。

(2) 法律和国务院规定的其他情形。

(四) 订立和/或履行垄断协议的法律后果

1. 行政责任

(1) **达成并实施垄断协议**:责令停止违法行为,没收违法所得,并处以上一年度销售额1%以上10%以下的罚款;

(2) **尚未实施达成的垄断协议**:处以50万元以下的罚款;

---

① 该行为尽管可能不违反我国《反垄断法》,存在可能受到出口地国家反垄断法的规范的情形。所以,采取相关行为前,还需要进行研究和论证出口地的反垄断法规定。

（3）减轻或者免除行政责任的情形：

（a）主动向反垄断机构报告垄断协议的有关情况，并提供重要证据。

（b）工商行政管理机关[①]对于第一个主动报告所达成垄断协议的有关情况、提供重要证据[②]并全面主动配合调查的经营者，免除处罚；其他有前述报告行为的经营者，酌情减轻处罚。

（c）经营者主动停止垄断协议行为的，工商行政管理机关可以酌情减轻或者免除对该经营者的处罚。

2. 民事责任

（1）垄断协议无效，并承担法律规定的无效合同的责任；

（2）垄断协议达成和/或实施给他人造成损失的，依法承担赔偿损失等民事责任。

三、滥用市场支配地位

通过市场竞争的优胜劣汰，必然会出现一些在资金、技术、产品、市场占有率等方面拥有绝对优势的大型企业，而且在目前日益国际化的市场中，这些企业的优势和影响力会遍布全球，即他们拥有对市场的支配地位。所以，出现"市场支配地位"的企业是市场经济的产物，是市场竞争客观和必然的结果。但是，企业一旦拥有了前述市场支配地位，就有能力利用该地位排除和限制市场竞争，维护自己的支配地位，同时为追逐自己利益的最大化，损害消费者的权益。为了不违反市场经济的规律，同时又要保护市场竞争和消费者权益，法律一方面承认企业可以合法拥有市场支配地位，即企业获取和拥有该地位的行为和状态并不违法，另一方则要求拥有

[①] 负责查处前述横向垄断协议之第(2)至(5)项协议以及其他非价格垄断的垄断协议的反垄断执法机构。

[②] 指对启动调查或者认定垄断协议行为起到关键性作用的证据，包括参与垄断协议的经营者、涉及的产品范围、达成协议的内容和方式、协议的具体实施情况等。

市场支配地位的企业承担更多的责任,使得其不能滥用市场支配地位。后者则是《反垄断法》的主要职责之一。正如上海市第一中级人民法院在其审理的原告北京书生电子技术有限公司诉被告上海盛大网络发展有限公司和上海玄霆娱乐信息科技有限公司滥用市场支配地位垄断案件的判决书中写道"具有市场支配地位本身并无违法,只有对这种地位加以滥用才属于我国反垄断法规制的范畴,故其关键在于审查两被告是否有滥用行为"。

(一)法律禁止滥用市场支配地位的行为

我国《反垄断法》禁止拥有市场支配地位的经营者从事如下的行为:

1. 以不公平的高价销售商品或者以不公平的低价购买商品

在认定"不公平的高价"和"不公平的低价"时,应当考虑的因素是:(1)销售价格或者购买价格是否明显高于或者低于其他经营者销售或者购买同种类商品的价格;(2)在成本基本稳定的情况下,是否超过正常幅度提高销售价格或者降低购买价格;(3)销售商品的提价幅度是否明显高于成本增长幅度,或者购买商品的降价幅度是否明显高于交易相对人成本降低幅度;(4)需要考虑的其他因素。

2. 没有正当理由,以低于成本的价格销售商品

前述的正当理由包括(1)降价处理鲜活商品、季节性商品、有效期限即将到期的商品和积压商品的;(2)因清偿债务、转产、歇业降价销售商品的;(3)为推广新产品进行促销的;(4)能够证明行为具有正当性的其他理由。

3. 没有正当理由,拒绝与交易相对人进行交易

具体包括:
(1)通过设定过高的销售价格或者过低的购买价格,变相拒绝与交易相对人进行交易,但下述情况除外:(a)交易相对人有严重不良信用记录,或者出现经营状况恶化,可能会给交易安全造成较大的风险;(b)交易相对人能够以合理的价格向其他经营者购买同种商品、替代品,或者能够以合理的价格向其他经营者出售商品的;(c)能够证明行为具有正当性的其他理由。

(2)无正当理由①,通过(a)削减与交易相对人的现有交易数量;(b)拖延、中断与交易相对人的现有交易;(c)拒绝与交易相对人进行新的交易;(d)设置限制性条件,使交易相对人难以继续与其进行交易;或者(e)拒绝交易相对人在生产经营活动中以合理条件使用其必需设施的方式拒绝与交易相对人进行交易。

4. 没有正当理由,限定交易相对人只能与其进行交易或者只能与其指定的经营者进行交易

具体包括:

(1)通过价格折扣等手段限定交易相对人只能与其进行交易或者只能与其指定的经营者进行交易,但是基于下述理由者除外:(a)为了保证产品质量和安全;(b)为了维护品牌形象或者提高服务水平;(c)能够显著降低成本、提高效率,并且能够使消费者分享由此产生的利益;(d)能够证明行为具有正当性的其他理由。

(2)没有正当理由②,限定交易相对人(a)只能与其进行交易;(b)只能与其指定的经营者进行交易;(c)不得与其竞争对手进行交易。

5. 没有正当理由搭售商品,或者在交易时附加不合理的交易条件

具体包括:

(1)交易时在价格之外附加不合理的费用;

(2)没有正当理由③,(a)违背交易惯例、消费习惯等或者无视商品的

---

① 在认定正当理由时应当综合考虑下列因素:(1)有关行为是否为经营者基于自身经营活动及正常效益而采取;(2)有关行为对经济运行效率、社会公共利益及经济发展的影响。
② 参见上注。
③ 同上。

功能,将不同商品强制捆绑销售或者组合销售;(b)对合同期限、支付方式、商品的运输以及交易方式或者服务的提供方式等附加不合理的限制;(c)对商品的销售地域、销售对象、售后服务等附加不合理的限制。

6. 没有正当理由,对条件相同的交易相对人在交易价格等交易条件上实行差别待遇

具体包括:

(1)没有正当理由,对条件相同的交易相对人在交易价格上实行差别待遇;

(2)没有正当理由①,对于条件相同的交易相对人在交易条件上实行下述的差别待遇:(a)实行不同的交易数量、品种、品质等级;(b)实行不同数量折扣等优惠条件;(c)实行不同的付款条件、交付方式;(d)实行不同的保修内容和期限、维修内容和时间、零配件供应、技术指导等售后服务条件。

7. 国务院反垄断执法机构认定的其他滥用市场支配地位的行为

(二)市场支配地位的认定

上述第三部分第1项所列的被《反垄断法》禁止的行为都是针对特定经营者的行为,即具有市场支配地位的经营者。如果经营者不满足"市场支配地位"的条件,其从事上述行为可能不违反《反垄断法》。② 因此,判断经营者是否有市场支配地位是认定其从事的前述第1项行为是否违反《反垄断法》的前提条件。

---

① 参见前页注释①。
② 但这并不意味着这些行为不会违反其他法律,例如,经营者在销售商品时搭售商品或者附加其他不合理的交易条件,和/或以低于成本的价格销售商品,即使经营者不具有市场支配地位,其也可能被认为是违反我国《反不正当竞争法》之不正当竞争行为。

1. 市场支配地位的法律定义

市场支配地位是指经营者在相关市场内具有控制商品价格、数量或者其他交易条件，或者能够阻碍、影响其他经营者进入相关市场的能力。

需要特别说明的是：

（1）上述定义中"**其他交易条件**"，是指除商品价格、数量之外能够对市场交易产生实质影响的其他因素，包括商品等级、付款条件、交付方式、售后服务、交易选择权和技术约束条件等。

（2）上述定义中"**阻碍、影响其他经营者进入相关市场**"，是指排除、延缓其他经营者进入相关市场，或者导致其他经营者虽能够进入该相关市场，但进入成本大幅度提高，无法与现有经营者开展有效竞争。

2. 认定经营者具有市场支配地位的因素

（1）**该经营者在相关市场的市场份额以及相关市场的竞争状况**。"市场份额"是指一定时期内经营者特定商品销售额、销售数量等指标在相关市场所占的比重；在分析"**相关市场的竞争状况**"时应当考虑相关市场的发展状况、现有竞争者的数量和市场份额、商品差异程度以及潜在竞争者的情况等。

（2）**该经营者控制销售市场或者原材料采购市场的能力**。进行前述认定时，应当考虑该经营者控制销售渠道或者采购渠道的能力，影响或者决定价格、数量、合同期限或者其他交易条件的能力，以及优先获得企业生产经营所必需的原料、半成品、零部件及相关设备等原材料的能力。

（3）**该经营者的财力和技术条件**。进行该等认定时，应该考虑该经营者的资产规模、财务能力、盈利能力、融资能力、研发能力、技术装备、技术创新和应用能力、拥有的知识产权等。

（4）**其他经营者对该经营者在交易上的依赖程度**。认定前述依赖程度时，需要考虑其他经营者与该经营者之间的交易量、交易关系的持续时间、转向其他交易相对人的难易程度。

（5）**其他经营者进入相关市场的难易程度**。该情形主要考虑市场准入的制度、拥有必要设施的情况、销售渠道、资金和技术的要求以及成本等。

（6）与认定该经营者市场支配地位有关的其他因素。

3. 经营者具有市场支配地位的推定

认定经营者是否具有市场支配地位，原则上应当根据上述 6 项因素进行判断。但在经营者市场份额达到一定数量的时候，也可以进行市场支配地位的推定，我国《反垄断法》也规定了该等推定的标准。北京市第一中级人民法院在就原告唐山人人信息服务有限公司诉被告北京百度网讯科技有限公司滥用市场支配地位反垄断案件（以下简称"**百度案**"）一审判决书中写道："《反垄断法》之所以规定了可以以市场份额为依据对经营者是**否具有市场支配地位进行推定，是因为市场份额这一因素与竞争状况、经营者控制销售市场和原材料市场的能力等因素相比，更容易通过经济分析的方法进行比较精确的计算从而具有较强的客观性。**"

（1）经营者被推定为具有市场支配地位的标准：

（a）一个经营者在相关市场的市场份额达到 1/2 的；

（b）两个经营者在相关市场的市场份额合计达到 2/3 的；

（c）三个经营者在相关市场的市场份额合计达到 3/4 的。

（2）达到被推定为具有市场支配地位标准的例外

（a）如果出现上述（1）之（b）和（c）的情形时，如果其中的经营者市场份额不足 1/10 的，不应当被推定为具有市场支配地位；

（b）经营者根据上述（1）被推定为市场支配地位时，如果其可证明其在相关市场内不具有控制商品价格、数量或者其他交易条件，或者不具有能够阻碍、影响其他经营者进入相关市场的能力，则可以认定其不具有市场支配地位。

（三）相关市场的界定

如上所述，在判断经营者是否从事了法律禁止的滥用市场支配地位的行为时，首先需要判断该经营者是否具有"市场支配地位"；而在判断经营者是否具有"市场支配地位"时又必须首先界定该经营者的经营活动所对应的"相关市场"；换言之，只有界定了前述"相关市场"，才能在该界定的"相关市场"范围内根据上述认定经营者具有市场支配地位的因素判断其是否有支配地位。所以，"相关市场"的界定是判断经营者是否具有滥用市场支配地位的首要前提。

1. 相关市场的含义

相关市场是指经营者在一定时期内就特定商品（包括服务，下同）进行竞争的商品范围和地域范围。由此可见，相关市场的界定就是要同时界定相关商品市场和相关地域市场。此外，在有些情形下，该市场的界定还要考虑时间性或者技术市场范围，具体而言：

（1）**商品市场**：根据商品的特性、用途及价格等因素，由需求者认为具有较为紧密的替代关系的一组或者一类商品所构成的市场；这些商品表现出较强的竞争关系，可以作为经营者进行竞争的商品范围。

（2）**地域市场**：指需求者获取具有较为紧密替代关系的商品的地理区域，这些地理区域表现出较强的竞争关系，可以作为经营者进行竞争的地域范围。

（3）**时间性考虑**：如果商品的生产周期、使用期限、季节性、流行时尚性或者知识产权保护期限已经构成商品不可忽视的特征时，界定相关市场还要考虑时间性。

（4）**技术市场**：如果反垄断事项涉及技术贸易、许可协议等涉及的知识产权，需要界定相关技术市场，考虑知识产权、创新等因素。

2. 相关市场界定的基本依据

在反垄断法实践中,相关市场范围主要取决于商品(地域)的可替代性。从对商品的需求者角度而言,商品之间的替代程度越高,竞争关系就越强,越可能属于同一相关市场(以下简称"**需求替代**");从商品的供给角度而言,商品的其他经营者生产设施改造的投入越少,承担的额外风险越小,提供紧密替代商品越迅速,则供给替代程度越高,竞争关系也就加强,也就越可能属于同一相关市场(以下简称"**供给替代**")。

北京市第一中级人民法院在百度案中,即采用替代需求关系判断百度案的相关市场,其在判决书中写道:"原告在本案中主张的相关市场是'中国搜索引擎服务市场',对此本院认为,搜索引擎服务,是指服务商根据网络用户的搜索请求,利用一种互联网应用软件系统,在对相关网页进行搜索和抓取后,经过一定的处理和组织,将查询到的结果反馈给网络用户的互联网信息查询服务。虽然随着互联网技术的快速发展,除了搜索引擎服务外,网络新闻服务、即时通讯服务、电子邮件服务、网络金融服务等互联网应用技术在广大网络用户中也具有较高的使用率,但搜索引擎服务所具有的快速查找、定位并在短时间内使网络用户获取海量信息的服务特点,是其他类型的互联网应用服务所无法取代的,即作为互联网信息查询服务的搜索引擎服务与网络新闻服务、即时通讯服务等其他互联网服务并不存在构成一个相关市场所必需的紧密的需求替代关系。因此,'搜索引擎服务'本身可以构成一个独立的相关市场。同时,考虑到文化背景、语言习惯等因素,中国的网络用户选择并可以获取的具有较为紧密替代关系的搜索引擎服务一般来源于中国境内,即中国境内相关服务的提供者会表现出较强的竞争关系。由此可见,'中国搜索引擎服务市场'是本案中《反垄断法》意义上的'相关市场'。"

(1)界定相关商品市场考虑的主要因素:

(a)**需求替代**界定时,需要考虑:需求者因商品价格或者其他竞争因素发生变化,转向或者考虑转向购买其他商品的证据;商品的外形、特征、质量和技术特点等总体特征和用途;商品之间价格差异,通常情况下,替代性较强的商品价格比较接近,而且价格变化时表现同向变化趋势;商品销售渠道,销售渠道不同的商品面临的需求者可能不同,相互之间难以构成竞争关系,则构成同一相关商品市场可能性较小;其他重要因素,例如,需求者偏好或需求者对商品的依赖程度;可能阻碍大量需求者转向某些紧密替代商品的障碍、风险和成本;是否存在区别定价等。

(b) **供给替代**界定时,需要考虑:其他经营者对商品价格等竞争因素变化作出的反应;其他经营者的生产流程和工艺,转产难易程度,转产需要的时间,转产的额外费用和风险,转产后所提供的商品的竞争力,营销渠道等。

(2) 界定相关地域市场考虑的主要因素:

(a) **需求替代**界定时,需要考虑:需求者因商品价格或者其他竞争因素变化,转向或者考虑转向其他地域购买商品的证据;商品的运输成本和运输特征,相对商品价格而言,运输成本越高,相关地域市场的范围越小(例如,水泥);商品的运输特征也限定商品的销售地域(例如,需要管道运输的工业气体);多数需求者选择商品的实际区域和主要经营商品的销售分布;地域间的贸易壁垒,包括关税①、地方性法规、环保因素、技术因素等;其他重要因素,例如,特定区域需求者偏好;商品运进和运出该地域的数量等。

(b) **供给替代**界定时,需要考虑:其他地域经营者对商品价格等竞争因素的变化作出的反应的证据;其他地域的经营者供应或者销售相关商品的即时性和可行性,如将订单转向其他地域经营者的转换成本等。

---

① 如果关税相对商品价格来说较高时,相关地域市场就很可能是一个区域性的市场。

（四）滥用市场支配地位的法律后果

1. 行政法律责任

如果经营者滥用市场支配地位,反垄断执法机构①责令其停止滥用市场支配地位的行为,没收违法所得,并处上一年度销售额1%以上,10%以下的罚款。

2. 民事法律责任

经营者滥用市场支配地位的民事法律行为(包括相关协议无效);该行为给他人造成损害的,承担赔偿损失等民事责任。

---

① 主要是工商行政管理部门和价格管理部门。

第九课

土地使用权取得及相关法律问题

主讲人：李立山

第九课 土地使用权取得及相关法律问题

李立山
（合伙人）

李立山律师于1999年毕业于西北政法学院经济法系国际经济法专业。

1999年至2004年间，李立山律师在北京一家专业从事房地产法律事务的律师事务所执业。李立山律师2005年加入君合律师事务所，现在君合北京总部执业。

李立山律师从事法律工作十余年来一直专注于房地产法律领域，在法律文件的起草、项目谈判、交易结构设计等方面积累了丰富的经验和技巧。曾为星狮地产、嘉里集团、金地集团、京投银泰、嘉铭投资、高盛、华平投资、瑞士信贷集团、中信资本、建银投资、德意志银行、麦格里银行、万豪国际集团等众多的跨国公司和大型房地产企业提供法律服务，参与了大量房地产前期开发、工程建设、资产重组、房地产租售、并购融资、物业管理、酒店管理等法律服务。有代表性的项目包括：

- 代表麦格理银行全面参与其收购万达集团在全国9个城市开发建设的多座商业广场项目；
- 作为中国国家邮政总局处置各地邮政局下属邮政宾馆项目法律顾问团队成员，参与国家邮政局下属各省市邮政局邮政宾馆资产处置；
- 代表万豪国际酒店集团、雅高酒店管理集团等国际知名酒店投资管理企业，参与解决其在华酒店投资管理过程中涉及的房地产法律事务。

在为企业投资和并购提供法律服务的过程中,律师大都会遇到与土地有关的问题,但是很少有人对这些问题予以系统的归纳和介绍。本讲将全面介绍中国土地使用权取得的相关法律制度,并就取得土地使用权过程中可能遇到的与土地有关的法律问题进行了总结与分析。

中国现行法律制度下土地使用权取得方式主要包括以下几种:划拨、协议出让、公开出让、土地一级开发、土地使用权转让、土地租赁、购买物业、集体建设用地使用权流转等。囿于篇幅和作者能力所限,难以就各种方式的详细情况进行全面系统的阐述,笔者将从律师实务的角度侧重介绍各种方式的概况以及在投资和并购过程中应关注的法律问题。

一、土地制度介绍

(一) 概述

在目前的中国法律框架下,土地按其所有权主体不同,可以区分为国家所有土地和集体所有土地;按其用途不同,可以区分为农用地、建设用地和未利用地。[①] 这两种分类方法是并行的,因此在实践中,除了大量存在着国有建设用地和集体所有农用地外,也有很多国有农用地和集体建设用地。

我国1988年《土地管理法》修订后,实现了土地所有权与土地使用权的分离。根据上述分类方式,建设用地使用权也相应地包含了国有建设用地使用权和集体建设用地使用权。目前,中国对于国有建设用地使用权的出让、转让、出租及抵押等已经形成了一套相对完整的制度体系,但对于集体建设用地使用权则尚未进行系统规定,相关规范散见于中央和地方的通知、办法等规章和规范性文件之中。

在中国,土地问题牵涉到诸多政府管理部门,各主要政府职能部门对

---

① 我国2004年修订的《土地管理法》第2条、第4条。

土地利用都直接或间接地拥有不同程度的管理权：作为土地业务主管部门的各级国土资源局负责土地出让；各级发展和改革委员会负责房地产项目的立项和在建项目转让；商务部门负责外商投资房地产开发企业的设立变更；规划部门负责用地规划和工程规划；环保部门负责土地和项目环保审查；建设委员会或房屋管理局负责建设工程和房屋的管理；公安消防部门负责建设工程的消防安全审查等。

同时，土地问题适用的法律法规和规章也纷繁复杂。在中国现行法律体系下，除在全国范围内普遍适用的《物权法》、《土地管理法》、《城市房地产管理法》、《城镇国有土地使用权出让和转让暂行条例》等法律和行政法规外，从纵向来看，各级地方立法机关和地方政府制定了大量的地方法规和地方政府规章以及各种通知、规定等政策性文件；从横向来看，对土地拥有直接或间接管理权的各国家部委也都各自制定了相应的部门规章。由此，法律渊源上的冲突（包括上位法与下位法之间、同位阶的法律规范之间、部门规章与地方规定之间、法律法规与政策性文件之间等）以及规范与实践操作的不一致时有发生。

基于上述原因，律师在涉及土地问题需要出具法律意见或进行法律分析时应洞悉这些差异，并根据所处的立场及角度的不同而进行不同的处理，避免误引法律条款或引述的法律条款并不适用于当地实践操作的情形发生。例如，在实践中，因法律法规规定得过于原则或在某些问题规定上的不明确性，各级政府部门以及投资者更多地依照部门规章、地方政府规章甚至各类通知、规定行事。在具体事务处理层面上这样操作并无不妥，但是在司法实践中，部门规章、地方政府规章及各类通知、规定并不在司法裁判中直接适用（在仲裁程序中则稍有不同），确定合同的效力是以全国人大及其常委会颁布的法律和国务院制定的行政法规为依据的[①]，其他法

[①] 最高人民法院《关于适用〈中华人民共和国合同法〉若干问题的解释（一）》第4条规定，合同法实施以后，人民法院确认合同无效，应当以全国人大及其常委会制定的法律和国务院制定的行政法规为依据，不得以地方性法规、行政规章为依据。

律渊源中如有对合同效力做了规定却无上位法支持的,该规定并无法律效力。① 因此,律师既要向客户指明相关合同、协议、结构、方案的可行性,也要明确其合法性及法律风险,避免法律意见的片面化。

(二)土地用途

我国实行土地用途管制,土地使用权人应该按照批准的用途使用土地。在未通过法定程序获得有权部门批准前不得改变土地用途,否则将构成违法用地。

1. 土地用途分类

我国现行《土地管理法》按照用途将土地分为农用地、建设用地和未利用地。国土资源部于2002年1月1日起试行的《全国土地分类》对土地用途进行了详细划分,国家质量监督检验检疫总局和中国国家标准化管理委员会也于2007年8月10日联合颁布实施了《土地利用现状分类》(GB/T21010—2007),这标志着我国土地资源分类第一次拥有了全国统一的国家标准。在《土地利用现状分类》中,国家标准采用一级、二级两个层次的分类体系,共分为12个一级类、57个二级类。一级分类包括耕地、园地、林地、草地、商服用地、工矿仓储用地、住宅用地、公共管理与公共服务用地、特殊用地、交通运输用地、水域及水利设施用地和其他土地。二级分类以商服用地为例,包括批发零售用地、住宿餐饮用地、商务金融用地和其他商服用地(分类详情可参见国家标准全文)。

2. 土地用途管制及改变土地用途

我国《土地管理法》第4条规定,国家实行土地用途管制制度。使用土

---

① 例如建设部于1995年6月1日实施的《城市房屋租赁管理办法》(已废止)第32条第(三)项曾规定:未征得出租人同意和未办理登记备案手续,擅自转租房屋的,其租赁行为无效。2011年2月1日起实施的《商品房屋租赁管理办法》中就不再有这样的规定。

地的单位和个人必须严格按照土地利用总体规划确定的用途使用土地。同时,我国《土地管理法》第七章对包括不按规定用途使用土地在内的各种违法用地行为规定了相应的法律责任。国土资源部于2005年8月31日下发《查处土地违法行为立案标准》,明确将不按批准的用途使用土地的行为归为非法占地类违法行为。

尽管国家标准及部门规章对土地用途分类进行了较为详细的规定,但对于何为"改变土地用途"在上述立案标准和《土地利用现状分类》中并没有明确的界定。将农用地变更为建设用地的行为毋庸置疑地属于改变土地用途,但如果土地使用权人将"商务金融用地"变更为同属于"商服用地"项下的"其他商服用地",即只改变了《土地利用现状分类》中的二级分类用途,是否属于改变土地用途呢?对此有不同的观点,各地的实践也不尽相同,需要律师根据项目具体情况予以分析。

[案例1]

某公司获得的土地证上载明的土地用途为其他商服用地,但该公司在土地上进行酒店建设,那么该行为是否属于改变土地用途?根据《土地利用现状分类》规定,其他商服用地是指批发零售用地、住宿餐饮用地、商务金融用地以外的其他商业、服务业用地,包括洗车场、洗染店、废旧物资回收站、维修网点、照相馆、理发美容店、洗浴场所等用地。酒店用地应属于住宿餐饮用地,指主要用于提供住宿、餐饮服务的用地,包括宾馆、酒店、饭店、旅馆、招待所、度假村、餐厅、酒吧等。有观点认为,我国《土地管理法》只规定土地分为农用地、建设用地和未利用地,未按照批准用途使用土地应承担相应的法律责任。在其他商服用地上建设酒店,并不违反《土地管理法》,因为其只是改变了《土地利用现状分类》中的二级分类用途,而其他商服用地和住宿餐饮用地都属于建设用地,其并未改变一级分类用途,所以不应当属于改变土地用途。反驳这个观点其实很容易。例如,住宅用地与工矿仓储用地亦同属于建设用地,但将工矿仓储用地用于建设住宅显然会被认为是改变土地用途。不过,将其他商服用地变更为住宿餐饮用地,即改变《土地利用现状分类》中二级分类用途是否属于改变土地用途,相关规定中确无明确表示。我们曾就此问题匿名咨询过北京市国土资源局,得到的咨询结果为:只要改变土地用途,不论是改变一级分类用途还是二级分类用途,都属于改变土地用途行为,均应办理土地类型变更登记。就本案而言,需先办理酒店开发的规划变更,再办理土地类型的变更登记。但是,其他省市土地主管部门是否也持此观点,则需要在具体项目中另行向当地土地主管部门确认。

3. 改变土地用途的程序

土地用途管制并不意味着土地用途不能改变,在履行了相关的手续后可以变更土地用途。

对于划拨或已经出让的土地使用权改变用途的,法律法规进行了相应规定。根据我国《土地管理法》第56条规定,建设单位使用国有土地的,应当按照土地使用权出让等有偿使用合同的约定或者土地使用权划拨批准文件的规定使用土地;确需改变该幅土地建设用途的,应当经有关人民政府土地行政主管部门同意,报原批准用地的人民政府批准。其中,在城市规划区内改变土地用途的,在报批前,应当先经有关城市规划行政主管部门同意。《城镇国有土地使用权出让和转让暂行条例》规定,土地使用者需要改变土地使用权出让合同规定的土地用途的,应当征得出让方同意并经土地管理部门和城市规划部门批准,重新签订土地使用权出让合同,调整土地使用权出让金,并办理登记。根据我国《城市房地产管理法》第18条规定,土地使用者需要改变土地使用权出让合同约定的土地用途的,必须取得出让方和市、县人民政府城市规划行政主管部门的同意,签订土地使用权出让合同变更协议或者重新签订土地使用权出让合同,相应调整土地使用权出让金。《城市房地产管理法》与《土地管理法》、《城镇国有土地使用权出让和转让暂行条例》在改变用途的规定上的区别在于前者允许通过出让合同变更协议方式改变用途,而根据后者的规定需重新签订土地使用权出让合同。

鉴于上述法律法规所规定的改变土地用途的具体方式上存在差异,国土资源部办公厅在致湖南省国土资源厅的《关于出让土地改变用途有关问题的复函》(土资厅函〔2010〕104号)中明确,出让土地改变土地用途,经出让方和规划管理部门同意,原土地使用权人可以与市、县国土资源管理部门签订变更协议,或重新签订出让合同,相应调整土地出让金。

对于划拨土地使用权改变用途的,国务院《关于深化改革严格土地管理的决定》(国发〔2004〕28号)进行了相应规定。根据此规定,经依法批准利用原有划拨土地进行经营性开发建设的,应当按照市场价补缴土地出让金。同时根据国土资源部颁发的《招标拍卖挂牌出让国有建设用地使用权规定》、《招标拍卖挂牌出让国有土地使用权规范(试行)》(国土资发〔2006〕114号)规定,划拨土地使用权改变用途,《国有土地划拨决定书》(2008年7月后改用《国有建设用地划拨决定书》,下同)或法律、法规、行政规定等明确应当收回土地使用权,实行招标拍卖挂牌(简称"招拍挂")出让的,应当采取"招拍挂"方式出让。

针对划拨土地,法律法规有明确规定,其土地用途改变,一般要采取"招拍挂"方式;而对于出让土地,法律规定则不是非常明确,实践中往往要看地方政府的具体规定及其选择。

[案例2]

成都某工业企业拥有一块工业用地使用权,系通过出让的方式获得。由于成都市把该地块所在乡镇的土地利用总体规划和城市总体规划调整为居住,所以这块地的用途由工业用地变更为居住用地,那么原出让土地使用权人是否在履行了相关手续后就可以继续作为居住用地的使用人而有权直接在该地块上进行房地产开发?是否仍需要重新进行招拍挂?从我国《城市房地产管理法》和《城镇国有土地使用权出让和转让暂行条例》的规定来看,该出让土地使用权人可以通过签署变更协议或重新签订出让合同的方式达到上述目的。但是根据四川省人民政府2005年7月1日发布的《贯彻落实国务院〈关于深化改革严格土地管理的决定〉的实施意见》(川府发[2005]15号)中第1条第6款规定,各类建设用地不得擅自改变土地用途。为实施城市规划需要改变土地用途的,经依法批准后,由土地所在地的市、县政府对划拨土地依法予以收回,对出让土地按原用途评估价收购,纳入政府土地储备库;经批准不纳入政府土地储备库的,应按改变用途后的市场价补缴土地出让金。在实践操作中,遇到法律规定不完全一致的情况,究竟应当收回还是签订变更协议,都将更加依赖于地方规定及地方政府的态度。

二、划拨

(一)划拨用地范围

根据我国《土地管理法》、《城市房地产管理法》的规定,土地使用权划拨是指县级以上人民政府依法批准,在土地使用者缴纳补偿、安置等费用后将该幅土地交付其使用,或者将土地使用权无偿交付给土地使用者使用的行为。依照法律规定以划拨方式取得土地使用权的,除法律、行政法规另有规定外,没有使用期限的限制。划拨用地范围主要包括:(1)国家机关用地和军事用地;(2)城市基础设施用地和公益事业用地;(3)国家重点扶持的能源、交通、水利等基础设施用地;(4)法律、行政法规规定的其他用地。国土资源部于2001年10月22日颁布施行的《划拨用地目录》对划拨用地范围进行了更为具体的规定。

(二)划拨土地使用权特点

归纳起来,划拨土地使用权主要有以下特点:
(1)依行政许可取得;
(2)不需要缴纳出让金;
(3)使用期限具有长久性;
(4)属于不完全用益物权,只能按审批时的用途占有和使用,如要处分划拨土地使用权,如转让、出租、抵押、赠与、作价入股等,须经原批准部门同意;
(5)用途具有特定性。

(三)划拨土地使用权的取得

对于划拨土地使用权的取得方式,我国《土地管理法》第54条、《城市房地产管理法》第23条均有相同规定,即经县级以上人民政府依法批准取得。具体操作方式为由市、县人民政府土地行政主管部门向土地使用者核发《国有土地划拨决定书》。

国有土地使用权划拨属于县以上各级人民政府行政许可事项,可依据各级人民政府行政许可办事指南中列明的受理部门、受理条件、审核部门、审核时限等予以申请。

三、出让

设定国有建设用地使用权的最主要方式就是出让,包括公开出让和协议出让。

(一)概述

出让土地的规定最早见于1990年5月19日实施的《城镇国有土地使用权出让和转让暂行条例》。根据该条例规定,土地使用权出让是指国家以土地所有者的身份将土地使用权在一定年限内让与土地使用者,并由土地使用者向国家支付土地使用权出让金的行为。出让土地的范围包括居住用地、工业用地、商业旅游用地、娱乐用地和综合用地等。该条例并就不同用途的土地规定了不同的最高出让年限:居住用地70年,工业用地50年,教育、科技、文化、卫生、体育用地50年,商业、旅游、娱乐用地40年,综合或者其他用地50年。

尽管上述条例明确规定了土地使用权出让的方式分为协议、招标和拍卖,但在该法规颁布实施的初期,土地使用权出让的主要方式为协议出让。我国1995年实施的《城市房地产管理法》规定了"有条件的地方土地出让应当采取招标拍卖的方式",由于该条款的规定本身就存在很大的回旋空间,实践中很多地方都以不具备招标拍卖条件为由规避招标和拍卖,而以协议方式出让土地。

2002年7月1日国土资源部颁发了《招标拍卖挂牌出让国有土地使用权规定》并开始实施,此后又相继出台了一系列关于土地使用权"招拍挂"出让的措施。"招拍挂"制度最初仅限定商业、旅游、娱乐、住宅等经营性用地,自2006年起,工业用地也开始必须采用"招拍挂"的方式出让。而我国2007年施行的《物权法》则从法律的层面上最终确立了土地使用权出让的"招拍挂"制度,规定工业、商业、旅游、娱乐和商品住宅等经营性用地以及同一土地有两个以上意向用地者的,应当采取招标、拍卖等公开竞价的方式出让。

(二) 公开出让

1. "招拍挂"的历史延革

公开出让国有建设用地使用权,即"招拍挂"制度的建立及施行,从我国下述法规、规定、政策的沿革中可略见其脉络:

(1) 1990年《城镇国有土地使用权出让和转让暂行条例》第13条规定,土地使用权出让可以采取下列方式:协议;招标;拍卖。依照前款规定方式出让土地使用权的具体程序和步骤,由省、自治区、直辖市人民政府规定。

(2) 1995年《城市房地产管理法》第13条规定,土地使用权出让,可以采取拍卖、招标或者双方协议的方式。商业、旅游、娱乐和豪华住宅用地,有条件的,必须采取拍卖、招标方式;没有条件,不能采取拍卖、招标方式的,可以采取双方协议的方式。

(3) 国务院于2001年5月30日发布的《关于加强国有土地资产管理的通知》规定,商业性房地产开发用地和其他土地供应计划公布后同一地块有两个以上意向用地者的,都必须由市、县人民政府土地行政主管部门依法以招标、拍卖方式提供,国有土地使用权招标、拍卖必须公开进行。

(4) 国土资源部2002年5月9日发布的《招标拍卖挂牌出让国有土地使用权规定》第4条规定,商业、旅游、娱乐和商品住宅等各类经营性用地,必须以招标、拍卖或者挂牌方式出让。

(5) 作为《招标拍卖挂牌出让国有土地使用权规定》配套实施的技术性规范文件,《招标拍卖挂牌出让国有土地使用权规范(试行)》于2006年8月1日开始实施。

(6) 2006年8月31日国务院《关于加强土地调控有关问题的通知》规定,工业用地必须采用招标拍卖挂牌方式出让,其出让价格不得低于公布的最低价标准。

(7) 2007年10月1日实施的《物权法》第137条规定,工业、商业、旅游、娱乐和商品住宅等经营性用地以及同一土地有两个以上意向用地者的,应当采取招标、拍卖等公开竞价的方式出让。严格限制以划拨方式设立建设用地使用权。采取划拨方式的,应当遵守法律、行政法规关于土地用途的规定。

(8) 2007年9月28日,国土资源部根据《物权法》对《招标拍卖挂牌出让国有土地使用权规定》进行修订,并将名称改为《招标拍卖挂牌出让国有建设用地使用权规定》重新颁布(2007年11月1日实施)。

2. "招拍挂"的范围

依据国土资源部发布的《招标拍卖挂牌出让国有建设用地使用权规定》及《招标拍卖挂牌出让国有土地使用权规范(试行)》规定,"招拍挂"的范围主要包括:

(1) 供应商业、旅游、娱乐和商品住宅等各类经营性用地以及有竞争要求的工业用地;

(2) 其他土地供地计划公布后同一宗地有两个或者两个以上意向用地者的;

(3) 划拨土地使用权改变用途或补办出让手续时,《国有土地划拨决定书》或法律、法规、行政规定等明确应当收回土地使用权,实行招标拍卖挂牌出让的;

(4) 划拨土地使用权转让时,《国有土地划拨决定书》或法律、法规、行政规定等明确应当收回土地使用权,实行招标拍卖挂牌出让的;

(5) 出让土地使用权改变用途时,《国有土地使用权出让合同》约定或法律、法规、行政规定等明确应当收回土地使用权,实行招标拍卖挂牌出

让的;

(6) 法律、法规、行政规定明确应当招标拍卖挂牌出让的其他情形。

3. "招拍挂"的流程

招标出让国有建设用地使用权,是指出让人发布招标公告,邀请特定或者不特定的自然人、法人和其他组织参加国有建设用地使用权投标,根据投标结果确定国有建设用地使用权人的行为。拍卖出让国有建设用地使用权,是指出让人发布拍卖公告,由竞买人在指定时间、地点进行公开竞价,根据出价结果确定国有建设用地使用权人的行为。挂牌出让国有建设用地使用权,是指出让人发布挂牌公告,按公告规定的期限将拟出让宗地的交易条件在指定的土地交易场所挂牌公布,接受竞买人的报价申请并更新挂牌价格,根据挂牌期限截止时的出价结果或者现场竞价结果确定国有建设用地使用权人的行为。

招标出让方式下中标人的确定取决于投标人的综合情况(例如企业资质、资金状况、信誉、业绩、企业规模等),拍卖出让与挂牌出让方式大同小异,简而言之就是采取"价高者得"的原则。上述三种方式的基本程序总的来说大致如下:

第一步,出让人发布出让公告,竞买人交纳竞买保证金并接受竞买资格审核;

第二步,竞买人报价竞买;

第三步,确定中标人并与中标人签订成交确认书或中标通知书;

第四步,中标人按成交确认书或中标通知书规定的期限与出让人签订出让合同;

第五步,中标人按出让合同约定交清土地出让金、办理土地证并开工建设。

> 小问答：
>
> [问]：工业项目的土地"招拍挂"，应当首先办理项目核准，然后才能进行"招拍挂"。那么，对于一个工业项目已被核准的企业，如何确保其在"招拍挂"中获得其想要的地块？
>
> [答]：在"招拍挂"制度实施以前，工业项目用地的取得是按照此程序执行的，即先行核准项目，然后申请土地使用权，但在"招拍挂"制度实施后有所变化。"招拍挂"的风险在于竞买人有可能拿到、也有可能拿不到土地。现实中也存在通过在竞买条件中设定某些限制性条件来排除竞争对手的情形。发改委在审批立项时需要预审报告，只有在土地已有定论的情形下才可以立项，否则无法立项。

（三）协议出让

1. 协议出让的范围

依据国土资源部《协议出让国有土地使用权规范（试行）》（国土资发［2006］114号）规定，出让国有土地使用权，除依照法律、法规和规章的规定应当采用招标、拍卖或者挂牌方式出让外，方可采取协议方式，主要包括如下情形：

（1）商业、旅游、娱乐和商品住宅等各类经营性用地以外用途的土地，其供地计划公布后同一宗地只有一个意向用地者的；

（2）原划拨、承租土地使用权人申请办理协议出让，经依法批准，可以采取协议方式，但《国有土地划拨决定书》《国有土地租赁合同》、法律、法规、行政规定等明确应当收回土地使用权重新公开出让的除外；

（3）划拨土地使用权转让申请办理协议出让，经依法批准，可以采取

协议方式,但《国有土地划拨决定书》、法律、法规、行政规定等明确应当收回土地使用权重新公开出让的除外;

(4)出让土地使用权人申请续期,经审查准予续期的,可以采用协议方式;

(5)法律、法规、行政规定明确可以协议出让的其他情形。

2. 协议出让应注意的问题

(1)开发区管理委员会作为出让方

实践中经常有某开发区管委会作为出让方与土地使用权人签订出让合同从而将土地使用权出让给用地单位的情形,根据最高人民法院于2005年8月1日起施行的《关于审理涉及国有土地使用权合同纠纷案件适用法律问题的解释》,开发区管理委员会作为出让方与受让方订立的土地使用权出让合同,应当认定无效。但是,本解释实施前,开发区管理委员会作为出让方与受让方订立的土地使用权出让合同,起诉前经市、县人民政府土地管理部门追认的,可以认定合同有效。所以,开发区管理委员会作为出让方时,应注意区分不同情形,而非一刀切地认为凡是管委会签订的出让合同均当然无效。

(2)最低价与基准地价

基准地价是指这个地区这一类和这一级别的土地基本价格,按照规定,各地土地部门应该定期制定和公布。

最低价是指有一些特别的土地,政府可以给一个优惠的空间,即在基准地价基础上可以有一定幅度的下浮,但下浮的幅度有明确的规定。2003年8月1日《协议出让国有土地使用权规定》第5条规定,协议出让土地最低价不得低于新增建设用地的土地有偿使用费、征地(拆迁)补偿费用以及按照国家规定应当缴纳的有关税费之和,而且如果该地区有基准地价的地区,协议出让最低价不得低于出让地块所在级别基准地价的70%。

出让价不得低于最低价,按照最高人民法院司法解释,经市、县人民政府批准同意以协议方式出让的土地使用权,土地使用权出让金低于订立合同时当地政府按照国家规定确定的最低价的,应当认定土地使用权出让合同约定的价格条款无效。

(四) 土地置换

常见的土地置换形式包括:两个土地使用权人以各自所有的土地使用权相互交换,即 A 公司换得 B 公司原有土地使用权,B 公司换得 A 公司原有土地使用权(其实质是土地使用权的转让),以及政府与土地使用权人之间进行的土地置换,后一种的土地置换是本节要讨论的。例如,某公司拿到一块出让土地并建了工业厂房,后来因该地区规划变更需要拆迁,政府表示可将其他地区的一块同等条件的工业用地与该公司进行置换,除了对该公司进行拆迁补偿外,还可将该地块通过协议出让的方式出让给该公司。

就上述政府与土地使用权人之间的土地置换,虽然名义上称之为置换,但用于置换的新地块是通过协议出让方式出让的。按照公开出让建设用地使用权的规定,此类出让原则上是应该通过"招拍挂"方式进行,并不属于可以协议出让的范围。但是一些地方政府认为这个不是新供土地,是土地补偿,补偿给被拆迁人。这种理由是否合法,目前没有明确的规定。到底以地换地进行拆迁补偿是否合法,是否规避"招拍挂"的规定,目前还没有明确的说法。

所以,政府以土地置换的名义所进行的操作是否符合公开出让的要求,很容易引起争议。

四、土地一级开发

(一) 概述

随着"招拍挂"制度的实施,越来越多开发商都把土地开发介入时间提前到土地一级开发。所谓土地一级开发(有些地方称为前期开发)是指完成地上建筑物的拆迁、居民安置、路水电气等"三通一平"或"七通一平"并形成用地条件的开发。

（二）一级开发的程序

一级开发的程序大致为：政府通过招标方式选定一级开发商，一级开发商和政府签订一级开发委托协议。一级开发商按照委托协议约定的工作内容开始工作。一级开发完成后，政府部门根据双方签订的委托协议约定标准进行验收，然后对开发商上报的成本进行核定。如果政府核定通过，这个成本将作为土地"招拍挂"确定底价的依据之一。验收通过后，政府就将该土地纳入土地储备，然后按照供地计划，适时推出该地块。

（三）一级开发主体

从目前市场情况来看，一级开发主体包括原土地使用人和政府选定的一级开发商。原土地使用人成为一级开发商的，多为划拨土地的使用人，例如划拨土地使用人为老国有企业，在其做完一级开发形成用地条件后交给政府。关于政府如何选定一级开发商，各地规定和操作也不尽一致，例如，北京规定一级开发企业的选定要通过招标方式进行，但是其他地区则未必有此明确要求。我们在判断一级开发企业的选定是否合格的时候，应当注意地方的有关规定。

（四）应关注的其他问题

在实施土地一级开发中，一些地方（如北京）规定了联席会议制度。联席会议制度就是集体决策。在决策过程中发改委、建委、国土局、规划、环保、交通等部门组成联席会议，对一级开发商的选定、"招拍挂"底价的确定、成本的核定、相关协议的签订等进行集体决策。

实践中并不是所有的一级开发项目均签订一级委托协议，在某些情况下也存在通过联席会议通知或类似集体决策机构通知的方式来确定一级开发商的情形。但如果仅有联席会议通知而没有委托协议的话,那么开发商的义务履行、开发标准、开发成本及开发利润的确定等事项将变得不明确,将来可能会产生纠纷。

小问答

[问]:一级开发的成本是由政府支付的吗?

[答]:政府因资金、技术、开发能力等问题以及政企分开的市场经济原则,倾向于聘请开发商进行一级开发。一级开发的成本(如拆迁、补偿等)一般由一级开发商垫付。一级开发商提供相关的票据和凭证,完成开发后向政府报成本,经过政府核定后,作为土地一级开发成本的依据。"招拍挂"时候,实践中有两种操作方式。一种是竞拍人直接把开发成本连同利润一起支付给一级开发商。一种是竞拍人把地价款支付给政府,再由政府将一级开发的成本和利润支付给一级开发商。

[问]:有企业取得土地使用权的价款低于基准地价,其后希望政府证明其参与了一级开发,且开发成本都是由该企业垫付的,这种做法是否可行?

[答]:如果出让地价符合最低价的规定并且不存在其他导致出让合同无效情形的话,不影响合同效力,但应考虑如何在财务上进行处理。

[问]:一级开发商是否在"招拍挂"的时候有优势地位?

[答]:有优势地位,主要是一级开发商了解土地开发的成本。"招拍挂"的成交价格主要包括土地出让金、土地一级开发成本和政府支付给一级开发商的报酬。在信息不对等的情况下,一级开发商相对于其他竞买人的优势是显而易见的。

五、土地使用权转让

通过合法程序获得的土地使用权,在符合法定条件的情况下可以转让给他人。

(一) 转让条件

转让条件包括法定条件和约定条件。

根据我国《城市房地产管理法》第 38 条、第 39 条规定,以出让方式取得土地使用权的,转让房地产时应当符合的法定条件包括:

(1) 按照出让合同约定已经支付全部土地使用权出让金,并取得土地使用权证书;

(2) 按照出让合同约定进行投资开发,属于房屋建设工程的,完成开发投资总额的 25% 以上,属于成片开发土地的,形成工业用地或者其他建设用地条件;

(3) 转让房地产时房屋已经建成的,还应当持有房屋所有权证书;共有房地产,经其他共有人书面同意的,权属没有争议的;

(4) 不存在司法机关和行政机关依法裁定、决定查封或者以其他形式限制房地产权利,未被依法收回土地使用权的。

除上述法定条件外,如果土地使用权出让合同中对土地使用权转让有其他约定的,从其约定。

(二) 应关注的问题

(1) 已经取得国有土地使用权证,但未交清土地使用权出让金的当事人所订立的房地产转让合同是否有效?

依据最高人民法院(2004)民一他字第 18 号《关于已经取得国有土地使用权证,但未交清土地使用权出让金的当事人所订立的房地产转让合同是否有效的答复》，土地受让人虽未全部交纳土地使用权出让金，但已取得国有土地使用权证书的，其与他人签订的房地产转让合同可以认定有效。

（2）25%的投资额是否包括土地价款？

国土资源部2011年2月5日发布的《关于切实做好2011年城市住房用地管理和调控重点工作的通知》（国土资发〔2011〕2号）明确，对转让土地及合同约定的土地开发项目时，房地产开发建设投资未达到25%以上的（不含土地价款），不得办理相关土地手续。由此可见，25%的投资额是不包括土地价款的。

（3）投资额未达到25%，转让合同是否有效？

我国《城市房地产管理法》第66条规定，违反本法第39条第1款的规定（即已支付全部土地出让金、完成投资总额25%以上的条款）转让土地使用权的，由县级以上人民政府土地管理部门没收违法所得，可以并处罚款。但是并未就转让合同是否因此而无效作出规定。

最高人民法院曾出台过司法解释称，以出让方式取得土地使用权后转让房地产的，转让方已经支付全部土地使用权出让金，并且转让方和受让方前后投资达到完成开发投资总额的25%以上，已经办理了登记手续，或者虽然没有办理登记手续，但当地有关主管部门同意补办土地使用权转让手续的，转让合同可以认定有效。

实践中对于我国《城市房地产管理法》第39条的规定是属于行政管理性规定还是确定合同效力性规定存在争议，最高人民法院的判例和地方各级人民法院的判例在此问题上也存在着截然相反的认定。笔者倾向于认为第39条的规定是行政管理性的规定，投资未达到25%不影响土地使用权转让合同的效力。但在实践中，如果投资未达标，土地主管部门有权拒绝办理土地使用权权属变更手续。在当前物权合同效力与物权效力分别审查的原则下，将直接影响土地使用权的物权权属变动。

小问答

[问]：能否认为只要土地局能够办理转让手续，那么该土地就可以转让，而"投资总额须达到25%"的规定并非具有很强的约束力？比如在交易过程中，如果实际投资比较低，是否能够事先征得国土局同意登记的答复，从而规避风险？

[答]：这在理论上是行得通的。但需注意以下两点：第一，土地使用权属于物权，而物权的设立、变更以登记为原则，未经登记则不产生物权效力。所以，虽然签署了房地产转让协议但未办理登记的，则相关受让人并不享有土地使用权。第二，我国《城市房地产管理法》规定完成开发投资总额25%是房地产转让条件之一，司法实践中人民法院对于未完成开发投资总额25%的转让协议经常认定为无效。但近年来最高人民法院的判例显示其对此问题的看法有所变化，已有案例判定未完成开发投资总额25%不影响转让合同效力。

[问]：土地使用权转让的受让方是怎么选择的？如果转让方可以选择受让方，是否规避"招拍挂"？

[答]：我们现在说的转让是已经出让的土地，这不适用"招拍挂"的规定。"招拍挂"只是适用于国家供地环节。如果国家已经将土地使用权出让了，使用人再去抵押、转让，是属于使用权人行使物权，不适用"招拍挂"。但是，划拨土地的转让是要经过政府批准并补办出让手续。如果是转变为经营性用地的，还必须走"招拍挂"程序；如果不改变用途，可以通过协议出让。

六、土地租赁

(一) 概述

土地租赁也是土地使用权取得的一种方式。一般认为,土地租赁可以分为国有土地租赁、土地使用权出租两种方式。其中,前者是指国家作为土地所有权人,将国有土地出租给用地单位和个人,由国有土地承租方对租赁土地进行开发及利用并支付租金的土地租赁形式;而后者是指已经通过国有土地使用权出让等方式取得土地使用权的国有土地使用权人与承租方订立土地使用权租赁合同的方式,将其获得的土地使用权出租给承租方使用。二者最大的区别在于出租方不同。

相较于土地出让,土地租赁具有一定的优势。首先,土地租赁相对于土地出让而言,法律规制及法律手续都较为简单;其次,土地租赁能在很大程度上缓解企业的资金压力,企业无需在较短时间内支付较大的土地出让对价;再次,土地租赁的期限、方式都较为灵活,对于实现土地价值最大化以及改善地方财政都具有积极作用。

(二) 国有土地租赁及相关程序

我国现行土地法律规范中,大都是关于国家作为出租方的国有土地租赁。

《土地管理法实施条例》第29条规定,国有土地有偿使用的方式包括国有土地使用权出让、国有土地租赁和国有土地使用权作价出资或入股,正式将土地租赁确定为国有土地使用权取得的方式之一。1999年国土资源部就国有土地租赁专门制定了《规范国有土地租赁若干意见》,对国有土地租赁的方式、期限、转租、抵押等进行了较为详细的规定。除此以外,1998年2月17日颁布的《国有企业改革中划拨土地使用权管理暂行规定》也对国企改革中国有土地租赁进行了较多规定,并对国有企业的划拨用地向租赁、出让等有偿使用方向转变进行了系统规定。

国有土地租赁,可以采取招标、拍卖和双方协议方式,采取双方协议方式出租国有土地的租金不得低于出租底价和按国家规定的最低地价折算的最低租金标准,协议出租结果要报上级土地行政主管部门备案。其中,出租方为代表国家的地方政府,承租方为用地单位和个人。一般情况下,由承租方与县级以上土地主管部门签订短期土地租赁合同(一般不超过5年)或长期土地租赁合同,对租赁宗地情况、租金、土地使用条件及租赁双方的权利义务进行规定;另外,承租方在按规定支付土地租金并完成开发建设后,经土地主管部门同意或根据租赁合同约定,承租方可将承租土地使用权转租、转让或抵押。

(三)土地使用权出租及相关程序

相较于国有土地租赁,我国针对土地使用权出租的法律规范则较少。

1990年《城镇国有土地使用权出让和转让暂行条例》第4条规定,依照本条例的规定取得土地使用权的土地使用者,其使用权在使用年限内可以转让、出租、抵押或者用于其他经济活动。同时还对土地使用权出租进行了规定,认为土地使用权出租是土地使用者作为出租人的土地租赁。这是土地使用权出租的主要法律依据。

出让土地使用权出租应满足以下两个条件:第一,应按土地使用权出让合同规定的期限和条件投资开发、利用土地;第二,土地使用权出租,出租人与承租人应当签订租赁合同,租赁合同不得违背国家法律、法规和土地使用权出让合同的规定。

划拨土地使用权出租应满足以下条件:第一,土地使用者为公司、企业、其他经济组织和个人;第二,领有国有土地使用证;第三,具有合法的地上建筑物、其他附着物产权证明;第四,依法签订土地使用权出让合同,向当地市、县人民政府交付土地使用权出让金或者以出租所获收益抵交土地使用权出让金。

在土地使用权人完成了土地的开发利用,满足规定的出租条件后即可将该宗土地租给他人,签订相关土地使用权租赁合同,就土地租赁的期限、租金等事项进行约定,由承租方完成土地后续开发利用及建设。

土地使用权出租相比于国有土地租赁具有更大的"自主性":国有土地租赁中代表国家的地方政府始终作为出租者一方,租赁所采用的方式也往往要遵循法律的有关规定;而土地使用权出租中,租赁双方意思自治的范围则要大得多,对于租赁的方式、期限以及租金等都可以根据当事人的意思进行约定,较少受到法律的规制。

(四) 土地使用权出租面临的问题

1. 关于"房地合一"原则

笔者注意到,我国《物权法》第143条规定,建设用地使用权人有权将建设用地使用权转让、互换、出资、赠与或者抵押,但未对土地使用权出租进行规定。另外,《物权法》所强调的"房地合一"原则,也与《城镇国有土地使用权出让和转让暂行条例》认可土地使用权出租的态度存在一定冲突。此前一直得以强调的"房地合一"原则由《物权法》在法律层面上进行了明确,要求房屋所有权人和土地使用权人要保持一致。因此如果允许土地使用权出租的话,那么就可能出现如下问题:甲作为土地使用权人,将土地出租给乙,而后由乙在该土地上投资建造房屋,那么建成的房屋的产权人究竟是甲还是乙?根据"房地合一"的原则,既然土地使用权人是甲,那么地上房屋的所有权人也应该为甲。另外,在实践中如果以乙的名义报建,并办理规划、工程、施工等许可手续,则较难获得相关政府主管部门的批准,因为相关政府主管部门要求必须以土地使用权人的名义报建。这样的话,甲作为土地使用权人,同时由甲获得各项报建手续,竣工验收后的房屋也将顺理成章地为甲所有。所以,土地使用权的归属以及地上建筑物的产权归属需要租赁双方根据各地实际情况在租赁合同中作出明确约定,包括但不限于如实际出资一方无法获得不动产产权时如何保障其权益及补偿等。

上述问题较多出现在土地使用权出租方式中,而在国有土地租赁中则不存在该问题。因为根据2008年2月1日实施的《土地登记办法》规定,依法以国有土地租赁方式取得国有建设用地使用权的,当事人应当持租赁合同和土地租金缴纳凭证等相关证明材料,申请租赁国有建设用地使用权初始登记。另外,《规范国有土地租赁若干意见》规定,承租人将其建造的地上房屋等建筑物、构筑物依法抵押的,承租土地使用权可随之抵押。可见承租人可以获得承租地块地上建筑物产权。所以,承租方在通过国有土地租赁方式获得国有建设用地使用权后,在相关地块上进行开发建设类似于在出让土地上进行的开发建设,不会产生房地分离情形。

2. 关于租赁期限

就国有土地租赁的租期,《规范国有土地租赁若干意见》规定,可以根据具体情况实行短期租赁和长期租赁。对短期使用或用于修建临时建筑物的土地,应实行短期租赁,短期租赁年限一般不超过5年;对需要进行地上建筑物、构筑物建设后长期使用的土地,应实行长期租赁,具体租赁期限由租赁合同约定,但最长租赁期限不得超过法律规定的同类用途土地出让最高年期。

而对于土地使用权出租的租赁期限,现行有效法律、法规没有进行明确规定,具体租赁期限均由租赁合同约定。

实践中有一种观点认为,土地使用权具有特殊性,合同法中关于财产租赁一般期限的规定不适用于土地出租。所以,国有土地租赁的租期可以等同于同类用途土地出让的最高年限,而土地使用权出租的租期只要在出让土地使用权剩余期限内即可。笔者认为,不论是何种租赁,其租期均应不超过合同法规定的20年上限。理由很简单,尽管土地租赁有其特殊性,但在法律无特别规定亦无相关司法解释出台的前提下,应适用合同法关于租赁的规定,租赁期限超出20年的部分应属无效。

3. 关于租赁登记

对于国有土地租赁和土地使用权出租是否要求进行登记备案,我国现行规定存在不同之处。

对于国有土地租赁,根据2008年2月1日起实施的《土地登记办法》第29条规定,依法以国有土地租赁方式取得国有建设用地使用权的,当事人应当持租赁合同和土地租金缴纳凭证等相关证明材料,申请租赁国有建设用地使用权初始登记。

对于土地使用权出租,《城市房地产管理法》和《城市房屋租赁管理办法》只是规定房屋租赁合同应当办理登记备案手续,而未对土地使用权出租是否应办理登记备案进行规定。《土地登记办法》也不再要求对建设用地使用权出租行为进行登记备案。

七、购买物业

通过购买物业取得土地使用权也是土地使用权取得方式之一,本讲主要讨论房屋买卖中应关注的问题。

(一)预售登记与预告登记

目前房地产开发项目大都会进行预售,也就是在房屋具备预售条件以后,获得预售许可证,同预购人签订预售合同。在将来房屋竣工验收后,由开发商首先办大产权证,然后分割办理小产权证。在房地产开发项目预售的情形下,会遇到如下情况:预购人签订预售合同后,一般会利用自筹资金自行支付20%的购房款,而其余80%的购房款则通过银行贷款来支付。此时,银行会要求其将所购房产进行抵押,但目前只有预售合同,还没有办理房产证,就只能进行预抵押,也就是预售合同项下的抵押登记。

预售合同的备案登记、预抵押登记、预告登记是三个不同的概念:

预售合同备案登记是指预售合同签订后,房屋管理中心对预售合同加盖备案章,从而完成预售合同的备案。目前,大部分城市都采用网上预售的方式,首先在网上签约,然后打印纸质合同到主管机关备案(北京市签约、备案均已采用网上机制)。这种备案就称为预售合同的备案,其并不具有对抗第三人的法律效力,只是行政管理措施之一,但在实践中可以起到避免"一房二卖"的作用。

预抵押登记是指签订预售合同后,如果预购人向银行借款,那么预购人就需要将预售合同抵押给银行,同时需要在房管局做抵押登记。以前并不能进行预售合同的抵押登记,必须要在购房人取得小产权证后才能抵押。目前,北京市可以进行预抵押登记。

预告登记是物权法的概念。有人曾推断预告登记可能就是预售合同的备案登记,但是建设部在2008年颁布的《房屋登记办法》中对预告登记进行了澄清,预告登记不是预售合同登记,而是另外一种专门的登记。预告登记就是在签订预售合同并且进行预售合同的备案登记以后,由购房人持身份证或营业执照专门申请进行登记。根据我国《物权法》规定,预告登记具有物权效力。预告登记后,未经预告登记权利人同意,处分该不动产的,不发生物权效力。在建设部的《房屋登记办法》施行以后,可以进行预告登记,但各地方具体什么时间开始执行尚不确定。北京市从2008年10月1日开始进行预告登记,其他地方尚待确认。

预告登记由于具有物权效力,对买受人的保护比较有利。特别是如果开发商因为债务纠纷而被第三人申请法院查封的情况下,如果其进行了预告登记,则法院是不可以查封的,并且对于该房产的处分,需要取得买受人的同意。需要补充说明的是,实践中法院一般会审慎操作,先行到房管局去查询权属情况,如果该房产确实卖给了"小业主"并进行了预售合同备案登记,一般也不会查封的。

（二）权利优先的问题

我国《合同法》第286条规定建设工程的价款就该工程折价或者拍卖的价款优先受偿，即在受偿顺序上施工单位有优先权，但在该建筑物上还可能存在预售合同项下"小业主"的期待物权和银行的抵押权，当各方均进行权利主张时，应当如何确定其优先顺序？

我国《合同法》规定施工款优先于其他债权，尽管此权利是属于留置权还是法定抵押权在理论上仍有争议，但其优先性并没有遭到否定。根据最高人民法院有关司法解释的规定，如果消费者已经支付了全部或大部分房款，那么施工单位的优先权则不能对抗此消费者。这里的消费者是指自然人还是法人，司法解释并没有明确说明。按照我国《消费者权益保护法》的规定，应当是指自然人。这样的话，作为自然人的"小业主"，在支付了全部或大部分房款后，其权利是优先于施工单位的优先权的。

根据最高人民法院司法解释，除不能对抗"小业主"的优先权外，施工队的优先权优先于抵押权（并未区分抵押权是小业主设定的抵押权还是开发商设定的抵押权）。

所以，当同一建筑物上的各方均进行权利主张时，其优先顺位一般为：小业主权利为第一顺位，施工单位工程款权利为第二顺位，银行抵押权为第三顺位。

八、集体建设用地使用权流转

集体建设用地使用权流转也是取得土地使用权的一种方式，而且这种方式也比较普遍，特别是在广东等地区，大量的集体土地用于建设、流转。根据前述分类方法，集体土地包括农用地和建设用地。

如前所述，在目前的中国法律框架下，集体建设用地使用权流转尚缺乏系统性规定，有关规范散见于中央和地方的通知、办法等规章和规范性文件之中,并且各地方规定与上位法也存在不尽一致之处。

(一)上位法的禁止性规定

我国2004年修订的《土地管理法》规定,农民集体所有土地的使用权不得出让、转让或者出租用于非农业建设,否则由县级以上人民政府土地行政主管部门责令限期改正,没收违法所得,并处罚款。仅在符合土地利用总体规划并依法取得建设用地的企业因破产兼并等情形致使集体土地使用权转移的情形下,才可以发生流转。

(二)中央和地方关于集体建设用地使用权流转的实践

1. 中共中央、国务院关于集体建设用地使用权流转的政策

国务院在2004年10月21日下发了《关于深化改革严格土地管理的决定》,提出了在符合规划的前提下,村庄、集镇、建制镇中的农民集体所有建设用地使用权可以依法流转。2006年8月31日,国务院在其下发的《关于加强土地调控有关问题的通知》中再次强调,集体建设用地使用权流转必须符合规划,并将之严格限定在依法取得的建设用地范围内。

2008年10月12日中共十七届三中全会通过的《关于推进农村改革发展若干重大问题的决定》也对集体建设用地使用权流转做了规定,要求抓紧完善相关法律法规和配套政策,规范推进农村土地管理制度改革。

但我们注意到,上述中共中央、国务院对于集体建设用地使用权流转的政策表述中,并未明确"依法流转"的定义,也未明确是否可以突破《土地管理法》的原则性规定。

2. 国土资源部、住房和城乡建设部等主管部门关于集体建设用地使用权流转的政策

国土资源部、住房和城乡建设部作为土地和建设的主管部门,在中共中央、国务院上述政策的基础上,对于集体建设用地使用权的流转先后出

台了更为具体的规定。

例如,建设部2004年出台了落实性文件,强调集体建设用地使用权的流转应符合建制镇、村庄和集镇规划,由城乡规划行政主管部门依据规划出具有关流转地块的规划条件,否则不得进行流转。禁止房地产开发企业以"现代农业园区"或"设施农业"为名、利用集体建设用地变相从事房地产开发和商品房销售活动。

国土资源部在2009年出台的《关于促进农业稳定发展农民持续增收推动城乡统筹发展的若干意见》中规定,在城镇工矿建设规模范围外,除宅基地、集体公益事业建设用地,凡符合土地利用总体规划、依法取得、并已经确权为经营性的集体建设用地,可采用出让、转让等多种方式有偿使用和流转。

3. 各省市关于集体建设用地使用权流转的实践

在中央层面的相关政策出台后,部分地方政府亦或早或晚出台了具体的规定,大致可以分为两类:一类是在全省或全市范围内适用,例如,大连市政府在2004年3月1日出台的《大连市集体建设用地使用权流转管理暂行办法》、河北省政府2008年11月1日起施行的《河北省集体建设用地使用权流转管理办法(试行)》;另一类则是选择在试点地区适用,例如,北京市国土资源和房屋管理局在2003年选择怀柔区的庙城镇和延庆县的大榆树镇作为试点地区,上海市规划国土资源局2010年1月27日出台的《关于开展农村集体建设用地流转试点工作若干意见》也要求选择部分镇村作为试点地区,进行集体建设用地使用权流转改革。

而在各地陆续出台的有关集体建设用地使用权流转的相关规定中,关于集体建设用地的具体用途一般被确定为工矿仓储、公共建筑、商服用地、公用设施用地等。这些用途显然是农作物种植、畜禽养殖等农业生产以外的非农建设。因此,严格从法律角度而言,这些有关集体建设用地使用权流转的规定已经突破了我国《土地管理法》关于集体土地的原则性规定。

(三) 相关法律风险

按照我国现行立法体制及《立法法》的有关规定,法律渊源包括法律、行政法规、地方性法规、部门规章和地方政府规章。就效力等级而言,全国人大及其常委会制定的法律具有最高级别法律效力,其次为国务院制定的行政法规和地方人大及其常委会制定的地方性法规,再次为国务院各部委在其职权范围内制定的部门规章和省、自治区、直辖市和较大的市人民政府制定的地方政府规章。换言之,如果效力等级较低的下位法在某一问题上的规定与上位法的规定相冲突,那么将会被有权机关依照立法法规定的权限予以修改、废止或者撤销。

如前所述,关于集体建设用地使用权流转,我国《土地管理法》至今仍有明确禁止的规定,但中共中央、国务院及部分地方政府出台的相关流转政策和规定,均在不同程度上突破了或疑似突破了《土地管理法》的禁止性规定。但这种突破的实效值得商榷。首先,部分文件并不具备我国《立法法》要求的形式要件,例如,前述国务院出台的决定、通知以及住房和城乡建设部、国土资源部出台的意见,并非按照《立法法》规定的立法程序制定,且其名称、发布形式等也不符合行政法规和部门规章的要求,至多可作为规范性文件。而中共中央的相关决议亦不具有法律效力,仅是执政党的政策性文件。其次,大连市政府、河北省政府等以人民政府名义出台的办法,虽属地方政府规章,但其规定明显有违《土地管理法》的禁止性规定,在理论上应属无效规范。

不过,需要说明的是,中国至今尚未建立违宪审查制度。尽管上述相关下位法违反了上位法的规定,但并没有专门的宪法审查机构对此进行审查、裁判。根据我们对我国实践的观察,一般而言,在上级政府或立法机关清理整顿之前,或具体法律冲突事件发生之前,下位法的相关规定仍可能在一定时期、一定范围内在事实上得以实施。另外,在我国三十多年的立法进程中,就某些问题在部分地区先行试点(而试点措施可能会突破现行法律规定），待取得相关经验后再推动立法或修订现行法律的例子并不少见，而这也是有别于许多西方国家的现实情况。

九、外商投资房地产

2006年7月11日商务部、国家发改委等六部委发布了《关于规范房地产市场外资准入和管理的意见》（以下简称"171号文"），随后商务部及或外管局又陆续发布了50号文①、192号文②和130号文③等一系列文件，限制外商在国内投资房地产，归纳起来，外商在国内投资房地产需要遵循如下三个原则：

（1）商业存在原则，禁止跨境持有非自用房地产。如果在中国投资房地产，必须设立公司，以公司的名义买房或投资，不允许跨境持有。外国公司不能在中国购房，但自用的除外。

（2）项目公司原则。外商从事房地产开发、经营的，应遵循项目公司原则，申请设立房地产项目公司，按照核准的经营范围进行经营。例如，设立A公司用于从事A项目开发，在A项目开发完毕后，如果要开发B项目，必须申请增加经营范围。在上述规定出台以前，A公司如果要开发B项目，本不需要商务部门审批，直接向国土、建设部门申请土地、报建就可以。但在项目公司原则下，设立A公司时就必须在经营范围中明确A公司仅从事A地块开发，以后再开发其他地块必须通过商务部门审批增加经营范围才可以。

（3）备案制度。外商投资房地产企业，无论其是在商务部办理审批还是在地方办理审批，都要在商务部进行备案。虽然根据规定该备案仅是形

---

① 商务部、国家外汇管理局《关于进一步加强、规范外商直接投资房地产业审批和监管的通知》。
② 商务部办公厅《关于贯彻落实〈关于规范房地产市场外资准入和管理的意见〉有关问题的通知》。
③ 国家外汇管理局综合司《关于下发第一批通过商务部备案的外商投资房地产项目名单的通知》。

式备案,但实际上商务部门却进行实质审查。在2008年6月13日商务部下发的《关于做好外商投资房地产业备案工作的通知》(商资函2008[23]号)中,将备案权下放至地方商务部门,由地方批报商务部备案,并放松了对备案的实质性审查,使新规定的备案成为真正形式意义上的备案。

受备案影响最大的是结汇。外商投资房地产企业不管前期取得土地使用权还是进行开发建设,都需要资金支付土地出让金和开发成本。如果不能进行备案,那么就不能进行结汇,也就无法实现外国资本的进入。

另外,在171号文出台之前,外国人和外国公司可以在境内购房并取得房屋权属证书,并不限制其拥有的境内房屋的用途。但是在171号文实施后则开始对外国人拥有境内房屋加以限制,如根据最近北京市工商局的规定,凡是外国公司取得的房产只能自用,不能作为其他公司的经营场所。故即使是在171号文施行之前购买的房产且已取得房产证,也不能作为其他公司的办公场所,取得工商局对该公司的注册登记。工商局会以当初出租方购房存在问题为由,拒绝办理住址登记。而且此规定不仅针对外国公司购买的物业,而且对内资企业转租房屋的情形也适用,即如果内资企业的经营范围没有租赁物业却从事房屋出租的,工商局同样不会为承租方办理公司住址登记。

需要补充说明的是,171号文是2006年7月11日由六部委发布的。如果在171号文施行之前签订预售合同并办理了备案,而有些项目却一直在建并未完工,在竣工验收后171号文已经施行,那么购房人能否取得小产权证?此种情形在北京和上海都是能取得小产权证的。根据法不溯及既往的原则,在"限外令"之前签署预售合同并办理登记的,房屋竣工后可以顺利取得小产权证。

第十课

境外投资法及境外投资业务

主讲人:周 舫 周 辉 陈 江

周舫
（合伙人）

周舫律师简介见第五课"合同控制结构的相关法律问题及运用"。

周辉
（合伙人）

周辉律师在银行金融、金融机构的收购兼并以及私募股权投资领域拥有丰富的经验。他曾代理众多跨国公司和银行金融机构参与大量投融资项目的结构设计、谈判、文件起草和出具法律意见书等工作。

周辉律师的代表性交易包括：花旗银行入股浦东发展银行、汇丰银行入股交通银行、恒生银行入股兴业银行、浦东发展银行与法国安盛集团设立合资基金管理公司、上海汽车集团与通用汽车金融公司成立中国第一家合资汽车金融公司、瑞士信贷摩根士丹利房地产基金上海广场项目收购融资、德意志银行凯雷集团森林别墅项目收购融资、Asia Pacific Land 世纪商贸广场收购融资、花旗基金珠海中富收购及融资等。

陈江
（合伙人）

陈江律师现为君合律师事务所合伙人，在君合上海分所执业。其业务领域主要为私募、风险投资、外资兼并收购、外商直接投资、一般公司业务等方面的法律事务。他代理的客户主要是各种规模的跨国公司，涉及行业广泛（包括但不限于私募股权基金、投资银行、信息产业、高科技、医药、医疗保健、化工、物流、贵金属、房地产、广告以及汽车等行业）。曾为德州太平洋集团（TPG）、太盟投资集团（PAG）等在国内的投资私募投资项目提供法律服务；为上海电气股份有限公司、厦门建发股份有限公司等国内大型企业的境外投资项目提供法律服务。

随着中国经济的发展,以及相关"走出去"的宏观经济政策支持,越来越多的中国企业(包括大型国企,也包括民营企业)通过新投或并购的方式在中国境外进行投资,以实现企业的国际化发展及业务、市场扩张。

企业的对外投资涉及各种境内审批监管、行业调控、税收、反垄断等中国法业务,还涉及复杂的国际经济法、冲突法甚至是国际公法的问题。中国律师在企业海外投资业务中的各个方面都可以发挥重要作用,包括法律结构设计、协助境内审批、对外谈判、协调各法域法律服务机构等方面。本讲主要讲述中国企业境外投资所涉及的相关法律及实务操作,从实务角度分析中国企业在境外投资项目的运作中通常会遇到的法律及审批问题,并且分析境外收购的融资来源及可能的方案。

一、境外投资审批流程

一个常见的境外股权投资项目在现行法律框架下涉及的审批机关大致为三个:一个是发改部门;一个是商务部门;一个是外管部门。

发改部门主要从海外投资角度进行核准,核准的是投资项目;商务部门是从海外投资设立境外企业的角度进行审批;外管局主要是对境外投资所涉的外汇换汇及汇出进行审核。

下面我们从一个项目案例来具体分析所需要的审批和流程:我们假设一家中国境内公司拟向境外第三方收购一家其在境外设立的子公司的控股权;为便于分析,我们还假设该境外投资的项目及对外投资设立实体的审核层级都为国家级。我们理解,该境外投资会依次涉及如下的审批部门及流程:

(一)审批部门和审批事项

1. 国家发改委信息报告确认

根据国家发改委2009年发布的《关于完善境外投资项目管理有关问题的通知》规定,境内收购方需要在境外竞标之前向国家发改委提交信息报告。在信息报告获得国家发改委确认后,方可进行对外谈判签约、提出约束性报价及投标等具体活动。信息报告的确认在目前的实践操作中成为非常重要的程序。发改部门会通过这个程序掌握国内有多少家投资人正在参与境外投资竞标或有相关的意向。据此,发改部门对某一个具体投资人的信息报告确认将有助于信息报告提交方未来顺利获得发改部门的项目审批。从一般经验来看,国家发改委对信息报告确认之后又不核准项目的情况非常少。所以,很多拟进行海外投资的企业都把前期审批工作重点放在编制信息报告,而信息报告的内容又要涵盖国家发改委要求及感兴趣的内容。

2. 发改委项目核准

接下来是国家发改委的项目核准,企业在获得事先信息确认后对外进行谈判及投标,并由境内拟投资企业正式向发改委提交项目核准申请。具体的法律法规依据包括:2004年国务院通过的《关于投资体制改革的决定》(国发[2004]20号),及2004年国家发改委颁布的《境外投资项目核准暂行管理办法》(国家发改委第21号令)及其后国家发改委规定的相关细则,如上述《关于完善境外投资项目管理有关问题的通知》(发改外资[2009]1479号)等。

目前海外投资的项目操作实践中遇到的比较大的问题在于法律法规规定的核准时间与项目的谈判签约时间协调和冲突问题。

根据《关于完善境外投资项目管理有关问题的通知》,境外收购项目在对外签署约束性协议、提出约束性报价及向对方国家(地区)政府审查部门提出申请之前,境外竞标项目在对外正式投标之前,应向国家发展改革委报送项目信息报告;在发改部门向报送单位出具确认函后(确认函将标明一定的有效期)有关企业可在有效期内对外开展实质性工作。同时,根据发改委的《境外投资项目核准暂行管理办法》的相关规定,在获得发改委审批之前,企业不能对外签署最终交易文件。

由于境内收购方通常会需要一个月或数月的时间来获得发改委的确

认函。根据前述现行规定,相关的签署约束性协议、提出约束性报价或竞标等"实质性工作"将不得不受前述信息报告及正式核准程序的影响。如果一项境外收购存在境外数个竞争方,则境内前置审核时间对于企业的对外谈判时间进度会形成较大的压力。如果发改委的确认函不能及时发放,企业可能错失境外谈判签署协议的机会。因此,企业应该与发改部门及时沟通、争取在海外投资项目的时间表框架下及时获得国内审批部门的审批"绿灯"。这是大多数海外投资项目需要解决的一个重要问题。

在实践操作中,我们了解到一般可以通过如下流程操作:

(1)先获得发改委的信息报告确认函;

(2)在发改委不提出反对意见的前提下,企业对外签订交易协议;

(3)企业正式上报境外投资项目核准申请报告,获得发改委审批/核准。

一般而言,如果收购方对外签署的投资或收购协议下的成交条件包括获得所有中国境内的审批,收购方将有机会获得发改委的同意在最终获得正式的项目核准前就对外签署交易协议。发改部门会根据每一个海外投资的具体情况决定是否同意企业依此流程操作。

3. 商务部审批

根据商务部于2009年颁布的《境外投资管理办法》(商务部令2009年第5号),商务部和省级商务主管部门对企业境外投资实行核准。据此,境内企业在境外投资通过新设或收购取得境外企业(不包括金融企业)的所有权、控制权、经营管理权的,需要根据《境外投资管理办法》的规定取得商务部门的核准。

根据《境外投资管理办法》,企业向商务部门提出的境外投资申请文件中须包括"国家有关部门的核准或备案文件"。对于需要发改委核准或备案的海外投资项目,该"国家有关部门的核准或备案文件"一般被理解为该境内投资方获得的发改部门核准或备案文件。据此,我们理解《境外投资管理办法》的前述规定原则上确认了发改部门核准/备案是商务部门核准境外投资设立/收购境外实体的前置文件。

4. 外汇登记

国家外汇管理局 2009 年出台了《境内机构境外直接投资外汇管理规定》(汇发［2009］30 号)，规定境内机构境外直接投资在获得境外直接投资主管部门核准后，应持相关材料到所在地外汇局办理境外直接投资外汇登记。在取得前述外汇登记后，境内机构应凭境外直接投资主管部门的核准文件和境外直接投资外汇登记证，在外汇指定银行办理境外直接投资资金汇出手续；外汇指定银行进行真实性审核后为其办理。

根据《境内机构境外直接投资外汇管理规定》，在办理境外投资外汇登记时一同办理外汇资金来源审查，即在做外汇登记时，由境外投资项目的企业向外汇管理部门作出用于境外投资的外汇资金来源的说明，这就避免了原来规定的需事先审查外汇资金来源的复杂因素，节省了企业的审批时间。

（二）各项审批的衔接

下面的列表大致列出了在前面例举的项目情况下，境内审批的事项、监管机构、审批依据及大致的时间要求：

序号	审批事项	审批机关	审批时限①	法律依据	备注
1	境外竞标或收购交易之确认	国家发展和改革委员会("国家发改委")	7 个工作日	《关于完善境外投资项目管理有关问题的通知》	境外竞标或收购项目，应在投标或对外正式开展商务活动前，向国家发改委报送书面信息报告并由国家发改委出具确认函

---

① 本表所列的审批时限均根据相关法规摘录，应自审批机关收到所有要求的文件且内容形式合格并由审批机关正式受理审批申请后起算，该等不包括有关政府机关委托其他机构进行评估的时间。实践中，根据项目的不同情况，所需的审批时间可能更长。

(续表)

序号	审批事项	审批机关	审批时限	法律依据	备注
2	境外投资项目审批	(1) 资源开发类项目：中方投资额在 3000 万美元及以上的，由国家发改委核准；投资额在 2 亿美元及以上的，由国家发改委审核后报国务院批准 (2) 资源开发类以外的其他项目：中方投资用汇额为 1000 万美元及以上的，由国家发改委核准；中方投资用汇额为 5000 万美元及以上的，由国家发改委审核后报国务院批准 (3) 中方投资额 3000 万美元以下的资源开发类项目和中方投资用汇额 1000 万美元以下的其他项目，由省级发改委审核	自有权审批机关受理之日起 20 个工作日（可延长 10 个工作日） 但实践中可能需要更长时间	《境外投资项目核准暂行管理办法》	项目审批应当在投资人就境外投资项目签署任何具有最终法律约束力的相关文件前取得
3	境外投资设立/收购境外实体	1. 下述情形应当在商务部办理境外投资核准： (1) 在与我国未建交国家的境外投资； (2) 特定国家或地区的境外投资（具体名单由商务部会同外交部等有关部门确定）； (3) 中方投资额 1 亿美元及以上的境外投资； (4) 涉及多国（地区）利益的境外投资； (5) 设立境外特殊目的公司。 2. 其他企业：省级商务部门核准	1. 省级商务部门初审时间：10 个工作日 商务部受理后，应当于 15 个工作日内［不含征求驻外使（领）馆（经商处室）的时间］作出是否予以核准的决定 2. 视各地具体规定	《境外投资管理办法》	
4	境外投资外汇登记	当地外汇管理局	申报文件齐全的不超过 20 个工作日	《中华人民共和国外汇管理条例》、《境内机构境外直接投资外汇管理规定》	

前述审批所涉及的部门和审批事项相对比较简单,但需要运用到复杂结构的境外投资交易中就存在着诸多需要考虑的因素和一定的难度。在我们先前的项目经验中,投资人、收购对方或境外机构常会提出如下的境内审批与境外流程的衔接问题,这些问题包括:

(1) 对外签署交易备忘录(Memorandum of Understanding)、意向书(Letter of Intend)或投资条款(Term Sheet)之前需要获得什么样的境内审批;

(2) 对外签署正式协议(Definitive Agreement)前需要获得什么样的审批,是否有审批机构允许提前签署的空间;

(3) 在国家发改委的规定和商务部的规定中都要求境外合同生效条件是获得中国境内相关政府部门的审批,但在境外法域下,特别是英美法体系下,合同都是经缔约方签署生效,可否通过将中国部委审批加到成交条件(Closing Condition),而非生效条件。

如前所述,在国家发改委的规定和商务部的规定中都要求境外合同生效条件是获得中国境内相关政府部门的审批;国家发改委的规定还明确要求在获得发改委的核准后方可对外签署交易协议。① 由于该等部门的审批时间可能持续较长,如果严格适用前述文件要求,可能会导致对海外投资项目的境外谈判和签约造成较大影响。对于一些国家支持的海外收购项目,发改部门可能允许企业先对外签署意向文件,再回来上报发改委部门有关信息报告。对于这些项目,发改部门和商务部还可能会采取更加务实的立场,即允许企业先对外签署协议(该等协议将境内审批明确列为成交条件),此后各部门再对项目给予正式审批。总而言之,审批机关对于所支持的海外投资项目会给予一定的程序上的务实考虑。但是,在具体的项目中,企业仍然需要根据自身项目的具体情况积极与审批机关沟通,以

---

① 当然该等规定的法律效力也曾被广泛讨论。首先境外合同何时生效应取决于其管辖法律;其次,即使其管辖法律是中国法,根据最高人民法院《关于适用〈中华人民共和国合同法〉若干问题的解释(一)》第4条规定,合同法实施以后,人民法院确认合同无效,应当以全国人大及其常委会制定的法律和国务院制定的行政法规为依据,不得以地方性法规、行政规章为依据;因此,严格来说,通过部门规章限制合同的效力本身与合同法以及司法解释的规定不符。

获得审批机关的最大程度支持。

二、境外投资中的融资

海外投资中的融资问题及解决方案是与审批流程同等重要的问题。总体而言，企业海外投资资金来源通常包括企业自有资金，或是银行借款，包括从境内和境外两个方面融资。

（一）对银行融资意向书的要求

融资的问题一般应尽早解决，因为实际上从签订交易备忘录或投资条款的第一天起，境外的卖方就会不断要求境内的买方证明自己有足够财力进行境外的收购。一般是要求企业按照国际交易惯例出具国际标准下的安慰函（comfort letter）或银行融资意向书。在项目中经常遇到的情况是如果是从国内银行融资，其能够出具什么程度的意向书以满足境外投资人的要求。通常情况下，如国内银行做境外投资比较少，会出一个很简单的一页纸的承诺书，而且附加很多条件，例如境外投资获得所有境内审批或其获得总行批准的条件下才签订正式协议等。这样这个承诺书的内容和承诺的力度就会比较弱，不足以满足境外机构的要求。在这种情况下我们需要跟银行反复讨论银行在最大程度上可以给予什么样的支持，能否在国家发改委、商务部审批之前就和我们的客户签订一个条款意向书，虽然条款意向书中也可以加上国家审批等条件，但对融资贷款的主要条款都有一个确定，包括贷款额度、贷款期限、利息等主要贷款条件，还有提款条件等这样的约定。

（二）融资与审批及交易进程的衔接

国内银行公布的贷款程序有严格的信贷、审贷两套系统，分开的部门监管流程，而且涉及的境外并购贷款总额往往会超过境内企业所在省级银行的审批权限，很可能需要其总行来批，这种情况下不仅有境内审批和境外交易谈判衔接的问题,还包括境内的所有工作包括融资工作衔接的问题。境内收购方如果不是成熟的经常做跨境交易的企业,可能没有足够的认识和能力去协调一家甚至是多家银行及时提供境外卖方所要求的能够证明其有资金能力的文件,包括支持函、承诺函,或者是条款条件甚至最终签订银团或双边贷款协议。这个工作量是巨大的,特别是在一个境外项目节奏非常紧凑,排他期限很有限,真正实质工作都已经接近尾声的情况下,协调不好会使整个审批进度、境外与卖家谈判的进度受到影响,这是目前在境外投资项目中常常遇到的最大的问题之一。

(三)融资后资金出境的方式

如何和银行谈判,怎么样能满足审批要求,满足境外卖方要求,这些是比较大的问题,也是制约谈判进程非常重要的因素。在获得相关资金安排后怎样出境,又是另一个大问题。通常项目获得的银行贷款和企业自有资金,境外卖方都会要求以不同的形式出具承诺函,银行那部分是由银行出具承诺函,企业自有的部分需要企业出具承诺函并附加银行存款证明,以证明公司有很好的现金流及存款来进行投资。资金出去的时候可以选择的方式有投资设立子公司再由子公司去收购的方式,或者直接收购境外公司的股权的方式,或者贷款给境外子公司再由子公司收购等各种方式。这些方式各有利弊。特别需要指出的是,以给境外子公司贷款的方式出去需要符合外管局规定的程序及实质上的条件要求。

(四)融资确定

关于境外投资的融资,从我们参与的境外收购融资项目看,关键问题是按照国际惯例资金必须要有确定性(certain)。如中铝收购一家澳大利亚上市公司,根据澳大利亚当地要求,收购方必须提供充足证据证明其有收购资金来源。在其他所有主要发达国家的交易所,上市公司收购都要求收购方资金要确定,即从签署协议到最后交割这段时间,提供资金的银行必须承诺,只要收购完成,银行的贷款是不可以随便撤销的,但这和传统的银行融资是有冲突的。在一般的贷款协议中,银行通常会在提款先决条件上设置很多障碍,包括需要提交一些公司文件、交易相关文件,还包括借款人不能存在陈述保证不真实的情形等。在收购一个目标公司尤其是上市公司时,除了交易文件非法,或者交易审批没有拿到,或者因为目标公司出现欺诈性资产转移等一些非常极端情形外,其他条件都不能作为终止贷款的理由。比如一般融资银行会说市场发生重大不利变化(material adverse market),例如 LIBOR(London inter bank offered rate,伦敦银行同业拆借利率)为3%的,突然到1%或2%,就可以作为终止放款条件。在境外收购的融资中,这种市场变化是不能作为终止融资的条件的。所以在境外收购的融资中,和银行谈一个好的融资条件以使得目标公司的监管机构满意非常关键。通常在做境外收购融资安排和银行谈判时,关于哪些条件可以构成融资终止,哪些条件不能构成融资终止,通常是争议的焦点。

(五) 融资安定

1. 信用融资及资产融资

另外一个业界普遍比较关注的问题是,融资是否能够做到安定。目前收购融资国际上分为两种:信用融资及资产融资。如果是基于借款人的信誉借款,是一个信用融资;如果是基于目标公司的资产和现金流进行贷款,是一个资产式融资。收购一般都是做资产式融资,但目前国内银行,如国家开发银行和中国银行等都不具备做资产式融资的能力。像中铝或其他央企进行境外收购融资,国有银行都很大方,无论是国家开发银行还是中国银行基本上并没有要求对目标公司的资产设定担保,主要是依赖中铝这些央企的信誉,而基于借款公司自身信誉贷款首先从银行角度来说没有适当控制风险,收购融资的还款来源的保障是基于目标公司的资产和现金流,所以应是一个资产融资而不是一个信用贷款。如果是基于借款人的信用融资,在借款人的资产负债表上体现的是负债。如果总是依靠自身信用进行融资,资产负债表会比较难看,如果可以完全依靠目标公司的资产进行担保,其融资能力也会增强。

2. 资产融资的担保

在设计资产式收购融资时,最关键的是怎样在目标公司的资产上设置担保。我们曾经参与过很多境外基金收购中国资产或公司的项目用目标公司的资产提供融资担保,如 CVC 收购珠海中富。但由于中国的外汇管制,使得境内企业为境外公司提供担保非常困难。但在中国的企业去境外收购时情况不一样,可以做这种尝试。如果能够设计出资产担保,对境内的收购方来说可以改善财务状况,减轻负债压力。

收购融资中还有一个很关键的问题,即财政资助(financial assistant)的问题,上市公司不能用自身资产和资源为收购方收购本公司融资提供便利。比如 CVC 收购珠海中富,珠海中富不能为 CVC 贷款用自己的房地产和生产设备设定担保,因为这样等于用公司的资源为收购方提供便利,对被收购方所有中小股东和其他股东来说是一种权利侵害。在所有主要国家的上市条例中都有这样那样的限制。上市公司,如中铝收购力拓,因为力拓是上市企业,在收购成功之前不可能用力拓的资产提供融资担保,因为这将被澳大利亚的上市交易规定视为财政资助。因此只能由中铝自己安排可行的担保去得到融资,但在收购成功之后,可以考虑用力拓的资产进行担保的融资去替换之前的融资。当然财政资助也不是绝对禁止的,在有些地方也有例外,如果提供财政资助是有正当理由的则是可以的,比如说通过召开特别股东大会,股东大会通过认为收购对公司是有利的,财政资助也是可以的。

从市场上来看,目前大的央企是基于自身信用,用国家开发银行、中国银行等国家财政资金或大银行的资金来进行融资。但从市场长远来看,发展的走向应该从信用贷款走向资产融资。律师在境外收购过程中要帮助企业考虑怎样可以减轻资产负债表的压力,怎样尽可能地运用国际资本进行融资,怎样使融资尽可能的稳定,这是律师今后要努力的方向,这将使中国律师在境外投资项目中的主导性不断增加。

3. 内保外贷

实践中有一些项目中的客户通过内保外贷解决资金来源,比如向香港汇丰银行借钱,由境内公司提供担保。内保外贷有两个做法:一是国内母公司直接向境外融资方提供担保,根据现行规定,国内母公司只可为海外子公司的境外负债提供担保,且此种担保需要外管局的审批;二是国内母公司向一家境内金融机构申请开立备用信用证,该信用证直接担保境外子公司的境外借款,由于境内金融机构每年都有核定的对外担保额度,因此备用信用证的开立在银行的对外担保额度之内不需要外管局逐案审批,但是银行通常要求企业提供反担保。企业可以结合自身情况选择上述方案中的一种来安排担保方案。

4. 目标公司资产支撑的融资对财务报表的影响

国际上通行的收购通常以目标公司的资产和现金流(而不是收购方的资产)作为收购融资的支撑资产,这样安排的融资可以不影响境内投资方的资产负债表即境内投资方的借债和担保规模。

如中铝收购力拓,中铝在香港设立子公司,子公司贷款去买目标公司,银行肯定不放心,中铝香港公司可以用目标公司的矿、股权做抵押,或者让力拓给担保,但这个方式受到的限制就是在收购成功之前上市公司不能用自己的资产为收购方的融资提供担保,所以在收购成功之前只能由中铝这个母公司给一个过桥的担保,收购完成之前,用收购完成后的目标公司的资产担保去替代收购完成以前中铝的这个担保。担保替换完成后,中铝才能从这个担保里抽身出来,而抽身出来以后才能说中铝所做的收购融资是一个 off balance sheet(资产负责表外)的融资。

三、境外投资项目涉及的其他重要问题

(一)境外投资的税法问题

境外投资涉及的中国税法的问题主要包括:

(1)境内的公司在境外设立的持股公司在什么程度上会被视为中国境内居民企业法人;

(2)在开曼或香港或在其他地方设立持股公司有什么税收上的区别,在不同地区设立持股公司对整体的结构有什么法律及税务上的障碍;

(3)有无任何可以适用的双边或多边税收协定,从而可以优化交易结构下的税负;

(4)资产、股权跨境交易在中国税法下的义务及可能的风险等。

鉴于中国的企业所得税法和认定居民企业、非居民企业的相关办法等是一套相当复杂的体系,本书以专门篇章予以了讲述,这里就不再详述。

(二)境外投资的反垄断审查

一个海外投资项目还会涉及反垄断审查的问题。中国律师需要判断一个境外投资是否涉及中国反垄断法下的经营者集中,以及是否需要与商务部门进行沟通,或进一步提交反垄断审查文件。通常在境外投资交易时无论是境内律师还是境外律师都会把境内及涉及境外的所有的反垄断审查的障碍清空,再实质性地实施交易。

四、中国律师在境外投资项目中的角色

(一)目前中国律师在境外投资项目中介入程度有限

一个大型的海外并购项目一般会涉及复杂的交易结构及多法域的法

律问题,还会牵涉到很多中介机构,不仅有中国律师事务所还有境外的律师事务所、财务顾问、会计师事务所等等。中国律师事务所和外国律师事务所在项目中如何配合,我们怎样更好地切入自己的服务点,如何能在商业化运作里占有更大的市场,都需要境内律师予以学习。

在我们参与的境外投资项目中,比如境外的石油公司收购,以及收购数个汽车企业品牌资产的项目等,都感觉到中国律师在发挥着越来越大的作用。以前的经验表明,很多大型企业集团,尤其是国企集团的项目操作过程中,由于公司都有成型的操作惯例和内外部资源的支持,很多公司在对外投资时对律师的需求不多,导致中国律师的参与度不是很深。但最近在一些项目中,特别是民营企业作为主导的对外投资项目中,投资方对于律师的依赖度有非常大的提升,律师参与的深度也大大增加。从我们的经验来看,客户需要律师参与解决的问题大致包括下面几个方面:

(1)解释境内审批部门、审批流程和各不同审批部门的衔接。

(2)境内的审批与境外项目进程的衔接,包括境外交易备忘录的谈判、交易协议的谈判、境外尽职调查及境外履约等事项。在进行境外交易结构的讨论时,该等境外交易结构与境内的审批流程和结构也是息息相关的。

(3)投资产业政策分析。比如我们已经完成的汽车项目中很重要的一块是需要境内律师帮助在投资产业政策和法律限制等方面作出一些判断分析,提出参考意见。

(4)境内融资。因为境外投资融资资金来源分为很多板块,比较重要的板块是公司自有资金,第二是银行借款,第三是境外实体进行融资,这几个板块的解决方案都需要中国律师的支持。

(5)税法分析。这也是最近项目涉及的需要中国律师给予支持的部分。在境外投资交易下,可能需要中国律师在境外投资交易结构、资金汇出和未来利润安排的讨论过程中,提供中国税法下的分析意见。中国律师还需要在诸多跨境税法问题上提供分析及解决方案的建议:如在多大程度上境外实体会被视为中国税法下的境内居民、不同法域之间的税收条款优惠待遇以及怎样从税法的角度更加优化海外交易结构等。

(6) 反垄断分析。从我国《反垄断法》实施后,也需要给境外并购的客户一些支持性意见,以明确相关的境外投资项目是否需要与中国商务部进行关于反垄断审查的沟通、商谈及/或提交相关申报文件。

我们认为,如果不仅能够在中国审批这个传统项目上提供建议和服务,还可以在交易结构设计、涉及中国的尽职调查、协议谈判、税务、反垄断审查及企业融资安排中提供法律服务,这将在很大程度上提升中国律师在此项业务中的价值。

(二) 扩大介入程度的尝试

除了前述部分传统属于中国国内法律事务因此一般由中国律师事务所操办的事务之外,中国律师事务所还可以在更多更广的领域为国内公司境外投资提供服务:

1. 争取做海外投资项目的总协调律师(lead counsel)

中国公司的对外投资既有投到欧洲、美国、澳大利亚、加拿大这类世界主要经济体的,也有投到俄罗斯、巴西、南非、印度等新兴经济体的,还包括东南亚、非洲、拉美等一些国家。中国公司对外投资普遍聘请当地的律师事务所为该等投资提供法律服务。

在中国设有代表处的各国律师事务所,特别是全世界网点众多的国际性律师事务所,是中国律师事务在中国公司于这些国家海外投资所需法律服务的主要合作者,同时也是主要竞争对手。中国公司可以在境内直接联系接洽该等境外律师事务所提供法律服务,因此中国律师事务所在这类项目中成为总协调律师有一定难度。不过如果中国公司系中国律师事务所的长期客户,基于长期工作形成的信任和默契,即使在海外的投资并购案件中一些中国公司希望仍由中国律师事务所作为总协调律师,直接向境外律师事务所下达工作指示,并直接向中国公司汇报项目进展。事实证明,由于我们对于国际通行的并购操作实务的熟悉和专业,以及与客户的长期工作关系,我们对于客户想要什么、何时需要提醒客户什么问题等较国际律师事务所有优势。

对于中国公司投资其他一些国家,而又没有任何该国的律师事务所在中国有代表处的(或者有办事处但是实力较弱),中国律师事务所的第一项工作往往是被中国客户要求推荐境外的合作律师。以君合律师事务所为例,作为 Multi Law 和 Lex Mundi 两大国际性律师组织在中国的唯一成员所,以及超过半数的合伙人有在国外学习或者在外国律师事务所工作的经历,君合基本上在全世界主要国家和地区都可以找到并推荐认识和信任的律师给中国客户。本着对于客户利益最大化的宗旨,我们会协助客户选择一家最合适的律师事务所。完成外国律师遴选程序之后,我们往往作为项目的总协调人与国外律师一起工作,直接向境外律师事务所下达工作指示,并直接向中国公司汇报项目进展。

事实上,在欧美等法律市场比较发达的国家和地区的客户对外投资时有其本国律师事务所充当 lead counsel 协调境外律师事务所一起工作是非常常见的一个做法。中国许多律师事务所在一些跨境的业务中作为 co-counsel 接受外国律师事务所的指示、与外国律师事务所一起工作目前屡见不鲜。因此在这个大潮流之下,只要中国的律师事务所不断提高跨境并购/投资的专业技能,继续与国内客户保持密切工作关系,同时继续扩大国际交流,在中国公司对外投资这块大蛋糕之中将会取得越来越大的份额。

2. 协助承担部分收购方的内部法律顾问工作

因为很多国内公司的内部法律团队比较弱,可能不能很快跟上外国律师所每天的电子邮件、文件以及所做的工作,鉴于此,我们可以与客户以及外国律师事务所双向沟通承担客户的一些内部法律顾问工作。因为我们对跨境并购的流程比较熟悉,另外外语能力方面也可能较一般中国公司的内部法律顾问要强一些，因此可以通过我们的服务帮助客户提高自身的应对能力。

除了日常的一些工作协调沟通之外，中国客户在以下两个大的方面经常需要其信任的中国律师事务所的意见和把关：一是尽职调查报告；二是准备、谈判以及最终确定的文本。

（1）当外国律师事务所准备好了尽职调查报告之后，国内律师事务所必须仔细审阅该等报告，帮助客户理解有关问题，协助客户分析相关问题的严重程度以及风险点，并分析哪些问题是真正的致使交易不能成行的重大实质性问题（deal breaker）。基于以上分析之后，协助客户在后期的文本谈判中准备好有关预案。

（2）当外国律师事务所准备好了相关交易文本之后，国内律师事务所必须仔细审阅该等文本，并且至少有两项事情应当去做：① 根据中国强制性法律的要求，修改协议并增加或者删除相关内容（例如之前提到的增加国家发改委、商务部的最终批准作为交割的先决条件等）；以及② 帮助客户理解文本结构和内容。有时有关法律文本的中文翻译也是由中国律师事务所完成。这些工作一直持续到交易文件最终定稿。

当然在做这一方面工作时，中国律师事务所必须尽快学习、初步了解外国法并准确理解外国律师事务所的相关意见。

3. 利用中国内地、香港以及其他境外分所的资源从事目标公司当地子公司的尽职调查等服务

以君合律师事务所为例，基于我们的境内外分所优势，如果中国公司对外投资系境外收购且目标公司在内地以及香港有子公司的，我们完全可以就该等尽职调查提供专业服务。我们在先前的项目中参与了涉及中国内地及香港方面的尽职调查。在这种情况下，由于尽职调查分别由两家（甚至更多）的律师事务所进行，因此中间的协调工作十分关键，比如尽职调查时间表的协调，尽职调查深度和广度一致性的协调，尽职调查报告格式的协调等。

内地目前已经有一些律师事务所积极在香港、美国、欧洲、日本甚至中东等国家和地区设立分所;如果这些分所有足够的当地人才,则中国律师事务所在地的法律业务将会越来越多。

(三)中国律师事务所如何可以准备得更好

1. 勤练内功、在跨境投资和并购方面业务能力不断提高永远是第一位的

在未来可以预见的很长一段时间内,普通法以及英语在跨境交易中的霸主地位不会改变,全世界的跨境并购仍将按照法律市场发达的国家(如美国、英国等)惯用的规则在进行;即使中国公司多么有钱、海外并购项目多么多,都无法改变这个格局。正因如此,传统欧美强所在跨境并购市场上凭借其优势始终处于主导地位。

中国律师事务所想要在中国公司境外投资/并购市场上扩大自己的份额,勤练内功、在跨境投资和并购方面业务能力不断提高永远是第一位的。如果没有真才实学,即使中国公司愿意聘请,中国律师事务所也未必敢接。

2. 中国律师要与中国客户建立起信任而默契的工作关系

与外国律师事务所相比,在中国企业境外投资项目中,中国律师事务所的优势之一在于距离中国客户更近,与客户有更长时间的信任和默契的工作关系。国外客户雇佣国外大的国际所在中国开展投资并购项目,前提是他们对自己找的律师非常信任。这就要求我们平时在业务过程中不论是何种类型的客户,必须坚持始终牢记职业精神,高效、稳妥地把客户的事情处理好。

3. 中国律师事务所必须扩大对外的交流,加强和国际市场的连接

中国与世界的经济交流已经遍及全球的各个角落,有中国企业身影的地方必有法律的需求,因而中国的律师事务所应该也要把"触角"延伸到该等地方。当然,这里讲的"触角"不是说中国律师事务所也要在当地开设分所或者代表处,而是说对外交流的"触角"也要延伸至此。只有这样,才能够为客户做好牵线搭桥的准备工作,在客户要求法律意见时及时推荐当地业务能力高的团队,并与其开展合作。

4. 团队精神是中国律师事务所参与境外投资项目必不可少的

一个中国公司境外投资项目往往涉及多个中介机构,中间包括投行、会计师、境外律师事务所、境内律师事务所等,特别是境外律师事务所和境内律师事务所之间往往是既合作又竞争的关系。在这个过程中,我们需要提醒的是团队精神不可忘记而且非常重要,需知客户的利益是我们法律服务的宗旨,因此不论在合作还是在竞争中,都不可偏离这个宗旨。

第十一课

WTO框架下反倾销和反补贴调查的法律应对

主讲人：周　勇
文字整理：贾　静

周勇
（顾问）

周勇律师的执业领域集中在国际贸易法。

自1997年中国第一起反倾销案件始,周勇律师便长期和专门从事贸易救济法律工作。至今,周勇律师所代理的反倾销/反补贴案件数量超过100起,涉及的调查国家包括中国、美国、欧盟、加拿大、澳大利亚、印度、土耳其、韩国、泰国、印度尼西亚、埃及、南非及拉美地区。基于对WTO法律制度的深入研究,周勇律师亦就WTO争端解决为中国商务部提供咨询意见。

周勇律师曾被国际知名的律师评级机构《亚太法律500家》评为"国际贸易法领域的推荐律师"。

贾静
（律师）

贾静律师于2005年毕业于中国海洋大学法学专业,获得法学学士学位,并于2007年获得中山大学法学硕士学位。2010年加入君合律师事务所。

贾静律师主要从事国际贸易法律服务。贾静律师代理过中国企业应诉欧盟、澳大利亚、泰国、印度、土耳其反倾销和反补贴调查;代理欧盟、泰国等国外客户应诉中国反倾销调查。

与其他律师业务相比,反倾销和反补贴是相对独立的业务领域。这种"独立性"与反倾销和反补贴领域中独特的法律概念密不可分。例如,反倾销法中有"正常价值"和"出口价格"的概念,反补贴法中有"专向性"的概念。同时,尽管各个国家都有单独的反倾销法和反补贴法,但是这些法律存在很大的共性,而且理应与 WTO 规则和框架中的反倾销和反补贴规定相一致。① 现行有效的 WTO 规则具体是指乌拉圭回合多边贸易谈判所形成的法律文本,反倾销和反补贴相关规定是其中重要的组成部分,WTO 争端解决中的很大一部分案件也都与反倾销和反补贴有关。从广义上讲,反倾销和反补贴属于贸易救济的范畴。② 其中,反倾销是各个国家最经常采用的贸易救济手段,反补贴在近几年也用得越来越多。反倾销和反补贴在业界通常被简称为"双反"。反倾销和反补贴法律领域的上述特点可以为律师承办"双反"案件提供一些基本的思路和方法。本讲旨在结合 WTO 规则和框架向读者介绍"双反"案件中律师所从事的基本业务和需要重点关注的事项,希望可以为感兴趣的读者提供一些参考。

下文,笔者重点介绍反倾销案件相关问题,其后对反补贴案件做简单介绍。

一、反倾销调查的基本程序

首先,笔者认为有必要对什么是"倾销"做简单介绍,从而有助于读者更好地理解反倾销调查的基本程序和律师在反倾销案件中的作用。根据 WTO《反倾销协定》第 2 条,如果某一产品自一国出口到另一国的出口价格低于在正常贸易过程中出口国供消费的同类产品的可比价格(即低于正常价值),则为倾销。简单地说,倾销是同一产品在不同国家市场上的价格歧视(出口价格低于正常价值)。除了倾销之外,反倾销调查的另外一个

---

① 当然,前提是这些国家是 WTO 的成员国。
② 除了反倾销和反补贴之外,保障措施也是贸易救济方式的一种。

重要因素是"损害",只有倾销行为对国内产业造成损害①,才可以采取反倾销措施。因此,反倾销调查包括两个方面的基本内容:倾销调查和损害调查。

我们在与客户接触的过程中通常发现企业对反倾销调查程序不甚了解,甚至有一些错误的观念。尤其是在反倾销调查启动之后的最初阶段,客户所关心的问题基本上都与调查程序有关。从本质上来讲,反倾销调查实际上是一种行政调查程序,在许多方面与司法程序有很大的不同。简单地说,典型的反倾销调查包括以下具体程序:(1)申请人提出反倾销调查申请;(2)调查机关审查申请人的申请并决定是否立案;(3)立案后企业登记应诉;(4)初裁和实地核查②;(5)终裁;以及(6)发布反倾销税命令。整个过程一般会持续一年甚至更长时间。从字面上,我们可以大致了解各个具体程序的内容。笔者并不打算对上述程序一一介绍,而是选取反倾销调查中有特色的几个方面,结合反倾销调查与司法程序的差异进行介绍。

(一)调查机关

对于司法程序而言,调查和裁判的主体是法院。反倾销调查作为一种行政调查程序,调查的主体是行政机关,而不是司法机关。进一步说,世界各国反倾销调查机关的设置可分为两种类型:一类是美国模式,其特点是负责倾销调查和损害调查的权力分属不同的机构执行,比如美国的商务部和国际贸易委员会就分别负责调查每个案件的倾销问题和损害问题;而且这两个机构之间各自独立进行调查,互不干涉,任何一方的否定性裁决结果都可以终止整个案件。属于美国模式的国家还有加拿大等国,在中国商务部组建之前的经贸部—经贸委体系亦有些类似。另一类是欧盟模式,即由一个机关既对外国产品是否在本国倾销的问题进行调查,又对本国产业

---

① 根据 WTO《反倾销协定》附注 9 的解释,损害包括三种情况:对国内产业的实质损害、对国内产业的实质损害威胁以及对此类产业建立的实质阻碍。
② 初裁和实地核查的顺序在不同国家有所不同。有的国家是先初裁后核查,有的是先核查后初裁。

是否因此而受到损害的问题进行调查。属于欧盟模式的国家还有印度、韩国、中国①等。

笔者认为,行政机关负责反倾销调查,与法院处理诉讼案件的最大不同在于行政机关在实体问题上拥有更大的自由裁量权。具体来说,尽管WTO《反倾销协定》以及各国的反倾销法规定了调查机关在计算倾销幅度和判断国内产业是否遭受损害时应当遵循的一些基本原则和方法,但是调查机关在具体案件中仍然有很大的自由裁量空间。例如,可以被用来构建正常价值的利润率有多个时,调查机关可以自由裁量采用哪一个利润率,但是不同的利润率最终所计算出的倾销幅度可能会有巨大的差别。自由裁量权在损害问题上显得更为突出,如果说倾销的计算有着较为具体的指导规则②,那么损害几乎完全是调查机关的自由裁量了。这一点的意义在于,律师在指导企业应诉反倾销调查时,一定要督促企业积极主动地提供对其有利的证据材料(即便调查机关没有明确要求提供该方面的证据材料),尽最大努力"限制"调查机关对其不利的自由裁量。

(二) 应诉方

申请人和应诉方是反倾销调查中最重要的利害关系方,与司法程序中的"原告"和"被告"有相似之处。反倾销调查程序一般是调查机关依据申请人(国内产业或者代表国内产业的自然人、法人或其他组织)的申请而启动的。③ 代理国内产业提起反倾销调查申请是律师在反倾销领域所从事法律业务的一种。反倾销调查程序基于申请人的申请而启动之后,律师可以代理相关的出口商/生产商来应诉反倾销调查。笔者重点讨论后一种情况,特别是讨论企业如何判断是否"有资格"应诉某个反倾销调查。

---

① 在中国,商务部负责反倾销调查。其中,商务部下属的进出口公平贸易局负责倾销的调查,产业损害调查局负责损害的调查。

② 即便是美国,尽管调查机关有厚厚的一本"AD Manual"可以参考,而且采用SAS软件来计算倾销幅度的,但自由裁量也是无处不在的。

③ 特殊情况下,调查机关也可以主动发起反倾销调查。但是在实践中,该种情况很少见。

企业在判断是否有资格应诉反倾销调查时,关键是要判断**是否在调查期内向调查国家出口过被调查产品**。某个国家在启动反倾销调查时,一般都会发布立案公告。立案公告一般会明确指出调查国家以及调查期的起止日期;同时立案公告会对被调查产品作出产品描述,用来确定被调查产品的范围。例如,中国商务部在干玉米酒糟立案公告[①]中的被调查产品描述如下:

> 干玉米酒糟是以玉米或其他谷物为原材料发酵制取酒精(乙醇)过程中对糟液进行加工处理后而获得的酒精糟及残液干燥物,无论是否含有可溶性蛋白物质。
>
> 被调查产品归在《中华人民共和国进出口税则》:23033000。

可见,被调查产品对于企业判断是否有资格应诉反倾销调查非常重要。在登记应诉阶段,律师应当与企业一起仔细分析立案公告中的产品描述,进而判断企业所出口的产品是否是"被调查产品",在调查期是否有出口。如果企业所出口的产品不属于被调查产品,或者虽然属于被调查产品但是在调查期没有出口,都不能应诉反倾销调查。有一点需要注意的是,海关税则号对确定被调查产品所起的作用在不同国家有所不同。在某些国家(例如中国),税则号是判断企业所出口的产品是否是被调查产品的必要条件,除了要符合产品描述以外,产品报关的税则号也必须符合立案公告所列明的税则号;在其他国家(例如美国),税则号只是起到参考作用,决定某产品是否是被调查产品的只是产品描述。因此,立案公告中除了产品描述和海关税则号之外,还会有诸如此类的语句,"尽管海关税则号是为了方便以及海关目的而提供,但是此次调查的产品描述是决定性的"。

前面提到过,反倾销调查的应诉方与司法程序的"被告"有相似之处。然而,反倾销调查程序在"应诉方"的识别问题上有着独特的表现形式。

[①] 2010年12月28日立案。

许多企业由于不了解反倾销调查中应诉方相关问题而存在诸多误解,从而影响到企业在反倾销调查中所采取的行动。

例如,在某个案件的调查程序启动以后,时常会听到某些企业这样抱怨:"我们企业根本就没有出口过这种产品(被调查产品),他们(国外申诉人,或原告)凭什么把我们的名字列在申请书上?!"甚至有些企业生怕自己的名字出现在申请书上而冤枉自己,想方设法与国外的调查机关或申请人取得联系,要求对方立刻把自己的名字划掉。与此相反的情况是,很多企业在调查期内是有出口的,但发现自己的名字并没有出现在申请书上,便以为万事大吉了。这便是由于这些企业不了解反倾销调查与一般司法调查关于"被告"的不同特点造成的。一般司法调查的被告非常明确,原告起诉谁,谁就必须应诉,哪怕是原告的无理取闹,被告都必须及时有据地向法庭提交自己的答辩意见,否则结果有可能对自己不利;相反,若没有被原告点名起诉,其他人通常之下是不必担心的,哪怕他其实与该案有某些关系,除非是法院将其追加为被告。反倾销调查与此不同,"被告"(应诉方)的确定与是否被"原告"(申请人)点名无关,只与出口企业在调查期内是否向调查国家出口过被调查产品有关。换言之,某个企业只要在调查期内出口过被调查产品,即使他没有出现在申请书的名单上,他都有资格且需要应诉,否则结果就对其不利;而一个被申请人点了名的企业若是在调查期内并没有出口过被调查产品,是不需要也无法参加倾销部分应诉①的。所以我们会在申请书上看到,当申请人在列举被诉企业的名单时,通常都会加入这么一句话:"**根据申请人目前所掌握的资料**,涉案的出口商/生产商包括……"或者"以下被控出口商/生产商的名单**可能并不是穷尽和准确无误的**……"

再如,笔者曾经碰到过这样的情况:某个企业被申请人列入了被告名

---

① 假设某企业在调查期内没有出口,则不存在出口价格,调查机关便无法确定其倾销幅度。所以该企业便不具备填写倾销幅度调查问卷的资格,也无法获得自己单独的倾销税率。这就是"无法参加倾销部分应诉"的含义。但另一方面,他仍然可以参加损害问题的调查。

单,但实际上该企业在调查期内没有出口,于是便要求申请人将其名字撤下,否则便要起诉申请人,因为他的股票因此而大跌。申请人当然不同意,并称之为无稽之谈。根据上文的分析,我们便可以知道,在反倾销体系之下,申请人没有义务事实上也不可能提供完全准确的被告名单,因为唯一的判定标准是某企业在某段时间是否向某个国家出口过某种产品,掌握这种准确资料的只有企业自身①,其他人包括海关都不可能掌握其准确信息。② 实际上,所有其他对手(无论是否在调查期内有出口)的股票因为该反倾销案件的提起而大跌正是申请人所希望的,申请人往往故意夸大被告的范围,目的就是让市场对于这些竞争对手产生不利的影响。但有时候申请人又故意不点某些实际上有出口的被告的名字,为的是让对以上概念有误解的企业以为反倾销与自己无关,错过应诉的机会,从而"不战而败"。这样的例子有不少。对此,我们的出口企业一定要有明确的概念和充分的认识。

值得特别注意的是,企业(无论是否被点名)在被调查期内没有出口既不意味着它万事大吉了,也不意味着它在反倾销调查中就无能为力、无力回天了。只要企业以后还打算出口被调查产品,就会受到反倾销调查结果的影响,而且结果还是最糟的——适用最高税率。所以它不可能万事大吉。这就是为什么有些企业在调查期内没出口还要想尽办法③充当"被告",参加应诉的原因。因为只有这样它们才可能获得一个较低的税率。企业也不是无能为力。它还可以在本案中参加损害问题的调查,或参加原审之后的新出口商复审。由于这涉及很多其他问题,就不在本讲中展开讨论了。

---

① 出口企业自身甚至都需要在仔细检查本身的销售数据库后才能知道自己是否算"被告"。
② 正如本讲所说,海关税则号在很多情况下只是起参考作用,被调查产品范围的确定标准是产品描述,其涵盖范围可能较产品描述大或较小。另外,还存在被调查产品通过其他未指明的税则号进口的可能性。所以,海关也几乎不可能准确地判定被告应该是谁,有时甚至连被调查产品的出口总金额也无法确定。
③ 确定企业在调查期内是否有出口便要首先明确销售日期是指什么日期。是发票日期?提单日期?发货日期?还是合同签订日期?由于这里面存在一定的弹性,企业便可"想方设法充当被告"了。

（三）反倾销调查的时限性

律师在帮助企业应诉反倾销调查时，在程序问题上需要特别注意"时限"问题。一次反倾销调查，从立案到最后裁决，时限无处不在。律师和企业要严格按照调查机关设定的时限来提交答卷和其他资料，否则"过期不候"。笔者在此介绍反倾销调查过程中几个重要事项的时限：

1. 登记应诉

企业在确定其有资格应诉反倾销调查之后，如果有意愿参与调查，应当在立案公告规定的期间内提交应诉登记材料。关于登记应诉的具体期限，不同国家的具体规定有所不同，一般是自立案之日起20天左右。一旦错过规定的期限，企业便不能参加随后所有的反倾销调查程序。这意味着企业"不合作"，因此最终会得到全国税率（最高税率）。

登记应诉对企业和调查机关都有约束力。企业在随后的所有程序中都要配合调查机关的调查，否则也会认定为"不合作"，最坏的后果和没有登记应诉一样；调查机关需要对登记应诉的企业确定各自的倾销幅度。但是在实践中，登记应诉的企业数量可能会非常多，调查机关没有足够的行政资源来审查所有企业的调查问卷并前往所有的企业进行实地核查。在这种情况下，WTO《反倾销协定》规定可以采取抽样的方式来确定强制应诉企业及其倾销幅度（一般会抽取三到四家企业），而其他应诉企业的倾销幅度采用加权平均的方式来确定。

2. 提交调查问卷

调查问卷是反倾销调查的重要工具，调查机关向相关应诉企业发放调查问卷以收集确定倾销和损害所需的信息；企业通过调查问卷来反映自身的销售、生产、采购等状况。其中，倾销问卷是必不可少的。至于损害问卷，某些国家会向应诉方（出口商/生产商）发放，有些国家不会向应诉方发放(只向国内产业发放)。WTO《反倾销协定》规定,调查机关所给予的回答调查问卷的时间至少是30天(例如在中国一般是37天),从企业收到问卷时开始计算。虽然应诉方基于正当理由通常可以获得一个星期左右的延期,但是完成倾销问卷的工作量相对这一个月左右的时间而言,是非常紧迫的。"填写"调查问卷本身并不难,但是所填内容和信息需要律师充分了解企业各方面情况。这当中会涉及很多复杂且细致的问题,笔者会在其他部分有所讨论。同时,这也需要律师和企业的充分配合和沟通。

3. 实地核查

实地核查是反倾销调查的另一个重要工具。企业通过调查问卷答卷所提交的信息是否真实、准确、完整,需要调查官经过现场核实才能确认。WTO《反倾销协定》没有具体规定实地核查的期间,一般情况下调查官在每个企业的核查会持续两三天,一般不会超过一个星期。核查期间对企业的意义在于,企业对调查问卷所填信息真实性、准确性和完整性的证明必须在核查期间内完成。企业不能说,"某某问题我还没想好,或者某某文件我还没准备好,调查官再给我几天时间吧?"不仅如此,调查官在要求企业证明某些信息或数据,或者要求企业提供某份资料时,会现场规定若干个具体时限,例如今天上午、明天下午,甚至说马上。如果企业做不到,调查官很有可能认定企业不合作,最终会导致不利后果。毫不夸张地说,从事反倾销的律师时时刻刻都在和时间赛跑,甚至在提交答卷的最后一天都会利用不同国家的时差来完成或完善所提交的资料。

反倾销调查的时限非常多,是因为调查机关要在法律规定的期间内完成调查,作出裁决。根据WTO《反倾销调查》的规定,调查应当在立案后一年内结束,特殊情况下也不能超过18个月。但是,众多的时限并不意味着律师和企业只能"被动"地去遵守时限,相反,律师和企业在某些情况下可以充分利用这些时限。例如,虽然企业有一个月左右的时间来回答调查问卷,但是并不意味着企业的准备时间只有一个月。如果企业对调查国家的出口量在业界排名非常靠前,即便是在抽样的情况下也很有把握被抽中,在这种情况下,企业应当充分利用这20天左右的登记应诉期间。这段期间对企业和律师而言非常重要。律师可以充分利用这段期间,来了解企业的基本情况,包括关联公司情况、基本的组织架构、出口销售和国内销售的模式、生产和产品的基本情况等等;更进一步,律师甚至可以在这个阶段辅导企业准备基础销售数据。尽管企业一般会有财务软件,便利数据的收集和整理,但是反倾销调查所要求的数据,与日常的财务会计处理所形成的数据在很多方面有很大的不同。例如反倾销所要求的数据不一定涵盖完整的会计年度,被调查产品不一定是企业所生产产品的全部。如果这些工作在接到问卷后才开始启动,很有可能准备不足,甚至时间不够,最终会导致实地核查非常艰难。

二、倾销及倾销幅度

(一) 出口价格和正常价值

上文已经提到,反倾销调查包含倾销调查和损害调查两个方面的内容。反倾销措施(主要是反倾销税)的采取必须基于倾销和损害两个方面的肯定性结论。换言之,如果调查机关最终裁定国内产业没有遭受损害,即使被调查产品存在倾销,也不能对其进口征收反倾销税。笔者在该部分先介绍倾销及倾销幅度的相关问题,并对企业的一些误解进行分析和纠正。

前面已经提及,倾销简单地说就是某种产品的出口价格低于正常价值。出口价格减正常价值就是倾销幅度。① 可见,出口价格和正常价值是影响倾销幅度的两个重要因素,决定了企业的出口是否有倾销以及倾销幅度的大小。反倾销法上的出口价格与通常意义上说的"出口价格"比较接

---

① 用倾销幅度除以 CIF 出口价格,就得到倾销幅度百分比,也是征收反倾销税的基础。

近。不同的是,如果出口商和进口商存在关联关系,会使出口价格不可靠。此时,出口价格应当在进口商首次转售给独立购买者的价格基础上推定。

关于正常价值,根据WTO《反倾销协定》的规定,首先应当考虑采用可比的国内销售价格。在采用国内销售价格作为正常价值时,有两点需要注意:(1)国内销售价格也应当是对非关联客户的销售价格(与出口价格的道理一样);(2)国内销售价格不能低于成本。① 关联国内销售以及低于成本的国内销售都不算"正常贸易过程中"的销售,因此不能被用作正常价值。如果没有可比的国内价格,调查机关可以采用出口到第三国的可比价格,或采用生产成本加合理费用和利润的方式确定。实践中,第三国的可比价格用得较少,而比较多地采用生产成本加合理费用和利润的方式,该方式下的正常价值被称为"构建的正常价值"。上述三种确定正常价值的方式,其共性在于所用到的数据都是出口商自身的数据。但是,在非市场经济国家的情况下,正常价值的确定完全不一样。简单地说,计算正常价值所采用的数据全部或大部分来自某个替代国(第三国)。关于市场经济地位问题,我们在下文讨论。

无论采用哪种正常价值,出口价格和正常价值的比较都必须在同一水平上进行。实践中,调查机关一般是在出厂价水平上进行比较。即要把出口价格和正常价值调整到出厂价。② 另外,值得特别注意的是,出口价格和正常价值的确定以及倾销的计算都是以公司的财务会计数据为基础的;财务会计数据是反倾销领域证据的重要组成部分。因此,律师除了要掌握反倾销法相关规定,还要对财务会计有基本的了解和认识。

(二)有无利润与倾销的关系

我们在承办反倾销案件的过程中,发现企业经常将"是否有利润"与

---

① 与一般会计概念里的成本不同,这里的成本是指完全成本,以及生产成本加管理、销售和一般费用。

② 这些调整包括扣除相关的运费、保费、佣金等各种费用,贸易水平调整,物理特性差异调整等等。

"是否倾销"相混淆。笔者记得在美国对中国生产的彩色电视机进行反倾销立案调查以后,不少彩电企业通过媒体表示:"我们没有倾销,我们也不可能倾销,我们的产品有利润啊,而且每年的利润有多少多少,何谈倾销?"针对这种可能比较普遍的误解,我们对照上述倾销的及倾销幅度的相关介绍可以看出,倾销绝不意味着低于成本销售,即有利润绝对不意味着没有倾销。反倾销法意义上的倾销指的是产品对外出口的售价低于正常价值,正常价值通常是在国内市场的售价,而且该国内售价还必须高于成本("有利润"应当指这个环节)。换句话说,反倾销比较的不是是否有利润,而是利润的多少、利润的差别或者利润率的大小。只有在国外市场的利润额(率)不小于国内市场的利润额(率)的情况下,我们才能说自己的产品没有倾销。另外,倘若国内销售是低于成本进行的,国内售价便不能被采用;和出口价格进行相比的一般是成本加合理费用和利润(一个由调查机关决定的正常利润率)。可见即使在这种情况下,简单地根据自己产品出口有利润就推论不存在倾销也是武断的。而且为了简便起见,我们在这里的讨论还暂时忽略了"成本"、"费用"和"利润"这些概念在公司财务会计和反倾销意义上的不同内涵。

　　不仅如此。在涉及"非市场经济国家"的情况下,"是否有利润"与"是否倾销"更是关联甚微。中国目前还被美国视为非市场经济国家,并采用所谓的"要素投入法"来确定中国产品的正常价值,即以中国工厂生产该产品的每一生产要素的投入量乘以替代国(通常是印度)生产要素的价格,加总后合计出生产成本,再加上费用和利润(费用比率和利润率也是替代值),才最终计算出产品的正常价值。所以面对美国的反倾销,我们更不能根据"有利润"便说自己无倾销了。我们按照自己的财务方法核算有利润,可能按照美国的做法一算就没利润甚至是负值了。虽然我们认为美国的算法对中国企业是不公平的,但游戏规则是人家定的,我们只有按照人家的方法走。除了美国,其他国家和地区如欧盟、印度、韩国、土耳其、南非对中国的做法又有所不同。有的允许中国企业进行市场经济抗辩再根据情况决定是使用国内销售价格还是替代价格,有的使用中国企业向第三国出口的价格来确定正常价值,不一而足,在此就不再展开。

(三) 倾销是一种客观事实

反倾销调查不考察当事人的行为动机,这是其区别于司法程序(民事或刑事诉讼)的又一显著特点。在通常的刑事或民事诉讼中,是否"故意"、是否有"过失"等当事人的主观动机因素是法官在审理案件中需要加以考虑的。但反倾销调查不是这样。只要企业以低于正常价值的出口价格进行销售,就构成倾销,当事人是否有"倾销"的主观意愿并不重要。曾经有这样一个例子:中国的某出口企业被控向美国倾销某产品,实际上购买该中国企业产品的美国客户正是该案的原告(申请人)。因此该企业有一种被欺骗的感觉。所以他们打算向美国商务部提出这样一种抗辩意见:"当初是申请人向我们下的订单,我们卖到美国的产品价格也是他们定的。所以我们根本没有向美国倾销的动机;我们甚至是被冤枉的:是申请人自身要求我们按照这个价格出口的,他们怎么又反过来告我们倾销呢?"当事人有这样的情绪和抱怨可以理解,但却不能构成律师向美国商务部提出抗辩的理由。只要按照反倾销计算公式算出来的结果是正数,也就是说只要存在反倾销法意义上倾销的客观事实,哪怕出口商是被"引诱"出口和倾销的,都与本案无关。

(四) 倾销幅度

倾销幅度是倾销调查中的核心问题,负责倾销调查的调查官所有工作的最终目的都是为了计算企业的倾销幅度。笔者在上文从不同的角度介绍了倾销的内涵,相信读者对倾销有了基本的认识。在具体的案件中,倾销幅度不只是出口价格减正常价值这么简单,倾销幅度的计算和确定涉及方方面面的问题。限于篇幅,笔者对几个重要且常见的问题进行介绍。

1. 产品型号

在计算倾销幅度时,需要比较出口价格和正常价值。进一步说,此种比较需要在分产品型号的基础上进行。实践中,企业生产和销售的产品可能会有不同的规格和型号,各项参数都不一样。不同型号的产品,其销售价格或生产成本可能会有较大的差异。出口价格和正常价值在分型号的基础上进行比较,分别计算出该型号下的倾销幅度,最后用加权平均的方法计算企业最终的倾销幅度。这样可以使倾销幅度的计算更为准确。

假设,某企业所生成的产品分 A、B、C 和 D 四种型号,出口到某国的是 A、B 和 C 型号;在国内销售的是 A、B 和 D 型号。如果正常价值采用可比的国内价格,计算倾销幅度时需要分别比较 A 型号产品的出口价格和内销价格,B 型号产品的出口价格和内销价格。C 型号产品没有国内销售,如何比较?调查官此时可以采取不同的方法,包括采用相似型号产品的国内销售价作为正常价值,或者采用生产成本加合理费用和利润的方式来构建正常价值。正如前文所提到的,调查机关在此类事项上拥有很大的自由裁量权。如果调查官在分析之后,认为国内销售的 D 型号产品与 C 型号产品非常相似,当然可以采用 D 型号产品的国内销售价格;或者调查官直接来构建 C 型号产品的正常价值,即确定 C 型号产品的生产成本、费用和利润情况。即便全部的出口型号都没有相对应的内销型号,或者全部型号的内销数据都低于成本而不可用,构建正常价值时也要分型号进行。

律师在反倾销案件进入实质阶段之后,首先需要考虑和深入了解的事项之一就是产品型号。不同的产品型号往往可以通过产品编码("标识")体现出来。企业的产品编码有多种形式,数字、字母或文字,每一个编码都代表不同型号的产品,物理化学特性有所不同。值得注意的是,企业在不同情况下对同一种型号的产品所使用的"标识"可能并不一样。例如,会计系统中在计算产品生产成本时用一套产品编码,销售时在销售单据中注明另外一套编码(产品名称),甚至内销和出口所用的编码和标识都不一样。在这种情况下,律师需要搞清楚各种编码的含义和对应关系,然后再确定需要在答卷中主张的型号划分。正如其他的分类一样,产品型号的划分可能会有多个层级,所体现的详略程度不一样。因此,律师和企业在主张型号划分时,需要考虑采取哪个层级的型号划分。笔者建议从会计上生产成本所采用的型号划分来综合考虑,因为生产成本要用来测试内销是否低于成本,甚至会被用来构建正常价值。如果销售单据上的型号划分过于细致,企业现成的成本数据可能不能直接用来做测试,可能需要按照更细的型号划分进一步分摊成本。此外,对于会计核算比较健全的企业,其型号划分基本可以反映不同型号产品的成本差异。换言之,这些型号由于成本存在明显的差异,会计上认为有必要区分核算成本。但是,这只是考虑的一个出发点,并不意味着一定要采用会计上生产成本所采用的型号划分,实际的案件中需要综合考虑多个因素。而且,一般来说,型号划分越细,计算出来的倾销幅度越准确,但是这不意味着就对企业越有利。律师尤其要考虑不同型号的产品成本是否有明显的差别,避免倾销幅度因型号划分不当而被拉高。对于会计核算不健全的企业而言,需要特别注意。

另外需要指出的是,美国和欧盟的反倾销调查中,产品型号是"预设"的,企业不能随便主张的。这时的产品型号就变成"产品控制码"①。产品控制码也是由数字或字符串组成的。不同的是,对于其中的每个数字或字符,企业需要按照调查问卷中所设定的规则来确定。举个简单的例子,调查问卷中对于产品设定了两个方面的参数:重量和长度。对于重量而言,如果小于50千克,就用1表示,如果大于等于50千克,就用2表示;对于长度而言,如果小于1米,就用A表示,如果大于等于1米,就用B表示。因此,如果某个被调查产品的重量是30千克,长度是1.5米,那么它的产品控制码就是1B。当然,实际案件中的产品控制码要比这个复杂得多。

---

① 英文称之为 Product Control Number.

2. 调整项目

前面已经提过,出口价格和正常价值需要进行公平比较(出厂价水平),因此需要在某些事项上进行调整,此谓"调整项目"。在调整项目问题上,笔者认为有以下几个问题需要注意:

第一,不同案件中的调整项目有所不同,这与企业的销售方式、销售流程和销售条件等密切相关。例如,在 CIF 交易条件下,调整项目可能会涉及国际运费和保险费、内陆运费和保险费、清关费、港杂费等;但是在 FOB 交易条件下,调整项目就不可能包含国际运费和保险费等。

第二,调整项目不一定都是对价格的调减,有可能是对价格的调增。例如,提前收款所产生的负的信用费用。需要注意的是,较低的倾销幅度(或者没有倾销)意味着出口价格越高越好,正常价值越低越好。所以在主张调整项目的时候,对企业有利的调整项目要尽量主张,不利的调整项目要尽量避免(像国际运费等常规的调整项目是肯定避免不了的,这样的调整项目是不能漏报的)。

第三,调整项目在反倾销调查中是一个比较细致的活,因此需要特别仔细和认真。对于每一笔销售,都要准确地填写销售条件、发货时间、收款时间、运费、保费等等,对于分摊的费用,也要经过认真计算。

第四,支持调整项目的证据非常重要。调整项目计算得再准确,如果没有相关证据的支持,调查机关很有可能不接受。尤其是对国内销售的调整项目而言,因为大部分调整项目都是在调低国内价格,是对企业有利的,因此更应当主动提交证据。

3. 关联公司和关联结构

反倾销调查中经常会碰到企业存在众多关联公司涉及被调查产品的情况,一个企业来承担所有的生产、采购、国内销售或出口销售职能的情况越来越少。越是规模大的企业,越是如此。这种情况一般而言都会增加反倾销调查的难度和工作量。对律师而言,也是一个挑战,甚至在一定程度上可以用来衡量律师和其所在的律师事务所在反倾销领域的水平。

无论公司的关联结构有多复杂,倾销幅度的计算在本质上都是一样的。但是在关联公司的情况下,笔者认为有以下事项需要特别注意:

第一,不仅最终出口被调查产品的企业需要回答调查问卷,提供相关信息,生产被调查产品的企业、在国内销售被调查产品的企业以及提供原材料的企业都要回答调查问卷中的相关信息。这在欧盟反倾销案件中更为突出。企业如果想申请市场经济地位待遇(下文会具体讨论),所有涉及被调查产品生产、销售和原材料供应的企业都要完整地回答市场经济地位问卷,而且这些问卷中所涉及的信息与最终计算倾销幅度大多数都没有直接关系。

第二,企业的销售流程可能更加复杂,律师需要清楚地了解货是怎么发的、钱是怎么付的、票是怎么开的等等;企业的贸易方式可能多种多样,律师需要了解是一般贸易还是加工贸易,是来料加工还是进料加工等等;企业的管理流程可能会更加复杂,律师需要了解一笔销售在企业的计算机系统中(尤其是 ERP① 管理的情况下)是如何"动作的",是什么人在负责的等等;出口价格和正常价值中的调整项目可能更加复杂,律师需要了解不同的关联公司所承担的不同销售职能(包括运输、保险、仓储等等)及相关费用在会计上的反映。

第三,企业在生产成本的报告方面会变得更加复杂。最为典型的是集团内垂直一体化的模式,从最上游的原材料生产、到中间半成品的生产(半成品可能有多种)、再到最终产品的生产可能都会涉及。此种情况下,最终被调查产品的成本是一步步传导过来的,生产成本在构建上会变得异常复杂,在美国的反倾销中尤其如此。

第四,关联公司、关联交易以及往来账通常是调查官所重点关注的领

---

① ERP 是将企业所有资源进行整合集成管理,简单地说是将企业的三大流:物流、资金流、信息流进行全面一体化管理的管理信息系统。

域,律师需要特别注意。在计算倾销幅度时,出口价格和作为正常价值的国内销售价格都要在关联公司转售价格的基础上确定。因此,关联公司的认定就变得非常重要。企业的销售人员对于关联公司的认定(一般情况下基于他们所操作的 ERP 系统)以及审计报告对关联公司的认定可能并不完全一致,这直接影响转售数据的填报。律师在该问题上应当具有一定的敏感度,对企业的说法和所报数据应当与审计报告认真核对,统一口径。同时,调查官在对中国的企业进行实地核查时,特别"喜欢"核查关联交易和往来账,而中国关联企业之间的往来账一般都不会像调查官所期望的那样清楚,尤其是各关联企业间没有任何交易事项而进行资金调拨的行为更是为调查官所不理解。不得不承认,这是反倾销核查中的一个难点,律师在准备核查时需要对该问题引起足够的重视,做到心中有数。

三、市场经济地位

相信中国企业对"非市场经济国家"或"市场经济地位"并不陌生,媒体上经常会有关于市场经济地位的报道。例如,"中美战略与经济对话闭幕,美国仍未正式承认中国市场经济地位","中俄签署联合声明,俄承认中国完全市场经济地位"等等。但是,企业可能并不清楚"市场经济地位"其实是反倾销领域的一个概念,企业也可能并不清楚市场经济地位在反倾销调查中的威力有多大。

前面在介绍倾销及倾销幅度的时候已经提及,在"非市场经济国家"的情况下,正常价值的确定遵循另外一套方法。即用替代国的数据来计算正常价值。对中国而言,通常被用作替代国的国家有印度、墨西哥等;美国甚至也被用来作为替代国。这些国家的经济发展状况显然与中国没有可比性,例如,劳动力成本方面,中国比其他国家可能会低很多。因此,不管是用替代国同类产品的销售价格作为正常价值,还是用生产要素的替代国价值来计算正常价值,替代国数据所计算出来的倾销幅度通常会非常高。

但是,如果用企业自身的数据来计算的话,很有可能没有倾销,或倾销幅度非常低。这对中国企业来说是非常致命的。

将中国视为非市场经济国家的主要是美国和欧盟,它们又是频繁对中国发起反倾销调查的国家(地区)。美国和欧盟在对待"市场经济地位"这一问题上,又有很大的差别。美国不允许单个企业申请市场经济地位待遇,而欧盟则给予了单个企业申请市场经济地位的机会。也就是说,在美国发起的反倾销调查中,调查机关(美国商务部)一定使用替代国的数据来计算正常价值和倾销幅度,除非整个产业能够证明其属于"市场导向行业"[①];但是,在欧盟发起的反倾销调查中,单个企业如果能够证明符合欧盟反倾销法律规定的市场经济地位标准,调查机关(欧盟委员会)仍然会用企业自身的数据来计算正常价值和倾销幅度。因此,接下来笔者主要介绍欧盟反倾销调查中市场经济地位相关问题。

在欧盟的反倾销案件中,企业要想获得市场经济地位(Market Economy Treatment,简称"MET"),必须满足欧盟法律所设定的五个标准:(1)商业决策是否根据市场信号作出,是否存在政府干预,成本是否反映市场价值;(2)企业是否有一套清晰的、经独立审计的、符合国际会计准则的会计账目;(3)是否受到非市场经济体系的影响和扭曲;(4)破产法和财产法是否保证了经营稳定性和法律确定性;(5)外汇兑换是否根据市场汇率进行。这五个标准必须全部符合才能拿到MET,任何一个不符合,都不能成功获得MET。通俗地说,欧盟的MET标准实行的是"一票否决制",而不是"打分制"。只要一个标准不符合,其他的标准做得再好再优秀,都不能拿到MET。因此,总体来说,欧盟虽然给予了单个企业申请MET的机会,但是要想拿到MET是非常困难的。调查官会考察企业的方方面面,包括企业的设立、组织架构、出资情况、采购、生产、销售、土地、贷款、利润分配、人事、固定资产和折旧等等。MET的核查几乎涉及企业所有部门及相关

---

① 但这是相当困难的,到目前为止都没有成功的案例。

人员,而且会追到企业最初设立时的历史,甚至追到企业设立之前与企业相关的另一家企业。毫不夸张地说,MET 的核查会把企业查个"底朝天"。MET 核查所涉及的所有领域和所有时间段都必须符合 MET 的五个标准。某一个关键性的问题如果不符合标准,即使其他所有事项上都符合 MET 标准,企业也拿不到 MET。同时,如果出口的企业有关联公司涉及被调查产品的生产、销售或原材料供应,这些关联公司也必须符合 MET 标准。任何一个关联公司不符合 MET 标准,都会导致整个集团不能获得 MET。当然,这些标准中最核心的而且也是最经常被用来否定中国企业市场经济地位的主要是前三个标准,法律和外汇这两个方面较少被用来否定企业的 MET。

但是,市场经济地位的获得也不能说完全不可能,我们曾经帮助中国企业申请并成功获得 MET。关键是如何做好准备,而且纠正一些错误的观念。我们在办理欧盟反倾销案件时,经常会发现企业对市场经济地位的要求和证监会或证交所对上市公司的要求存在诸多误解或混淆。例如,企业常常会说,"我们公司的这个行为是完全符合中国法律,各种审批手续都是齐全的,怎么会有问题呢?"上市公司或者是在上市辅导期的企业尤其如此,他们会说,"这个是有文件的,是某某政府批准的,证监会也说没问题的,肯定符合 MET"。这时,律师就需要不断地提醒企业,符合中国现行法律法规不代表企业符合 MET 的标准。MET 标准①侧重于考察企业是否按照市场规律和市场信号进行运营。例如,企业从政府那里买了一块地,同国土局签订了土地出让合同,合同约定的土地款全部付清,并办理了国有土地使用权证,手续齐全,完全符合法律规定。但是调查官仍然会以土地价格过低为由认为企业买地的行为不符合市场规律,因而不符合 MET 标准。再如,在对待上市公司关联交易上,MET 的标准与上市规则也不一样。假如某上市公司从其关联公司处采购了一批原材料或零部件,上市公

---

① 诚然,我们承认,MET 的标准本身就存在歧视性,更不论其在具体案件适用中的种种问题了。

司会披露说"采购价格不高于市场价",也就是说:上市公司没有被其非上市的关联公司"占便宜",上市公司的利益没有受到影响,因而股东的利益受到了保护。MET 的观察视角恰恰相反。调查官会考虑被调查的这家上市公司的采购有没有低于正常的市场价格,因而导致其产品成本被低估。也就是说,在反倾销调查中,"采购价格应不低于市场价",企业才有可能符合 MET 的标准。

另外一个经常被问到的问题是,"这个事情又不在调查期,有必要准备吗?"MET 不仅考察企业的现状,而且也很重视企业的过去,尤其是企业的出身和源头。因为,很多事项不仅在发生的当时有影响,而且也影响企业的现状和未来,尤其是资产。企业在过去购买的一项固定资产,有可能在几十年内都在使用,反映在会计账上是每年计提折旧。因此,该购买行为对企业的影响是长期的,在调查期内对被调查产品的成本都有影响。

第三个企业经常会问到的问题是,"我们的会计账都经过审计了,而且审计师出具了无保留意见,肯定没问题"。企业的会计账经过独立审计是获得 MET 的一个基本条件,但是要想获得 MET 可不止经过审计这么简单。即便是审计报告出具无保留意见,也不代表企业的会计处理符合 MET 的标准。例如,企业改变了会计政策,或者是对前期的会计处理有重大修改,但是审计报告没有披露,仍然不符合 MET 的标准。

四、损害

(一)反倾销法意义上的损害

"损害"这一概念是反倾销法的重要组成部分。损害是相对"国内产业"而言的。换言之,损害指的是进口被调查产品对进口国国内产业所带来的不利影响,调查机关需要调查及裁定国内产业是否遭受损害。可见,损害与倾销有很大的不同。倾销是相对"单个企业"而言的,调查机关需要确定单个企业有没有倾销以及倾销幅度的大小,而损害是针对整个进口国国内产业的。

根据WTO《反倾销协定》的规定,国内产业指同类产品的国内生产者全体,或指总产量构成同类产品国内总产量主要部分的国内生产者;"同类产品"是指与被调查产品在各方面都相同或极为相似的产品。调查机关在审查国内产业是否遭受损害时,至少应当从以下三个方面进行审查:(1)进口产品的数量是否大幅增加;(2)进口产品对国内产业同类产品的价格是否有消减、压低或抑制作用;(3)进口产品对影响国内产业状况的经济指标①有何影响。当然,任何一个因素都不具有决定性作用。另外,损害的成立还要求倾销与损害之间有因果关系。

正如前文所说,调查机关在损害问题上拥有非常大的自由裁量权;同时,出于对国内产业保护的考虑,调查机关在绝大多数情况下都会裁定损害成立。

(二)企业需要联合应对损害调查

笔者发现某些对反倾销的误解源自对倾销和损害之间差异的不甚了解。例如,媒体在讨论反倾销的时候,经常会有这样一种感慨:"我们的企业为什么总是一盘散沙,为什么不能一致对外?"所以诸如什么"反倾销联盟破裂"、"反倾销阵营一分为二"、"中国企业内斗"等字眼可以经常见诸报端。这种看法和感慨是不准确和不全面的,有时甚至就是误导读者。企业打反倾销"官司"到底需不需要联合?笔者的回答是:既需要也不需要。什么时候需要?正是在损害抗辩的时候。损害抗辩,考查的是国外产业的整体受损情况和中国整个产业在未来的出口能力,一定要整个产业联合起来做,单个企业进行抗辩的意义非常有限,除非他有自己非常独特的立场。什么时候不需要联合?在进行倾销调查的阶段。每个企业的情况肯定不

---

① 这些经济指标包括:销售、利润、产量、市场份额、劳动生产率、投资收益率、开工率、现金流量、价格、库存、就业人数、工资等等。

同,各个企业之间也不可能"互通有无";出口价格和正常价值都不会一样,由此计算出来是否有倾销以及倾销幅度是多少肯定也是各不相同,而且彼此之间的倾销幅度没有任何关系,如此情况,联合有什么意义?代理律师也不可能一下子为这么多企业服务。而且,有的企业为了避开竞争对手,防止泄露诸如出口价格和正常价值等方面的商业秘密,故意不和大家"扎堆"转而去聘用其他律师,甚至要求某家律师事务所为其独家代理。

(三)损害抗辩需要理论创新

正如上文所说,调查机关在实践中大多裁定损害成立,反倾销律师们大多也将工作的重点放在倾销调查上,想办法降低企业的倾销幅度;对于损害抗辩,并没有给予足够的重视。同时,中国是遭受反倾销调查最多的国家,但是目前对损害问题的分析大多从利润率、就业率、存货、价格、出口数量和减少的销售等经济指标方面着手。笔者以为,损害抗辩部分的理论创新对中国产业非常重要。中国产业需要有新的思路和方法进行相关产业和相关市场的界定,抗辩外国国内产业没有受到损害,中国企业没有出口威胁,以及倾销和损害之间的因果关系。从国外的经验来看,做好损害问题的分析肯定需要经济分析师的协助。笔者以为,这些经济分析因素还是需要进一步完善,经济分析指标需要进一步加以量化。尤其是,现阶段业界对于损害的分析不能令人满意,对因果关系的考查过于薄弱,更谈不上经济学上的量化分析(例如回归分析)。在这些方面,理论创新将会大有用武之处。[①]

笔者认为,在倾销方面理论创新的余地反而不大。笔者经常在媒体上看到一些说法,例如,"中国产品在国外遭遇反倾销堵截,一定要积极研究反倾销对中国的不公平做法"、"美国对中国适用替代国方法不公平,一定要积极抗辩"、"中国经过二十多年的改革开放,市场化程度已经很高了,

---

① 由于这个问题分析起来比较复杂,笔者将另辟专文阐述。

美国还认为我们是非市场经济国家,非常不公平。我们需要组成专家团,积极研究并向美方提出我们的主张"。笔者认为,在反倾销调查中,我们要明白,哪些地方我们可以争,哪些地方我们没法争——在这些地方我们并不需要反倾销的理论创新。

正如前文所指出的,反倾销作为一种行政调查,的确需要适用一套固定的法律程序。在这个意义上,称反倾销为"打官司"一点不为过。打官司就要有适用的法律,有适用的游戏规则。游戏规则是相对固定的,不是当事人可以随便质疑的。所以我们一定要分清楚哪些地方是游戏规则,不可能在某个个案中变动①;而哪些恰是当事人可以提出不同于申请人指控的思路和视角②——只有在这些地方,我们才需要下工夫,才需要创新。比如前文提到的在美国案件中进行市场经济地位抗辩的问题,美国既然认为中国是非市场经济国家,便使用替代国价格和生产要素投入的计算方法。若要质疑该计算方法的合理性便是不可行的,在个案中质疑美国对中国的非市场经济定位也是不可能的。笔者以为,若要改变这种地位,必须还要经过中美政府层面上的长期谈判磋商③和西方对中国经济体制改革成果的认可。单个企业也无法申请市场经济地位。④ 美国现行的反倾销法中唯一允许的是整个行业申请"市场导向行业"地位。这个抗辩在理论上是可行的,但正由于整个中国市场环境被视为是非市场经济运作的大背景,至今还没有中国产业成功抗辩"市场导向行业"地位的先例。所以笔者以为,出口企业不宜在这个问题上过多纠缠。

对于理论创新的正确认识有助于律师和企业有的放矢,抓住重点,该

---

① 美国是判例法国家,许多法律规则是在长期的案件判决中逐渐修改和完善的,但这并不意味着某些已经确立的规则可以通过某个个案加以改变,除非当初的情况到当前已经发生了较大的变化。
② 比如在前文提到的中国商务部"干玉米酒糟"反倾销案件中,我们曾代表国外生产商指出,考虑到被调查产品的特殊性,相关市场应是"饲料原料的总体市场",而不是所谓的"干玉米酒糟市场"。
③ 事实上,这种官方层面就中国市场经济地位问题的磋商一直在进行。
④ 美国人一个非常简单的逻辑是,"身处污泥",如何能"不染"? 在中国是非市场经济的大环境下,单个企业如何能独善其身?

创新的地方再创新,无需创新的地方就要尽力在游戏规则内做好本职工作。[①]

五、反补贴调查

中国在频繁遭遇美国、欧盟、印度、加拿大、澳大利亚、土耳其等国家(地区)的反倾销调查之后,对很多企业来说,反倾销调查已经不再那么神秘了。但是,对于反补贴调查,企业可能了解得并不多。

(一) WTO《反补贴协定》所定义的补贴

WTO《反补贴协定》的基本目标是规范扭曲贸易的补贴,但是此类补贴只能是符合《反补贴协定》所定义的补贴。读者通常意义上所理解的补贴并非全部都受《反补贴协定》所约束,并不排除某些扭曲贸易的补贴被排除在《反补贴协定》之外。根据 WTO 上诉机构的解释[②],《反补贴协定》要在下列两个方面保持微妙的平衡:规范成员国使用补贴以及规范成员国使用反补贴措施。简单地说,这两个方面中的任何一面都不能做得太过分。《反补贴协定》的上述目标是律师和企业在应对反补贴调查时首先应当树立的观念。

有了上述认识之后,我们来看 WTO《反补贴协定》所定义的补贴。WTO 所规范的补贴必须符合三个条件:(1)政府或公共机构提供了财政资助;(2)因此而授予一项利益;(3)该补贴具有专向性。简单概括就是,"财政资助"、"授予利益"和"专向性"。一项政府措施必须同时符合上述三个条件,才构成反补贴法意义上的补贴行为。

[①] 恰恰在游戏规则内,中国企业尚未做到充分的法律抗辩和善用 WTO 规则来挑战调查机关的不适当和不公正做法。笔者以后将另辟文章专门阐述,在此不再赘述。
[②] 专家组报告,美国——出口限制案,第8.63段。

1. 财政资助

"财政资助"条件的意义首先在于,并不是所有授予利益的政府措施都构成补贴,只有构成财政资助的政府行为才有可能构成 WTO《反补贴协定》所定义的补贴,才受该协定的制约。WTO《反补贴协定》所定义的财政资助的形式是多种多样的,例如:资金的直接转移,政府提供货物或服务、政府采购货物、政府收入的放弃或未征收等。这些行为的共同特征是政府(或政府授权的机构)向私人机构转移某种经济资源。① 政府的某种嘉奖,例如授予企业"科技创新先进企业"的称号,并不构成《反补贴协定》所定义的财政资助。但是,如果政府以科技创新为由而给予企业一定的现金奖励或税收优惠,就构成"财政资助"。

在具体的案件中,财政资助的形式更是多种多样的,包括赠款、优惠贷款、提供土地或原材料、进口设备关税和增值税的减免、采购国产设备所得税的抵扣、外商投资企业/高新技术企业等所得税税率优惠等。没有从政府收到钱并不意味着与反补贴调查无关。

2. 授予利益

"利益"可以简单地理解为一项好处。在评估某项财政资助是否构成"授予利益"时需要审查提供该项财政资助的条件是否比市场上可获的条件更为有利。因此,是否"授予利益"需要比较补贴的接受者在没有财政资助和存在财政资助时的不同状况而得出。例如,政府提供货物或服务不一定都被视为授予利益,除非提供的所得低于现行市场上的报酬。

3. 专向性

专向性是反补贴领域的重要概念之一。一项补贴即便同时符合"财政

---

① 专家组报告,美国——出口限制案,第8.73段。

资助"和"授予利益"两个条件,如果不具有专向性,也不为WTO《反补贴协定》所规范。如果某项补贴在法律上或事实上将补贴的获得限于某些企业或产业,就具有专向性。换言之,该项补贴并不是普遍可获得的,只有某些企业或产业可以获得。专向性是律师在反补贴调查中的重要抗辩思路和抗辩依据。某些补贴显然符合"财政资助"和"授予利益",但是对其是否具有专向性,并不能简单地下结论。调查机关需要根据所获得的证据资料和相关的法律进行评估之后作出判断,因此,律师在这方面可以从证据和法律的角度积极抗辩。

另外值得注意的是,WTO《反补贴协定》将补贴分为三种类型:禁止性补贴、可诉性补贴和不可诉补贴。前两者是WTO《反补贴协定》所规范的补贴(同时符合三个条件的补贴),后者是其所允许的(其中某个条件不符合的补贴)。对于前两者而言,如果能够证明某项补贴属于禁止性补贴,就意味着符合"专向性"要求,因而不需要单独证明其具有"专向性"。WTO《反补贴协定》列举了禁止性补贴的两种情形:视出口实绩或视使用国产货物而非进口货物为唯一条件或多种其他条件而给予的补贴。符合这两种情形的补贴为《反补贴协定》所明确禁止。

关于禁止性补贴和可诉性补贴,在反补贴调查和WTO争端解决不同的救济方式下,稍有差别。除了可以对进口产品启动反补贴调查外,成员国也可以将该事项提交WTO争端解决机构进行裁决。如果裁决认定属于禁止性补贴,专家组会建议被诉方撤销该项补贴以及撤销的时限;如果裁决认定是可诉性补贴,同时专家组认定这些补贴对申诉方的利益造成不利影响,专家组会建议被诉方采取适当步骤以消除不利影响或撤销该补贴。这与反补贴调查有所不同。对于反补贴调查而言,如果调查机关认定补贴成立(可诉性补贴或禁止性补贴),最终会计算补贴率,以此为基础征收反补贴税。

(二)反补贴调查的特点

与反倾销调查类似,反补贴调查也属于行政调查程序,在调查方式、国内产业、损害等问题上与反倾销调查基本类似。但是,反补贴调查也有自己的特点,需要引起律师以及企业的注意。

首先,在反补贴调查中,不仅企业要应诉,政府作为补贴的授予者同样需要配合国外调查机构的调查,而且对案件的结果有重大影响。在反倾销调查中,政府虽然也会参与,但只是协调和指导企业来应诉,对案件的结果不会有实质性的影响。但是,在反补贴调查中,与补贴项目有关的政府机关如果不配合反倾销调查,例如没有提供所要求的政府文件,调查机关就会作出对企业不利的裁决。而且,在一项反补贴调查中,所涉及的政府机关可能不止一个,从中央到地方的各级政府及各个部门都可能涉及,例如财政部门、税务部门、发改委、海关、央行等等。调查机关既要从企业那里了解和收集信息,又要从政府部门那里获取资料和信息,最后综合所有的信息作出裁决。反补贴调查不只是企业的事情,也是政府的事情。反补贴调查往往会影响到政府政策的实施。

其次,反补贴调查具有"传染性",一个国家对另外一个国家发起反补贴调查通常会被其他的国家所效仿或者在其他调查中所采用。这是由于补贴具有一定的隐蔽性。发起一项反补贴调查通常需要对某个国家的法律法规比较熟悉,尤其是一些部门规章。很多补贴项目所涉及的法律文件效力比较低,很多都是地方级别的法规或规章,而且比较零散。因此,一个国家在反补贴调查中所识别出的补贴项目常常会被其他国家所"复制"。

六、"双反"律师的"基本功"

以上笔者或者介绍"双反"领域的基本理论和概念,或者介绍律师在当中所从事的基本工作,或者交流一些业务上的心得体会。在这里,笔者想讨论一下"双反"律师需要具备的"基本功"。之所以要在"基本功"上打引号,笔者是要有别于一般意义上的"基本功",例如,英语水平、会计水平、法律写作水平等等。笔者在此主要谈两个方面:法律思维能力和组织协调能力。笔者以为,这两种素质对于律师办理"双反"案件尤为重要,同时具备这两种素质的律师才真正可以在"双反"领域应付自如,才可以被称为一个有水平的"双反"律师,也才能发现"双反"领域的乐趣所在。

关于反倾销和反补贴,笔者经常听到两种截然相反的观点:一种是,反倾销和反补贴很高端,也很高深;另一种是,反倾销没什么技术含量,就是填填数答答卷。笔者对于这两种观点都不认同,而且认为都源于对"双反"的不理解。笔者认为,持有第一种观点的人可能对"双反"完全不了解,除了反倾销和反补贴几个字之外,不会知道得更多;持有第二种观点的人,可能对"双反"有初步的了解,甚至自己的同事或朋友就是"双反"律师,但是,这些人由于没有亲身办理并深入了解过"双反"案件而存有认识上的局限性。笔者的目的并不是想批驳上述观点,只是根据自己的体会谈一些认识,希望为刚刚或准备进入该领域的律师提供一些参考。

(一) 法律思维能力

很多人分不清"双反"律师是在做法律还是做会计,笔者认为,从本质上讲,"双反"案件是典型的法律案件,律师提供的是典型的法律服务,因此需要具备良好的法律思维能力。只不过在"双反"案件中,会计作为一门语言在反倾销的具体实务中起到了很大的作用。

在任何法律案件和法律服务中,律师的法律思维能力都非常重要。"双反"案件同样如此。尽管反倾销和反补贴受政治的影响很大,但是WTO《反倾销协定》和《反补贴协定》都是自成逻辑的法律体系,在大多数具体案件中法律抗辩仍然是最重要的。"双反"的调查程序以及律师在当中需要做的基本工作是比较清楚的,但是实践中,企业千差万别,商业活动千差万别,企业的管理千差万别,因此,将抽象的反倾销法和反补贴法适用到具体案件中时,就会发现几乎每一个案件都是独一无二的,都需要在法理和法律的基础上具体分析。这与诉讼律师处理诉讼案件在很大程度上是相似的(二者都属于对抗性的案件),案件在处理的过程中时时刻刻需要调动法律思维。同时,反倾销和反补贴来源于欧美等西方法律体系,中国企业大部分也都是在应诉国外调查机关的调查,因此,西方法律体系中的这种法律思维和抗辩的特征在反倾销和反补贴上得以淋漓尽致地体现出来。

从小处来说,律师在反倾销和反补贴案件中所碰到的很多具体实务问题,只有用法律的思维来考虑和处理,才会找到答案,豁然开朗。离开法律思维会走入两种误区:一是死板地套用法律,其结果便是抓不住问题的实质,面对千变万化的情况不知道如何处理;二是以经验为王,再碰到具体问题时第一反应是以前有没有碰到这样的情况,是怎么处理的,其结果是如果碰到没有处理的情况时就不知道如何下手,不会举一反三。

法律思维从根本上讲是一种逻辑思维能力。在西方国家,人们对律师的敬佩在很大程度上是对其逻辑思维能力的佩服,其咄咄逼人的气势也是来自于缜密的逻辑思维。同时,在法学教育比较先进的国家,逻辑从来都是法学院的重要课程。

笔者认为,反倾销和反补贴领域需要很强的逻辑思维能力,如果想在该领域有所建树,英语水平、会计水平等都不是根本,法律思维能力最终影响水平的高低。如果你能够在复杂的事情中捉住重点和本质,厘清头绪,便是具备良好的法律思维能力的体现。

(二) 组织协调能力

笔者之所以特别指出组织协调能力,是基于办案过程中的体会。"双反"案件办得越多,该体会越深。简言之,组织协调能力在反倾销和反补贴案件的应对中非常重要,不可或缺。没有良好的组织协调能力,业务能力再强大也会遇到瓶颈。当然,良好的业务能力也可以促进组织协调能力的提高。

为什么律师的组织协调能力在"双反"调查中显得尤为重要呢?笔者认为有以下几个原因:(1)"双反"调查涉及企业的各个部门,不仅包括法务部门,还包括会计部门、销售部门、生产部门、采购部门、人事部门等等,几乎企业所有的部门都会涉及。如果没有良好的组织协调能力,很难将各个部门组织起来共同应对"双反"调查。(2)正如上文所说,"双反"调查的时限性很突出,大部分工作需要在有限且较短的时间内完成,工作量非常大,如果没有良好的组织协调能力,很难高质量地完成任务,甚至不能满足所要求的时限。(3)"双反"调查越来越多地涉及企业集团的情况,关联结构非常复杂,所涉及的企业数量非常多,在这种情况下,一方面要运用法律思维来确定应诉结构并解决层出不穷的具体问题,另一方面组织协调工作无处不在,有时其重要性要超过业务本身。

另一方面,组织协调工作做得好,反倾销和反补贴的应对会变得相对轻松;相反,工作会变得更加辛苦。不能否认,"双反"领域是比较辛苦的法律领域,因此,要想让工作变得轻松自如,除了具备良好的法律思维能力之外,组织协调能力非常重要,所有的工作要想好了再做,少走弯路和做无用功。

七、结束语

反倾销和反补贴其实并不复杂,只要我们掌握基本的理念,多多实践,消除各种误解,就会比较容易踏进反倾销和反补贴的大门。如果同时具备良好的法律思维能力和组织协调能力,你会做得更优秀。